山东省社科规划研究项目研究成果（项目批准号：23CDCJ04）和
中共山东省委党校（山东行政学院）重大项目攻关创新

U0747506

社区治理

SHEQU ZHILI

ZHUTI YAOSU YU BENTU SHIJIAN

主体要素与本土实践

杨 超　　宋 娟　　王建珍　　武钰晓　·　著

中国社会出版社

国家一级出版社·全国百佳图书出版单位

北京·BEIJING

图书在版编目（CIP）数据

社区治理：主体要素与本土实践 ／ 杨超等著 .
北京：中国社会出版社，2025.6. —— ISBN 978-7-5087-
7199-1

Ⅰ . D669.3

中国国家版本馆 CIP 数据核字第 2025F3S124 号

社区治理：主体要素与本土实践

责任编辑：马　岩
责任校对：秦　健
装帧设计：时　捷
出版发行：中国社会出版社
　　　　　（北京市西城区二龙路甲 33 号　邮编 100032）
印刷装订：北京九州迅驰传媒文化有限公司
版　　次：2025 年 6 月第 1 版
印　　次：2025 年 6 月第 1 次印刷
开　　本：170mm×240mm　1/16
字　　数：249 千字
印　　张：16.75
定　　价：70.00 元

序

社区治理是国家治理体系和治理能力现代化的基础。党组织、社区工作者、民众、社会组织、志愿者等多元主体参与社区治理，共建社区治理共同体是社区治理的核心要义。这些主体是提升社区治理效能、回应国家治理体系和能力现代化要求的实际载体。学界对这些主体展开了热烈的讨论，但其较少从主体要素及其关系角度讨论，尤其是聚焦党组织领导下的共同体建构依然不充分。

围绕这些主体及其实践，本书逐章展开讨论。

我国语境下，党建引领是我国社区治理的新变化，也是中国特色基层治理的最大优势与显著特征，其合理性在于致力于个人、集体和国家整个集合体的福祉。党建引领是新时代中国基层社会治理的新内涵与新作为，是保障政府治理与社会调节良性互动的最重要的组织机制。当前，从中央到地方组建党委社会工作部，进一步提升党建引领社区治理的效能。同时，它也蕴含着中国特色社会学理论创新的新路径。

社区工作者是城市基层工作的主力军，对社会建设发挥着基础性、不可替代的作用，并因为对新冠疫情防控工作作出重大贡献而备受关注。然而，社区工作者这支队伍如何实现专业化、职业化建设依然挑战重重。他们不同于专业的社区社会工作者，而是本土实践产生的实际工作者，对其的能力和素质要求也有着我国的特殊性。

社区民众是社区治理的目标群体，也是以人民为中心的社会治理理念的服务对象。然而，社区民众也在历史变迁中发生了变化。随着中国社会转型的加速，从农业社会进入工业社会，工业化、城市化、信息化、市场化、全球化等交织在一起，我们面临着的民众是新民众，他们与老民众交互重塑了传统的民众结构。由此，社区民众的需求复杂化、多元化，这也必然引发社区治理方式的变革。

社会组织是组织载体，社会建设的重要方式就是组织化。从陌生的人转向熟悉的人，这是社区治理的重要目标。然而，传统社会结构的变化使我们不可能再回到过去那种依赖于人情关系塑造的熟人社会，而通过参与组织，以构建社区内的熟人化成为重要的路径。发展社区组织，尤其是社区自组织对于整合社区资源、扩展社区支持网络、营造社区共同体有着极为重要的价值。

志愿者及慈善资源成为社区治理联动的重要对象，是社区治理不可或缺的部分。尤其是随着退休老年人的增多，发挥低龄老年人的作用，构建志愿者队伍是老有所为的重要方式。实际上，不仅老年人，青年人、妇女等也是社区志愿服务和慈善的重要力量。在实现共同富裕的道路上，志愿及慈善资源是再分配的重要方式。参与志愿服务和慈善，也是人性的本质属性之一，能够提升人的价值感，促进个体的幸福以及社区和谐发展。

同时，社区治理最终的效能体现在治理实践上。虽然本书分章节论述了多元主体，但是在社区治理中他们并非各自为政，而是统一于实践。本书在论述多元主体之后，从社区治理的实践性谈起，基于项目化实践，讨论了社区治理的总体性实践以及面向社区主要服务群体的项目。当然，本书从研究者角度去看待这些案例，而并不只是提供一种案例素材。

在这之中，本书尤为强调社会工作的视角。社会工作是基层社区治理的重要力量。近年来，在各级政策的倡导和各级政府的支持下，各地社会工作服务机构及社会工作站广泛参与社区治理创新，在困难群体帮扶、社区服务体系建设与完善、增进社区居民交流、提升居民社区参与意愿与能力等方面均发挥出专业优势与功能。同时，在参与社区治理的过程中，社会工作以其基本理论和方法为基准，发挥链接资源的优势，综合多学科知识，为基层政府解决社区中复杂性、综合性的问题提供支持。通过加强居民的社区意识与社区参与协助基层政府培养社区自治组织、构建社区议事机制、完善居民自治，化解矛盾纠纷等。本书认为，社会工作是创新社区治理，促进多元主体发挥作用的关键力量之一，拟从社会工作的知识体系、社会工作者、社会工作行动等多角度分析社区治理，并从理论与实践上探究如何构建以党建为引领，社区、社会工作者、居民、志愿者等共同参与的社区治理共同体。

　　本书的出版除了笔者的努力，还要感谢调研对象提供的部分项目文本。这些项目有的由笔者督导，有的是观察参与，具有一定的代表性。当前，我国地方基层治理能力和治理水平在不断提升，社区治理的创新实践也在持续更新。在这一过程中，本书难免存在一些不足，有些探索也值得进一步的探讨和研究，敬请广大读者批评指正。最后，感谢出版社编辑的辛勤付出。

　　是为序。

杨　超

2024 年 7 月 1 日

目 录

第一章
绪　论

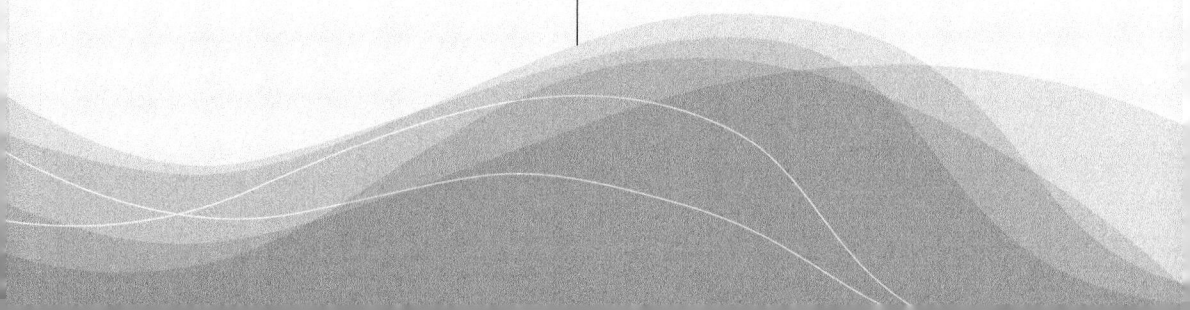

第一节 研究背景与问题

一、社区治理的历史脉络

（一）"单位制"与"街居制"并存

计划经济时期的城市基层管理主要依赖于"单位制"，辅之以"街居制"。这两种模式在当时为城市社会秩序的稳定和居民生活的保障提供了重要支撑。

"单位制"是一种由政府直接控制的社会组织结构，从居民的日常工作到生活福利等多方面进行管理。通过招工分配等方式，城市社会成员进入政府部门、国有企业或其他公共组织等基层单位组织，并在此获得住房、医疗、教育、文化娱乐等资源和服务，同时服从单位的组织管理，由此形成了封闭且独立的社区体系，各单位之间的联系相对有限，形成条块分割、管理层级明确的城市基层管理结构。以"单位"为载体组织生产和生活，融合政治、经济、社会功能，实现了塑造总体性社会认同、单一计划经济体制、政社一体的社会管理体制[①]。

"街居制"则是"单位制"的补充，是针对无法进入单位组织的城市边缘人口的剩余管理体制，因此，街道办事处和居民委员会（以下简称居委会）构成了城市基层的另一条管理线。街道办事处是政府在城市社区设立的管理机构，负责协调辖区内的社区事务并监督居委会工作，并向上级政府汇报工作。居委会则是社区居民自治组织，负责组织居民开展各项活动，调解纠纷，协调邻里关系，反映居民意见，并配合执行政府的各项政策。

---

① 赵欣，何海兵. 城市基层社会治理的演进轨迹与变迁动力［J］. 华东理工大学学报（社会科学版），2022（1）：95–110.

"单位制"和"街居制"在计划经济时期的治理体系中相辅相成。"单位制"形成了以单位为中心的生活圈，为员工及其家属提供全方位的生活保障，体现了政府对城市基层管理的全面控制。而"街居制"则为无法直接受益于"单位制"的居民提供了一定的服务支持，使政府能够通过街道办事处和居委会对社区居民进行管理。

然而，随着社会经济的发展，"单位制"和"街居制"的缺点逐渐显现出来。首先，这种模式强调行政化管理，导致社区服务条块分割明显，资源配置不够灵活。其次，单位制造成了成员对单位的高度依附及依赖性人格，单位间的区隔阻碍了社会流动，社会成员的多样化需求也无法得到满足。最后，在计划经济向市场经济转型的过程中，政府职能逐渐发生变化，这种单一且封闭的管理模式难以满足现代社会对社区治理的要求，社区管理体系的调整也成为必然①。

在这种背景下，我国的社区治理逐渐从"单位制"和"街居制"的模式中走出来，朝着更加开放、更加多元的方向迈进。

社区治理与社区管理虽然只有一字之差，但是代表理念的变迁。社区管理与社区治理不同。前者主要是指对社区的公共事务和居民生活进行组织、协调和控制的过程，以确保社区的正常运行和居民的日常生活需求得到满足。管理主体通常是政府机构。社区治理则是一个更广泛、更综合的概念，强调多元主体的共同参与和协作，以实现社区的可持续发展和居民福祉的最大化，治理主体可以是政府、社会组织、企业、居民个人等多种类型，他们通过协商合作来共同解决社区问题。我国经历了从社区管理到社区建设再到社区治理的理念转变。社区管理是适应计划经济时代的管理模式，随着我国经济社会体制的改革，2000 年，中共中央办公厅、国务院办公厅转发《民政部关于在全国推进城市社区建设的意见》的通知（中办发〔2000〕23 号），确定了地方党委和政府领导、民政部门牵头、有关部门配合，社区居民和社会力量广泛参与的新的社区建设工作体系，由政府

---

① 徐永祥.社区发展论（修订版）［M］.上海：华东理工大学出版社，2021.

推动的以民主自治为核心的社区建设自此开始[①]。2012 年，党的十八大报告中强调"在城乡社区治理、基层公共事务和公益事业中实行群众自我管理、自我服务、自我教育、自我监督"，"城乡社区治理"第一次被写入党的纲领性文件。2017 年，中共中央、国务院出台的《关于加强和完善城乡社区治理的意见》为新形势下做好城乡社区治理工作提供了纲领性文件。

（二）以民主自治为核心的社区建设

20 世纪 70 年代末，我国社会进入转型期，在已有的城乡二元结构下进行着社区空间的重组。知识青年返乡带来的人口压力，国家扶持集体经济和个体经济的发展开辟了就业新门路，这使城市新增就业人口冲击着原来的城市社会空间布局，单位制容纳人口的局限性凸显。改革开放带来了城乡壁垒松动，大量的农民工涌入城市，在他们工作和生活的地方也形成了独特的城市空间。与此同时，单位制的改革导致下岗失业人员从单位转向社区空间谋求生存和发展。城市空间的转向引发了社区管理模式的变化[②]。居委会扩大了管理规模、扩展了服务范围；街道办事处开始实行体制改革，培育社会组织，确立政府、企业与社会组织共同参与的管理模式成为主流意识。伴随着住房制度改革，社区成为传统管理体制与现代社会关系矛盾最激烈、最突出的地方，社区居民与物业管理的矛盾激化促使居民主动维护自身利益，这推动了社区管理体制、政府工作方式的改革，也调动起居民的民主参与意识。《民政部关于在全国推进城市社区建设的意见的通知》的出台还推动了专职社区工作者的诞生，通过把居委会纳入基层政府社会管理网络，把居委会干部纳入准职业的辅助行政工作人员，实现了从单位制社会管理向社区管理体制的转变。

（三）多元合作模式的形成

进入 21 世纪，中国的社区治理逐渐从行政型向合作型和自治型转变，

---

① 李培林，李强，马戎. 社会学与中国社会 [M]. 北京：社会科学文献出版社，2008.

② 应星. 中国社会 [M]. 北京：中国人民大学出版社，2015.

形成了"一核多元"的治理模式。在这种模式下，政府、社会组织、社区自治组织、居民等多元主体共同参与，拓宽了社区治理的视野。

"一核多元"的治理模式强调了党的领导核心地位。党的领导是我国社区治理的基础和核心，确保了社区治理的方向性和一致性。基层党组织通过指导社区服务、协调各方力量等方式，确保政策在基层的有效落实。在"一核多元"的治理模式中，党组织不仅发挥了领导核心作用并协调了各方力量，还通过党建引领提升社区治理效能。另外，多元主体的共同参与是这一模式的重要特点。社区治理不再仅依赖政府的单一主导，而是形成了政府、社会组织、社区自治组织、居民等多元主体共同参与的格局。

社会组织在这一过程中发挥了关键作用。随着社区治理向合作型和自治型转变，社会组织逐渐成为社区治理的重要力量。它们通过提供专业化服务、开展公益活动、组织居民参与等方式，为社区治理提供了新的资源和解决方案。例如，开展各种教育培训、文化活动，为居民提供多样化的服务。同时，社会组织的参与也增强了社区自治的发展动力，使社区治理更加多元化。

社区组织在"一核多元"模式中的作用不可忽视。社区组织作为居民自治的重要载体，通过组织社区活动、协调居民关系等方式，为社区治理注入了新的活力。社区组织能够通过反映居民需求、调解邻里纠纷等方式，使社区治理更加贴近居民，确保了社区治理体系的民主性和有效性。

居民的参与是"一核多元"模式的重要组成部分。社区居民通过参加社区会议、志愿服务等方式，直接参与社区治理决策，为社区治理提供反馈。居民的参与不仅丰富了社区治理的多元主体结构，也有助于推进社区治理的民主化。通过教育和宣传，社区居民的参与意识得到了进一步的提高，他们能够积极参与社区事务，为社区治理注入新的动力。

这种多元主体参与的合作共治模式拓宽了社区治理的视野，使其更加多样化和现代化。这种模式不仅提高了社区治理的效率，也使社区治理能够更好地适应居民的多样化需求。通过多方合作、协调和创新，社区治理体系逐渐形成了科学高效的管理架构。

综上所述，"一核多元"的社区治理模式代表了我国社区治理从行政型向合作型和自治型转变的趋势。它强调了党的领导核心地位，并通过政府、社会组织、社区组织、居民等多元主体的共同参与，使社区治理更加灵活、多样。通过这种多元化参与的机制，社区治理不仅拓宽了视野，也提高了效率，为居民提供了更加丰富和优质的服务。

二、研究问题

社区治理的发展脉络折射了国家与社会的关系。在中国式现代化的视野下，中国社区治理的研究也必然基于中国语境，国家与社会关系的动态审视不同于西方。尽管政策倡导社区治理多元要素的互动，但是共同体如何共建，各个主体的地位、联结机制、实现路径等尚有待深化研究。

其中，党建引领在社区治理中起到了至关重要的作用，为社区治理的现代化、专业化和多样化提供了保障。通过整合各方资源，党建引领能够确保社区治理体系的有效运行，推动社区治理的共建共治共享，为中国特色社区治理提供理论和实践基础。社区工作者是社区治理的直接执行者，他们通过深入社区、了解居民需求，为政府和社会组织提供反馈信息，在社区服务、资源整合、居民协作等方面发挥着关键作用。社区居民作为社区治理的重要参与者，通过参与社区会议、志愿服务等方式，为社区治理提供反馈信息，丰富了社区治理的多元主体结构，有助于推进社区治理的民主化。社区居民的积极参与不仅有助于社区治理的现代化和民主化，也为社区的持续发展提供了有力支持。社会组织在社区治理中发挥着桥梁作用，通过提供专业化服务满足居民的多样需求，连接了政府与居民，在社区自治、社会资源整合等方面发挥了不可或缺的作用。通过引入新的资源和解决方案，社会组织可以推动社区治理的创新和发展。社区志愿者是回应新时代志愿服务体系构建、广泛动员社区力量的重要体现。

总之，社区治理的主体要素涵盖了党建引领、社区工作者、社区居民、社会组织和社区志愿者等多个方面，他们如何联动，构建社区治理共同体是一个需要深入探索的议题。本书从主体要素的角度探究各个主体的治理逻辑，并在关系性视域以及项目实践案例的反思中讨论治理共同体的构建。

第二节　研究内容与意义

一、研究内容

社区治理的主体要素涵盖了多个层面，每个主体要素在社区治理中都发挥着独特且关键的作用，通过有效的协同合作，共同推动社区的可持续发展。本书的研究内容为探索关系性视域下社区治理的主体要素及其关系，从而尝试构建社区治理共同体。

（一）党建引领

党建引领在社区治理中扮演着关键角色，是推动社区治理现代化的重要力量。通过建立健全基层党组织，社区治理不仅能够确保政策执行的有效性，还可以推动社区服务体系的完善，实现社区治理的共建共治共享。

在我国社区治理的历史脉络中，党建引领一直是不可或缺的部分。在早期的"单位制"和"街居制"时代，党组织的领导贯穿于社区生活的方方面面。随着改革开放的深入，社区治理逐渐转向以基层政权建设为目标，党的领导也随之进行了转变，强调从全面管控向政策引导和监管转变。这种转变不仅反映了社区治理的社会化发展，也促进了社会组织、社区自治组织等多元主体的参与，为社区治理模式向合作共治转变提供了保障。

在现代社区治理中，党建引领发挥着领导协调的作用，通过组织党员和社区志愿者参与社区活动，为居民提供各类服务。基层党组织可以通过政策宣讲、服务提供、组织协调等方式，确保社区治理的透明度和公正性。同时，党组织的领导也能够协调政府、社会组织和社区居民之间的关系，形成社区治理的"党建+"模式。党组织引导下的社区治理，可以有效协调多元主体的参与，为社区治理体系的现代化和多样化提供保障。例如，在"五社联动"模式中，通过基层党组织的引导，促进了社区治理的专业化和均等化。

党建引领还在社区治理的政策制定、资源分配和监督管理等方面发挥着重要作用。通过党组织对社区事务的领导，社区治理可以确保政策的科学性和执行的有效性。在资源分配上，党组织能够协调社区内外的资源，确保各方利益的均衡，实现社区治理的多元化。在监督管理方面，党组织可以通过基层党支部、居委会等机构，及时了解社区治理的进展，为社区治理的持续改进提供反馈。

此外，党建引领对于社区治理共同体的构建也具有重要意义。党的十九届五中全会提出，共建共治共享的社会治理制度是社会治理的目标。党建引领可以通过组织基层党组织、社会组织、社区组织等多元主体的协同，推进社区治理共同体的建设。通过这种方式，可以有效实现社区治理的协同化、多元化，推动社区的团结和谐与可持续发展。

（二）社区工作者

社区工作者是社区治理的直接执行者，他们在社区服务、资源整合、居民协作等方面发挥着关键作用。作为社区治理的中坚力量，他们通过深入了解社区居民的需求，为政府和社会组织提供反馈信息，并在实际操作中落实社区治理的方方面面，为社区治理的多元化和有效性提供支持。

社区工作者在社区治理中承担着多重角色。首先，他们是居民生活保障的核心力量。社区工作者可以深入社区，与居民保持密切联系，及时了解居民的需求，为社区提供必要的帮助。例如，他们既为老年人、残疾人提供生活护理，也为低收入家庭提供援助，还为社区居民提供就业、教育、健康等方面的服务。这些服务不仅保障了居民的基本生活需求，也有助于社区的稳定与和谐。

其次，社区工作者在社区治理中扮演着政策反馈者的角色。他们通过日常工作及与居民交流，将社区内的实际问题反馈给政府和社会组织，帮助制定更加科学有效的政策和措施。通过这种双向交流，社区工作者可以有效促进社区治理政策的落地，提高政策执行的有效性。例如，在公共卫生政策、社区发展规划等方面，社区工作者的反馈能够确保政策的实际操作性，为社区治理提供实际保障。

再次，社区工作者还可以协调社区资源，为居民提供多样化的服务。通过与政府、社会组织、企业等合作，社区工作者可以引入更多的资源，为社区居民提供教育、文化、娱乐等多样化的活动。例如，他们组织社区讲座、健康检查、文化活动等，为居民提供全面的服务。这不仅丰富了居民的生活，也提升了社区的凝聚力和参与度。

最后，在社区治理的实际操作中，社区工作者还肩负着组织者的职责。他们可以通过组织社区会议、协调各方关系，促进社区内部的协作。通过社区会议，居民可以发表意见，为社区治理提供反馈；社区工作者可以通过协调社区组织、社会组织、志愿者等各方力量，实现社区治理的多元化。例如，在社区活动的策划和执行中，社区工作者可以协调多方资源，确保活动的顺利开展，为社区居民提供优质的服务。

（三）社区居民

社区居民是社区治理的重要参与者，通过社区会议、志愿服务等方式直接参与社区治理决策，为社区治理提供反馈信息。居民的参与不仅丰富了社区治理的多元主体结构，也有助于推进社区治理的民主化。

居民参与社区治理有助于完善社区治理结构。首先，社区居民作为直接受益者，他们的参与可以提供最直接的反馈，有助于制定出更加切实可行的社区政策。例如，通过参与社区会议，居民可以表达对社区发展的意见和建议，帮助政府和社区组织更好地制定政策措施。通过这种民主化的参与方式，社区治理得以更贴近居民的实际需求，从而提高治理的有效性。

其次，居民参与社区治理可以增强社区的凝聚力。居民通过志愿服务等方式，直接参与社区建设，为社区发展贡献自己的力量。例如，居民可以参与社区卫生清扫、文化活动策划、环保宣传等。这些活动不仅丰富了居民的生活，也增强了他们对社区的认同感和归属感，从而提升了社区的凝聚力。

最后，为了提升居民的参与意识和能力，社区治理可以通过多种手段鼓励居民的积极参与。一是通过教育和宣传提高居民的参与积极性。社区可以举办讲座、培训班等，向居民宣传社区治理的重要性，让他们意识到自己的参与对社区发展的影响。二是社区还可以通过设立意见箱、举办社区会议等方式，为居民提供表达意见和建议的渠道。例如，居民可以在会议上提出对社区基础设施建设、服务项目等方面的看法，帮助社区更好地满足居民需求。

（四）社会组织

社会组织在社区治理中发挥着桥梁作用，通过提供专业化服务满足居民的多样需求。社会组织不仅连接了政府与居民，还在社区自治、社会资源整合等方面发挥着不可或缺的作用。随着社会治理逐渐向合作共治的方向发展，社会组织在社区治理中的角色愈加重要。

社会组织在社区治理中发挥着多重作用。首先，它们可以通过公益活动、教育培训等方式，为社区提供多样化的服务。这种服务不仅满足了居民在健康、教育、文化等方面的多样化需求，也促进了社区的和谐与发展。例如，社会组织开设家庭教育讲座、提供育儿咨询等服务，帮助家长更好地应对育儿难题；还可以提供社区健康检查、卫生知识普及等服务，提高居民的健康意识。通过这些公益活动，社会组织不仅直接满足了社区居民的需求，还增强了他们对社区的归属感。

其次，社会组织可以为社区治理引入新的资源和解决方案，推动社区治理的创新和发展。社会组织的灵活性和专业性使其能够引入市场资源、社会资源以及国际经验，拓宽社区治理的视野。例如，社会组织通过引进外部艺术资源，组织文艺演出、展览等活动，丰富社区居民的文化生活；可以通过引入新技术，开展环保项目，提高社区环境质量。通过引入新的资源和解决方案，社会组织能够有效推动社区治理的创新与发展，使社区治理更加现代化。

再次，社会组织还在社区自治和社会资源整合中发挥着重要作用。在社区自治方面，社会组织可以帮助居民增强自我管理的能力。例如，通过组织居民自治委员会，社会组织可以促进居民参与社区事务的管理，使社区治理更加贴近居民需求。此外，社会组织还可以通过培养社区骨干、建立居民议事机制等方式，帮助社区居民建立起自治的结构，提升社区自治能力。

最后，在社会资源整合方面，社会组织能够充当政府与居民之间的桥梁，协调各方资源。例如，社会组织通过整合政府、社会组织、社区组织等多方资源，为居民提供一站式服务，包括教育、医疗、文化等多方面的支持。这种资源整合不仅提高了服务效率，还能实现资源的最大化利用，为社区治理提供了有力支持。

（五）社区志愿者

志愿者在社区治理中发挥着补充作用，通过志愿服务满足社区多元需求，增强社区凝聚力。推动志愿者队伍建设和培养，有助于提高社区服务质量。志愿者作为社区治理的一股重要力量，在社区建设、服务提供、居民参与等方面扮演了多重角色，为社区治理注入了活力和生机。

首先，志愿者在社区服务中发挥着重要作用。志愿者通过参与各类社区活动，如健康检查、环境保护、文化活动等，为社区提供支持。这不仅增强了社区居民之间的联系，也提高了社区治理的效率。例如，社区志愿者可以参与组织社区健康检查活动，为居民提供免费或优惠的体检服务，提高居民的健康意识，促进健康生活方式的形成；还可以参与组织社区环境保护活动，如清洁街道、公园绿化等，为社区创造整洁美观的环境。这些活动不仅满足了社区居民的需求，也增强了居民之间的合作与互动，增进了社区的内部团结与凝聚力。

其次，志愿者的参与可以丰富社区治理的内容与形式。志愿者通过引导和鼓励更多的居民加入志愿者队伍，可以进一步丰富社区的服务内容，扩大社区治理的全面性和多样性。例如，志愿者参与组织社区文化活动，如音乐会、戏剧演出、书法展览等，为社区居民提供丰富的文化体验。这些活动，不仅丰富了居民的业余生活，还提高了社区的文化氛围，营造出一种积极向上的社区环境。此外，志愿者还可以参与社区教育活动，如开设社区教育课程、举办读书会等，帮助居民提升知识水平和技能，为社区发展提供智力支持。

二、研究意义

（一）理论意义

社区治理是国家治理体系和治理能力现代化的基础，相关的研究也十分丰富。但是从关系主义角度出发，围绕党组织、社区工作者、社区居民、社会组织、志愿者等主体要素，进而探索内在共同体建构逻辑的研究还不充分，本书有助于丰富这方面的研究。

党建引领社区治理是中国式社区治理的特色，党建引领如何避免形式化需要与社区的社会基础密切关联。本书围绕社区治理的社会基础展开研究，并探究其实现机制，推进党建学科与社会学科的交叉，有助于扩展党建引领社区治理的研究。

此外，本书还提出了社会工作视角下社区工作者的职业化、专业化发展思路，探究了社区居民在社会转型背景下的复杂结构，研究了社区社会组织培育与发展路径，讨论了社区志愿者与慈善资源在社区治理及共同体建构中的作用。这些内容在以往研究中较为薄弱。

（二）实践意义

党组织、社区工作者、社区居民、社会组织、志愿者这些主体通过各自的角色定位和功能发挥，共同构建起了和谐、高效的社区治理体系，为社区的可持续发展提供了有力支持。本书的研究有助于为社区治理的实践者提供参考和实践指南。例如，为社区党组织书记、社区工作者的实践，社区志愿者的动员与管理、社会组织的培育与发展、慈善资源的动员等提供参考。

本书的研究是建立在项目实践案例基础上的，通过分析这些项目中不同主体要素的行为、行动逻辑及方法，并从关系主义理论上展开反思，从而为社区治理实践提供了具体的参考，助力于社区治理实践成效的提升。

第三节　理论基础

相对于传统的对社区治理共同体的研究，本书主张以关系主义理论作为理论基础，重新分析社区治理主体要素，从而推进社区治理共同体的建构。

实体论带给社区治理理论的一个重要弊端是社区治理中个体与社会的对立，并且这个弊端由于社区治理的实践性而格外突出。社区治理基础理论首先要回答"治理"和"社区"两个概念的要义。"治理"即实践，意味着社区工作或社区治理的理论应当是面向实践的理论。实践是即时的、整体的、转瞬即逝的，二元对立的实体论思维下构建的概念、命题与体系并未与实践的特性相吻合，所生产的社区工作知识陷入碎片化、技术化的困境。我们也因此陷入了个体与社会、主观主义与客观主义以及学科之间的二元对立。再者，实体论下发现的"社区"缺乏兼容性，而在个体社区工作与结构社区工作之间摇摆。西方社会工作的历史脉络总体上形成了个体治疗和社会变革两种理论取向，为社区工作提供了理论来源。聚焦于个体抑或社会的两种力量此起彼伏，导致了社区社会工作理论的分裂。整合个体主义与整体主义，构建社区社会工作界的"帕森斯式"理论是一个实现个体与社会双重聚焦的过程。"人在情境中"表达了一种综融的取向。然而，建基于实体主义上的西方社区社会工作理论，陷入了对立难以统一的泥淖。如果想从深层次上摆脱这一问题应当回到对实体论的批判上。

社区工作本土化是一个系统的工程，是西方的社区社会工作与中国本土的政治、经济、文化等一套系统调适的过程。中西方有着不同的历史脉络和理论传统。如果说西方社会工作知识体系建基于古希腊、犹太教传统思想，那么中国本土化社区社会工作理论的根基在哪里？换言之，这一理论的哲学基础应当是什么？尽管这一问题极为重要，但到目前为止学界尚未给出很好的答案。缺乏从哲学基础层面的根本性审视，中国社区社会工作理论建构容易陷入一种西方中心主义的逻辑①，这种亦步亦趋的路径不利于中国式社区工作理论建构。

关系主义（relationalism）又称关系论，是与实体论相对的一种新视角，试图超越西方主流的二元对立思维。关系论的思想火花其实在社会学领域多有闪现，马克思、齐美尔、米德、布迪厄、福柯等都在自己的论述中展现了关系的思维特点。近年来，国际社会科学界关系理论的研究成果逐渐增多，代表性学者如 Dépelteau，Donati，Emirbayer，Yanjie Bian。从20世纪早期的人类关系运动、纽约学派的关系性社会学到当代精神病学、领导学、自然科学，关系主义展现了蓬勃的生命力②。对于关系转向，不同的学者有不同的认知，有学者主张关系范式，有学者认为是一种关系转向。从库恩严格意义上的范式来说，关系范式还没有达成广泛的共识，但一些学者如 Donati，Emirbayer 已经开始运用。精神病学领域在范式层面由驱力模型转向关系模型，以关系范式进行新的整合③。从西方主流观点看，至少主张关系作为一种转向，这种转向意味着关系思维在历史脉络中存在，只是随着实体论思维的扩散从中心位置边缘化，而这种转向就是关系回归本位。关系主义作为一种认识论、方法论，是与实体论相对应的一种新视角，是对西方主流的二元对立思维的超越。

关系论反对实体论，主张关系思维的交互式行动观拒绝将独立的、先在的单元（个体或社会）作为社会学研究的终极起点④。在关系主义下，

① 刘威."一个中心"与"三种主义"：中国社会工作本土化的再出发［J］.中州学刊，2011（3）：120-124.

② EACOTT S. The Relational Turn in Social Sciences in Beyond Leadership［M］. Educational Leadership Theory, Springer Nature Singapore Pte Ltd., 2018.

③ 斯蒂芬·A. 米切尔.精神分析中的关系概念：一种整合［M］.蔡飞，译.北京：北京师范大学出版社，2016.

④ EMIRBAYER MUSTAFA. Manifesto for a Relational Sociology［J］.The American Journal of Sociology, 1997, 103（2）：281-317.

事物的意义、重要性和身份都来源于交互中扮演的功能角色，而交互关系本身是动态的、开放的。这种关系比较不是单项的关系，而是多项的关系网络，其可以从多个方位，如在上下、左右、前后等的关系中进行延伸。这样的认识论是关系性的，强调二元的统一，试图超越二元对立认识论。关系性的认识论不是简单的线性关系认识论，而是一种综合的立体的关系认识论。关系主义认识论认可认识论上的交往性，但是主观的也是客观的，正是在多重的关系项中实现了主观的客观化。关系主义认识论表现在时空的两大维度。从空间的维度看，或者说从运动和静止的角度看，实体论是一种静止的思维方式或者线性的运动思维。从时间的角度看，关系网络不仅随着空间伸缩不定，还随着时间的变化而变化。

关系论对于社区工作及社区治理的理解是革新性的。关系主义重构社区工作理论，回应了实践的整体性，从而更为准确地理解实践，回应实践的需求。社区治理实践，与关系主义有着天然的契合性。从关系主义理论理解我国的社区治理实践更具穿透力。

第四节 研究方法

本书采用文献研究法和案例研究法。

通过文献研究法，梳理我国社区治理的发展脉络，学界围绕社区党组织、社区工作者、社区居民、社会组织、志愿者的研究脉络、经验；研究政党理论、社会治理理论发展、社会基础、组织培育等理论，为各个社区治理主体要素的研究奠定基础。

在文献的研究过程中，本书注重历史脉络的梳理，通过其历史发展回顾分析内在逻辑，并对未来发展态势提出观点。社区治理并非当前的议题，而是适应我国经济社会体制转型，不断调适国家与社会关系的历史结果。通过历史视角的分析，我们才能够透视当前国家提出社区治理政策的逻辑，把握政策的内涵，回应治理的实践。

　　在文献的研究过程中，本书还注重比较的视角。本书的研究语境限定在中国，回答的是我国社区治理的问题。社区治理是一个世界性的议题，从《街角社会》到《江村经济》，国内外普遍关注城乡社区的发展问题。本书立足本土社区治理实践，尤其是典型的项目案例，在比较中把握中国式社区治理的逻辑和特色。这里面特别突出党建引领、本土社区工作者等内容。

　　案例研究法。本书的研究目的在于呈现社区治理多元主体的实践逻辑及优化机制，推进社区治理共同体的构建，从而回应国家基层治理现代化的任务。社区治理是一个动态的过程，通过质性研究方法能够较好地呈现这一过程，具有量化研究方法所无法实现的优势。本书的研究以山东省为例，在山东省内通过项目文本征集、参与观察，并结合地方志、新闻媒体报道等多种方式收集材料，对典型社区治理项目的状态、做法、社会基础、治理成效等进行全景式呈现，由此构建社区治理的案例库。

第二章
党建引领社区治理的社会基础与机制

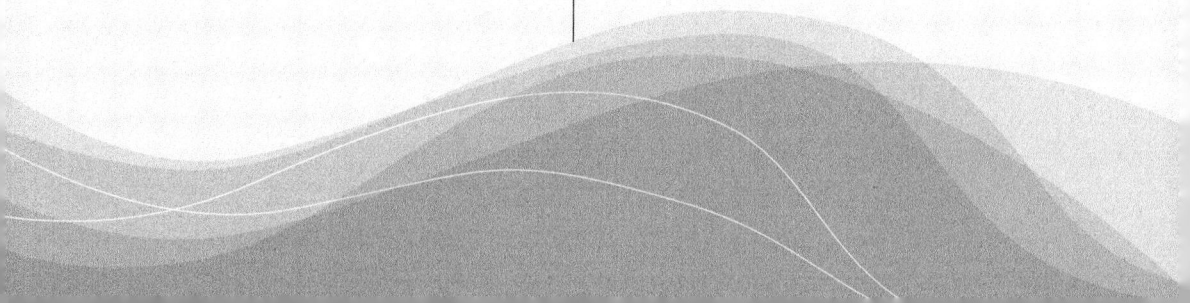

第一节　党建引领与社区治理

一个国家治理体系和治理能力的现代化水平很大程度上取决于基层。社区是社会治理的基层和基础。基层社会处于国家政权体系的上下结构中，是国家与社会的结合部位，这决定了基层治理的两大基本问题，即上层与下层的互动、基层社会的活力有序问题①。西方治理理论提出了整体性治理理论、多中心治理、协同治理、网络化治理、合作治理等。这些治理理论沿袭西方传统主流观点，认为"国家–社会"二元对立，对于政党的独特作用并未突出。实际上，随着现代化进程加快，政党是国家治理不可缺少的力量。从政党功能角度看，政党主要功能在于政权性功能，政党是连通国家和社会之间的桥梁，有社会反应和社会控制两种功能。中国共产党除了政治功能，还具有超强的全方位领导功能、社会组织功能、社会（政治）动员功能和社会服务功能②，突出表现为社会整合功能③。中国社会呈现"政党–政府–社会"三分关系模式。

中华人民共和国成立以来，经历了从公社制、单位制的单向互动再到改革开放以来的国家–社会双向互动模式。其中 20 世纪 80—90 年代注重基层自治，而 21 世纪以来则强调政府主导。尤其是 2021 年中共中央、国务院下发《关于加强基层治理体系和治理能力现代化建设的意见》，要求完善党全面领导基层治理制度。党建引领成为中国特色基层治理的最大优势

---

①　徐勇．中国式基层治理现代化的方位与路向［J］．政治学研究，2023（1）：3–12.

②　施雪华，禄琼．中西政党政治功能比较研究［J］．中共福建省委党校学报，2015（10）：9–17.

③　杨帆，臧秀玲．论中国共产党对先富群体的政治吸纳［J］．山东社会科学，2014（7）：178–181.

与显著特征①。

政党对于基层社会治理有独特功能。政党并非现代政府的附属物，而是处于现代政府的中心，扮演着决定性和创造性角色。李友梅指出，党建引领成为新时代中国社会治理的新内涵与新作为，是保障政府治理与社会调节良性互动的最重要的组织机制②。这一中国特色治理的合理性在于致力于个人、集体和国家整个集合体福祉③。

党建引领对于推动服务型政府改革、引领中国社会公共性有序发展、实现治理网络全覆盖具有重要战略意义，其中蕴含着中国特色社会学理论创新的新路径④。

国内外现有研究首先关注党建引领基层社会治理的价值与功能，城市基层党建和社会治理具有高度耦合性⑤，以政治逻辑为主导，并衍生行政逻辑⑥，强化党的执政合法性⑦；划定红线⑧，二次构建社会⑨；从政党重

---

① 祝灵君 . 党领导基层社会治理的基本逻辑研究［J］. 中共中央党校（国家行政学院）学报，2020，24（4）：37-45.

② 李友梅 . 中国社会治理的新内涵与新作为［J］. 社会学研究，2017，32（6）：27-34.

③ 张文喜 . 政治哲学视阈中的国家治理之"道"［J］. 中国社会科学，2015（7）：26-42.

④ 黄晓春 . 党建引领下的当代中国社会治理创新［J］. 中国社会科学，2021（6）：116-135+206-207.

⑤ 徐玉生，张彬 . 新时期基层党组织建设与社会治理耦合互动研究［J］. 探索，2016（1）：85-89.

⑥ 赵聚军，王智睿 . 社会整合与"条块"整合：新时代城市社区党建的双重逻辑［J］. 政治学研究，2020（4）：95-105+128.

⑦ 曹都国，吴新叶 . 党建引领社会治理：制度逻辑与效能改进［J］. 江淮论坛，2020（6）：86-91.

⑧ 朱健刚，王瀚 . 党领共治：社区实验视域下基层社会治理格局的再生产［J］. 中国行政管理，2021（5）：6-14.

⑨ 吴晓林 . 党如何链接社会：城市社区党建的主体补位与社会建构［J］. 学术月刊，2020，52（5）：72-86.

塑基层①，实现管理、服务与治理功能的政治平衡②。继而，在党建引领社会治理的政社关系上，学界提出整合论，如政党整合社会/社区③、多层次整合④、超越"科层化"的"有效在场"⑤、政党引领下的"超行政治理"模式⑥；嵌入论，如政党嵌入⑦、政党社会化⑧；互动论⑨。针对基层治理的重点领域，学界讨论了党对社会组织统合⑩，"以党领社"推动业主组织的成长⑪，大党建+社会工作⑫，党建引领社会工作专业⑬。此外，学界还对党建引领乡村振兴、党建引领网格等十分关注。

　　党建引领基层社会治理研究的问题。首先，作为"中国之治"核心元

　　① 邓正阳，向昉．从政党重塑基层：党建创新引领基层治理的实践透视［J］．社会主义研究，2021（5）：132-140.
　　② 刘红凛．管理、服务与治理功能的政治衡平：从历史变迁看新时代基层党组织功能的新定位新要求［J］．治理研究，2018，34（1）：38-47.
　　③ 王立峰，潘博．社会整合：新时代推进党建引领城市基层治理的有效路径［J］．求实，2020（2）：26-36+109-110.
　　④ 张勇杰．多层次整合：基层社会治理中党组织的行动逻辑探析：以北京市党建引领"街乡吹哨、部门报到"改革为例［J］．社会主义研究，2019（6）：125-132.
　　⑤ 黄六招，顾丽梅．超越"科层制"：党建何以促进超大社区的有效治理：基于上海Z镇的案例研究［J］．经济社会体制比较，2019（6）：62-70.
　　⑥ 彭勃，杜力．"超行政治理"：党建引领的基层治理逻辑与工作路径［J］．理论与改革，2022（1）：59-75+156-157.
　　⑦ 周建勇．新时代党建中的嵌入治理问题研究［J］．上海交通大学学报（哲学社会科学版），2021，29（1）：87-97.
　　⑧ 王可园．"政党社会化"内涵的系统建构与实践考察：基于城市社区治理的分析［J］．社会科学，2021（12）：45-56.
　　⑨ 布成良．党建引领基层社会治理的逻辑与路径［J］．社会科学，2020（6）：71-82.
　　⑩ 李朔严，王名．政党统合与基层治理中的国家-社会关系［J］．经济社会体制比较，2021（2）：171-180.
　　⑪ 张振．合法性建构：党建引领城市社区业主组织发展的策略机制：以全国城市基层"红色业委会"党建创新为例［J］．内蒙古社会科学，2021，42（2）：27-35.
　　⑫ 童敏，许嘉祥，蔡诗婕．大党建与社会工作：党建社会工作实践的现代性反思［J］．社会建设，2021，8（2）：35-45.
　　⑬ 郑广怀，王晔安，马铭子．"以红领专"：社会工作者的专业自主性与国家的领导权建构［J］．社会学研究，2021，36（6）：136-155+229.

素的党建引领在地方治理研究中尚未得到应有的重视，导致相应的地方治理研究未能充分反映党领导的地方治理实践的全面性与核心要义，有必要从"事件-过程"维度重构当代中国地方治理研究的话语体系，将当代中国地方治理现代化的本土经验提升为中国地方治理的理论贡献①。其次，实践中党建工作形式化，包括引领功能定位不准，导致党建脱离群众②；引领方式形式化，产生形式主义、内卷化③；党建引领泛化为"全面替代"，导致政府治理窄化、公众参与空间萎缩④；党建悬浮化、社会治理脱嵌⑤。

第二节　党建引领社区治理的社会基础

一个社会既有其经济基础，也有社会基础。社会基础概念的学术渊源包括"权力文化网络""关系共同体""社会关联""社会资本"等。一般意义上的社会基础主要指某一重要事件发生的社会背景，是一个社会的经济-社会结构、文化与社会心理等众多因素的综合，包括社会的经济力量、社会利益结构的性质（冲突抑或团结及其程度）、社会关系结构（社会关系结构类型和社会资本及其扩散性与密度）、社区文化的黏合程度（日常

---

① 张紧跟. 党建引领：地方治理的本土经验与理论贡献 [J]. 探索，2021（2）：88-101+2.

② 陈念平. 探索基层治理现代化的中国经验：党建引领基层治理的研究回顾与展望 [J]. 党政研究，2022（5）：21-33+124.

③ 郭祎. 社区治理现代化：党建引领的理论基础与实践优化：基于15个副省级城市的实践分析 [J]. 广西社会科学，2022（2）：113-120.

④ 张文君，汪泽. 正确处理党建引领与政府治理的关系 [J]. 前线，2019（8）：77-79.

⑤ 陈亮，李元. 去"悬浮化"与有效治理：新时期党建引领基层社会治理的创新逻辑与类型学分析 [J]. 探索，2018（6）：109-115.

社会生活的连接性和渗透性)①。田毅鹏认为，它主要是指由基础性的社会关系互动、社会联结建立以及社会组织化、结构化过程带来的社会秩序、稳定和发展的状态②。社会基础从形态上看表现为一组关系模式③。社会基础概念具有实践性，国家政策作为实践形态的政策或政策的实践过程，是国家力量"遭遇"社会基础时产生出的种种意料之中或意料之外的实践后果；也具有大历史观，在社会基础的历史变迁中展开；还具有内生性和现实主义特性④。

从作用与影响来看，作为社会基础的社会组织力量薄弱影响协同治理成效及其可持续性⑤；调查研究发现，社会基础是网格化治理技术运转的起点，其差异性直接影响网格化治理的技术效能⑥；对于商会内部分化的研究发现社会基础差异导致强权、弱权和无权企业的结社凝聚力不同⑦。我国有效建设农村社会治理共同体需要充分考虑区域间社会基础的差异性，而区域间经验传递的适用性也受限于此⑧。现有研究讨论了特定治理领域的社会基础，乡村振兴的社会基础⑨，从我国乡村治理实践中自然生

① 王思斌．乡村振兴中乡村社会基础再生产与乡镇社会工作站的促进功能[J]．东岳论丛，2022，43（1）：169-175+192.

② 田毅鹏．脱贫攻坚与乡村振兴有效衔接的社会基础[J]．山东大学学报（哲学社会科学版），2022（1）：62-71.

③ 王立胜．中国农村现代化研究的理论原型与核心命题：从"社会基础"概念的角度[J]．毛泽东邓小平理论研究，2006（8）：50-55+84.

④ 王立胜．论中国农村现代化的社会基础：一个分析框架[J]．科学社会主义，2006（4）：94-98.

⑤ 任泽涛，严国萍．协同治理的社会基础及其实现机制：一项多案例研究[J]．上海行政学院学报，2013，14（5）：71-80.

⑥ 纪芳．社会基础与网格化治理绩效的差异化实践：基于苏州 W 区和北京 P 区两地的经验考察[J]．中共福建省委党校（福建行政学院）学报，2020（4）：22-29.

⑦ 纪莺莺．当代中国的社会组织：理论视角与经验研究[J]．社会学研究，2013，28（5）：219-241+246.

⑧ 赵晓峰，马锐，赵祥云．农村社会治理共同体建设的社会基础及经验适用性研究[J]．北京工业大学学报（社会科学版），2022，22（5）：75-84.

⑨ 吴理财，魏久朋，徐琴．经济、组织与文化：乡村振兴战略的社会基础研究[J]．农林经济管理学报，2018，17（4）：470-478.

成的"简约治理"深深嵌入乡村社会的关系和情理之中，与乡村社会的性质相契合①；熟人信任和政治信任在乡村依然占有一定空间②；乡村社会基础是内外有别的"行动伦理"③。任泽涛、严国萍认为，协同治理的社会基础包括政府对社会主体地位的尊重，并培育发展社会组织等社会力量④；刘少杰指出了社会基础的结构论和空间论，并从社会基础角度分析区域协同发展⑤。从一般意义上，任路认为，不同于西方庄园制，家户制传统是我国国家治理结构的社会基础，主张重识家户观念、重建家户秩序、重组家户个体、重拾家户责任，促进国家治理与群众自治的衔接和良性互动⑥。在我国特殊的政治架构中还必须着重考虑到中国共产党领导这一重要的社会基础因素⑦。对社会基础的干预方面，我国乡村社会基础薄弱，对其修复和构建，要强调党建引领、激活乡村主体性、创造地域活力、培育社会资本、组织化等⑧；王思斌则区分了乡村社会基础的修复性再生产和发展性再生产，论述了社会工作的积极作用，指出了立足原有基础，从意愿、行动、活动、网络和能力等方面推进策略⑨。

---

① 欧阳静. 简约治理：超越科层化的乡村治理现代化 [J]. 中国社会科学，2022（3）：145-163+207.

② 邱国良. 政治信任：乡村治理的社会基础：以仲村"5·31"事件为个案 [J]. 社会主义研究，2009（3）：71-74.

③ 周飞舟，何奇峰. 行动伦理：论农业生产组织的社会基础 [J]. 北京大学学报（哲学社会科学版），2021，58（6）：88-97.

④ 任泽涛，严国萍. 协同治理的社会基础及其实现机制：一项多案例研究 [J]. 上海行政学院学报，2013，14（5）：71-80.

⑤ 刘少杰. 积极优化区域发展的社会基础 [J]. 社会学评论，2021，9（1）：40-50.

⑥ 任路. "家"与"户"：中国国家纵横治理结构的社会基础：基于"深度中国调查"材料的认识 [J]. 政治学研究，2018（4）：26-36+125-126.

⑦ 王立胜. 论中国农村现代化的社会基础：一个分析框架 [J]. 科学社会主义，2006（4）：94-98.

⑧ 田毅鹏. 脱贫攻坚与乡村振兴有效衔接的社会基础 [J]. 山东大学学报（哲学社会科学版）2022（1）：62-71.

⑨ 王思斌. 乡村振兴中乡村社会基础再生产与乡镇社会工作站的促进功能 [J]. 东岳论丛，2022，43（1）：169-175+192.

从社会学视角来看，任何意义上的引领行动是否能够如预期那样达到目标，与其是否拥有坚实的引领与被引领基础条件密切相关。现有党建引领基层社会治理备受重视，但是实践中一系列问题的出现，在一定程度上与基础条件密切关联。实际上，现有的研究集中于如何开展党建引领，而对党建引领的前提和基础有所忽视。这显示了目前研究不深、不系统的阶段性特征。黄晓春意识到这一点，提出了党建引领需要跨组织协调、为流动社会搭建治理网络、推动治理共同体成长的制度性条件，但还只是局部的条件①；刘永泽、向德平进一步倡导从社会基础角度研究党建引领社会治理②。

国家诞生于社会之中，源于不同的社会基础形成不同的国家治理结构③。目前围绕"社会治理的社会基础"的研究主要关注了农村社会基础，而对城市社会基础分析相对较少。个别文章指出了党建引领下社会治理所面临的社会基础问题。例如，田先红指出，新世纪以来随着农村土地制度变革和土地流转速度的加快，农村社会出现了中农阶层，社会基础的变化要求党建工作应积极吸纳中农群体④；赵祥云认为，基层党建嵌入乡村治理需要社会基础，包括村庄社会资源的利用和村庄内生力量的激活⑤，这具有启发意义，但局限于党建自身或农村治理。而党建引领城市社会治理、发挥党的城市基层治理功能也需要重审社会基础的变迁。

综上所述，我们认为对社会基础的结构分析可以从微观、中观和宏观三个维度展开。微观上指以怎样的形式和资源链接与组织起特定范围社区

---

①　黄晓春. 党建引领下的当代中国社会治理创新 [J]. 中国社会科学，2021（6）：116-135+206-207.

②　刘永泽，向德平. 论新时代党建引领社区治理的社会基础：基于"社区第一书记"模式研究 [J]. 学习与实践，2022（2）：92-100.

③　任路. "家"与"户"：中国国家纵横治理结构的社会基础：基于"深度中国调查"材料的认识 [J]. 政治学研究，2018（4）：26-36+125-126.

④　田先红. 中农阶层兴起与农村党建社会基础的变化 [J]. 中共杭州市委党校学报，2013（4）：10-16.

⑤　赵祥云. 基层党建嵌入乡村治理的机制及其社会基础：以豫西北 HS 村党建为例 [J]. 贵州师范大学学报（社会科学版），2021（3）：53-62.

内的民众，中观上指向县域范围内民众与基层政权的关系，宏观上指向国家与社会的关系。

社区群体人口特征或构成是重要社会基础。从年龄上看，社区活动的主体主要是社区边缘群体，如老年人、儿童，而占据社会资源与财富、推动城乡发展的主体是职业群体，他们的主要社会活动并不在社区。对此，社会基础建设应当强调网络群体的主体地位，强化他们的参与度。从流动性来看，社区人口流动性是重要的社会基础维度，人口流入意味着该地区的社会基础在增强，而人口流出则意味着该地区的社会基础在削弱。这些主体的社会需求、共同困境是治理的前提，推进社区治理应强化对社会主体地位的尊重，激发其主体性。

最古老的组织形式是家庭。我国国家治理结构的社会基础是家户制度。党建引领社区治理重视社会基础就是要重识家户观念、重建家户秩序、重组家户个体、重拾家户责任，实现政府治理与群众自治的有效衔接与良性互动。当代社会是流动性社会，例如，深圳不少人没有家庭生活，这形成了甚为独特的家庭基础。宗族是家庭的延伸，社区内宗族的情况，如有无宗族，族长、族规、族产等机制及其治理行为。多种因素在影响着社区治理的差异化。

家庭之外的社会关系的互动与联结，尚未形成正式组织化的社会资本。社会资本的状态也是社会基础的重要内容之一。在现代社会组织上，培育和发展社会组织是社区治理的重要基础。其中，社会工作组织是专业性的社会服务机构。社区治理尤其要发挥社会工作组织的积极作用，实现社会基础的修复性再生产和发展性再生产。

社会基础本质上是关系模式，学界已有研究成果的差异在于关系的组织形态及特征，这些组织形态主要表现在群体人口特征、家庭与宗族情况、社会资本、半组织化、社会组织、政社联结、文化等。关系是贯穿社会基础始终的内容，尽管我们指出了社会基础的主要维度，但是社会基础强调的是整体的联系，只有这样我们才能看到"全盘社会结构的格式"①。而从关系的特征来看，社区治理深深嵌入利益关系、人情关系和情理之中，呈现出熟人信任和政治信任、"行动伦理"。

第三节　党建引领社区治理的机制

党建引领的目的并非要单独加强政府、市场和社会各自力量，而是要促进三者之间的合作，实现社区治理共同体的打造。《关于深化城市基层党建引领基层治理的若干措施（试行）的通知》提出了党建引领社区治理的主要机制。

一、面向居民的社区网格建设

网络化建设是党建引领社区治理的基本载体。网络既有党组织的网络，也有党组织覆盖社区居民的网络。这意味着要设置社区网格，按照中共中央组织部、中共中央政法委员会、民政部、住房城乡建设部印发《〈关于深化城市基层党建引领基层治理的若干措施（试行）〉的通知》（中组发〔2022〕2 号）的要求，一般以居民小组或住宅小区、若干楼院为单元划分社区网格，每个网格原则上覆盖 300～500 户。网格是网络的最基本单元，无数的网格构建起一个覆盖各个角落的网络。

这个网络内流动的资源是全方位的。以往的网络建设常常是各个部门的条块分割，例如民政部门一个系统，卫健一个系统，而网格化建设就是要把社区内的党建和政法、综治、民政、城管、信访、市场监管、卫生健康、应急管理等各类网格统一整合成"一张网"。网格整合后各职能部门不再单独划定网格，确需依托网格开展的业务工作，纳入社区已有网格管理。

---

① 费孝通. 乡土中国 ［M］. 北京：北京大学出版社，1998：91.

　　按照目前的政策要求，支部要建在网格上。通常，一个网格要建立一个党支部或党小组，而党支部书记、党小组组长由社区党组织成员或社区党员骨干担任，并兼任网格长，承担网格党建的责任。由于现有的社区党组织力量有限，还可以积极利用退休干部党员参与社区网格党组织建设。尤其是一些从党政部门退休下来的老党员，他们是社区党建的重要力量。为了避免社区网格党建的虚化问题，目前要求一个网格应配备 1 名专职网格员，专职网格员以社区工作者身份招录并管理。我们可以看到，社区专职网格员接受党组织的领导，同时主要的工作任务是党建与行政、为民综合服务。所以，社区网格员的身份是一个混合体，他们有力地支撑着党建引领网格实际落地。

　　在社区网格的运行中，要求实践新时代"枫桥经验"。"枫桥经验"在创建之初，实现"小事不出村，大事不出镇，矛盾不上交，就地化解"，强调基层在矛盾化解中的基础性地位。"枫桥经验"不断被赋予新的内涵，包括强调法治思维和法治手段，形成新时代的"枫桥经验"。其主要内容是在开展社会治理中实行"五个坚持"，即坚持党建引领，坚持人民主体，坚持"三治融合"，坚持"四防并举"，坚持共建共享。其中，"党建引领"是灵魂和本质；"三治融合"是自治、法治和德治的有机结合；"四防并举"是手段，包括人防、物防、技防、心防。这些内容组成了社区网格运行的原则，就运行机制来说，要建立健全信息收集、问题发现、任务分办、协同处置、结果反馈工作机制。这里的信息收集是主动开展日常巡查走访，而非被动等候。在信息收集方面，可以以观察、走访、访谈、调查等多种形式展开，它类似于社会工作中的"接案"环节，其实施主体是社区专职工作者，或者网格员。发现问题，即"预估"，由社区工作者对网格排查上报，社区做好梳理汇总。社区工作者是判断问题的第一关，社区是第二关，然后再交由街道进行判断。值得注意的是，党建引领下的"预估"应当遵循怎样的原则，目前的政策并没有指明，但是要区分行政属性的"预估"与党建引领的"预估"。党建引领下更多是"划定红线"，其对于问题的包容空间很大。接下来是街道根据问题性质和管理权限"吹哨派单"，相关职能部门主动承接、限时办理并反馈。同时要求推动基层行政执法力量下沉网格，引导各类企业、社会组织、志愿者队伍参与网格管理和服务。这个过程类似于社会工作的"计划"和"介入"环节。其中任务分办、协同处置涉及工作方案的制订，各个科层部门、政府市场和社会力量的整合问题。最后是结果反馈工作机制，类似于社会工作的结案和跟进。尽管目前的政策文件提出了基本的工作机制，但是机制内部的细化措施尚未明确，实际上社会工作专业提供了更加系统、更具有可操作性的知识库存。

党建引领的关键之处就在于协同或整合资源。政府的各个条块部门有着自己的利益，市场和社会也有自我的逻辑，党建引领并非要替代他们处理问题，而是注重推进多元主体之间的整合。目前的政策要求市、区领导班子成员要直接联系社区，街道领导班子成员要直接联系网格。这为协同、整合奠定了组织基础。然而，党的自我网络本身也涉及网络层级问题，对于更高层级的党建网络整合尚需要完善。

二、面向多元主体的社区党组织网络建设

政府、市场和社会三种力量构成了社区治理的主体，而社区也是三种力量的汇聚地。

对于社区来说，民众接触最多的是物业企业，物业服务问题也是居民投诉最多的领域之一。党建引领首先要推进物业服务和物业服务企业党建全覆盖。在组织架构设计上，通过市场化物业服务引入物业企业，通过国有物业公司兜底。进而，通过建立物业企业党组织形式，或者选派党建指导员、引导企业招聘党员员工等方式实现党的工作覆盖。这是在点的层面。在面，即行业层面，依托各级住房城乡建设部门及物业行业协会建立物业行业党组织，从而推进区域物业行业党组织网络的建构。物业服务项目所在社区党组织、物业行业党组织共同指导物业企业，在具体的社区治理中发挥物业企业的作用，并积极协调物业依法依规开展服务。

在社会领域，业主委员会是社区居民自治组织，党建引领业主委员

也需要一定的机制。在具体举措方面，要提高业主委员会成员中的党员比例，并建立党支部、党小组。为此，街道社区党组织要在业主委员会组建和换届过程中加强人选把关，推进党员人员的进入。除了组织人事，在具体事务上，目前政策要求业主委员会有义务向社区"两委"报告，尤其是涉及社区中一些重要利益、事项的启动。

党建引领可以通过社区物业党建联建方式，实现协调共治。通过交叉任职，打破组织间的边界，相互联结、密切合作，从而为党建引领发挥作用准备条件。目前政策要求，推动符合条件的社区"两委"成员通过法定程序兼任业主委员会成员，业主委员会和物业服务企业党员负责人担任社区党组织兼职委员。由此，在党组织的网络中，跨组织、跨体系的网络得以建立。此外，通过干部下派、到社区报到工作打破科层弊端。在遇到重大公共卫生事件、重大自然灾害等突发事件时，目前政策允许各级党委抽调机关和企事业单位党员干部到基层和一线开展工作，自觉接受街道社区党组织的统一指挥，实现基于重大事件的党建引领整合，下沉基层、充实一线工作力量。各级党员除了向所在单位报到，还要向所在社区报到，实行"双报到"，从而实现基于社区的多元治理主体的整合。

三、党建引领社区网络的运转

上述组织网络将政府内条块力量、市场主体、社会力量整合进去，构建了服务的组织基础或网络基础。以党建推动跨组织、跨体系协同已成为当前社会治理领域党建引领的重要制度内涵①。然而，组织的建立并不意味着党的引领作用就会自发地产生，还需要建立协调、议事机制。

中共中央组织部、中共中央政法委员会、民政部、住房城乡建设部印发的《〈关于深化城市基层党建引领基层治理的若干措施（试行）〉的通知》提出，在中央、省市和区县设立领导、议事协调机制。由党委和政府

---

① 黄晓春. 党建引领下的当代中国社会治理创新［J］. 中国社会科学，2021（6）：116-135.

有关负责同志担任组长、副组长，相关职能部门作为成员单位，定期召开全体成员会议，根据需要召开专题会议，研究重大政策、部署重大工作、督办重大任务。可根据基层治理工作实际需要，探索设立若干专项工作组，细化任务分工，强化分类指导。

在社区内，健全完善党建引领下的社区居民委员会、业主委员会、物业服务企业协调运行机制，基于特定事件开展协商会议。在约束机制上，目前政策提出，街道党（工）委要根据日常了解掌握的情况，对辖区物业服务企业提出评价意见，作为住房城乡建设部门评价企业信用的重要内容记入信用档案。

第三章
社区工作者的职业化与专业化

第一节　社区工作者的内涵与演变脉络

基层是社会治理的基础性部分,一个国家治理体系和治理能力的现代化水平很大程度上体现在基层,基础不牢,地动山摇。治理体系的落实依靠人,治理能力的实践载体也在人。社区工作者是基层工作的主力军,对社会建设发挥着基础性、不可替代的作用①,并因为对新冠疫情防控工作作出重大贡献而备受关注。2021 年中共中央、国务院下发《关于加强基层治理体系和治理能力现代化建设的意见》,明确了社区工作者肩负着新时代基层社会治理现代化的重任。2022 年,中共中央组织部、中共中央政法委员会、民政部、住房城乡建设部印发《关于深化城市基层党建引领基层治理的若干措施(试行)的通知》,明确设定社区工作者配置标准"每万城镇常住人口不少于 18 人";同时规定了对社区工作者"培养锻炼"的要求。目前全国有社区工作者 433.8 万人②,同时社区工作队伍还存在很多问题,居民对社区治理中的服务方式和结果不满意的情况也普遍存在。面对新群众③、党建引领、专业化与精细化等新的基层治理要求,如何塑造和培养大批优秀的社区工作者是摆在我们面前现实而紧迫的问题。这一庞大的群体是基层社会治理的行动主体,连接着党、政府和民众,肩负社会治理任务的具体落实,他们的成长与素质直接关系到我国基层治理工作的效能,深刻影响基层治理能力现代化与长久发展。

对于社区工作者的内涵及其发展,学界认为社区工作者是指以社区居

---

① 向德平,申可君. 社区自治与基层社会治理模式的重构［J］. 甘肃社会科学,2013（2）：127-130.

② 李昌禹. 推动资源下沉,优先发展养老、托育等：让社区服务更有温度［N］. 人民日报,2022-02-10（2）.

③ 汪仕凯. "新群众"和"老传统"：新时代中国共产党治国理政中的群众路线［J］. 探索,2020（2）：107-118+2.

民为服务对象、以从事专门社区工作为职业的人①。国外并没有社区工作者这一概念，与之相似的是社区社会工作者（Community Social Worker）。发达国家和地区对社区社会工作者的身份认定很明确，就是指在社区工作且受雇于志愿机构或政府部门的专业注册社会工作者，我国的社区工作者不同于西方体制和语境。从 1949 年至 1999 年，我国官方都没有使用现代意义上的社区概念，一直沿用居民委员会之称，居委会成员就是社区工作者，直到 1999 年我国开始进行城市社区建设试点工作，居委会开始被称为社区居民委员会。2000 年，《民政部关于在全国推进城市社区建设的意见》正式提出社区工作者的概念。

21 世纪以来，上海、北京等地探索建立社区工作者职业资格认证制度以及专业培训，构建职业化、专业的社区工作者队伍。根据目前最新政策，社区工作者主要包括社区党组织成员、社区居委会成员中的专职人员和在社区从事党建、治理、服务工作的全日制专职工作人员。

从我国社区工作者队伍建设方面来看，学界从问题描述—原因分析—解决对策角度呈现了社区工作者存在的困境，研究的共识性困境是职业能力不足②或社区工作者胜任力总体水平偏低③。新冠疫情暴发后，学界关注到社区工作者职业压力与情感耗竭问题④。实际上，随着我国加强和创新社会治理体系与治理能力现代化的推进，社区治理迫切需要高素质、能力强的专业化社区工作者队伍。从困境解决办法来看，学界营造了包容性职

① 刘俊清 . 从职业身份看社区工作者队伍建设 [J] . 云南民族大学学报（哲学社会科学版），2006（6）：30-33.

② 王红，王正中 . 社区工作者职业发展的现状、困境及求解路径：基于淮安市社区工作者职业发展的深度访谈 [J] . 四川行政学院学报，2022（1）：18-27.

③ 杨茜 . 基于模型构建的社区工作者职业胜任力问题研究：以 W 县城乡社区工作者的调查为例 [J] . 社会科学辑刊，2023（3）：84-91.

④ 周永康，李泓桥，丁雅文，等 . 新冠疫情期间社区工作者社会支持、工作压力与情感耗竭的交互机制研究：基于全国 6 省市 383 个社区 1263 名工作者的调查 [J] . 西南大学学报（社会科学版），2023，49（3）：49-65.

场氛围①，建构社区工作者的能力框架②或专用胜任力模型③，实施基础转换、实务发展与应用原则的能力建设路径④，形成专业化培养体系⑤。一条重要路径是借鉴专业社会工作知识和能力体系推进社区工作者的专业化⑥，这些研究虽然具有重要意义，但是依然没有从深层次上理解社区工作者行动逻辑及其结构性因素，从而理解本土语境下社区工作者职业活动，支撑社区工作者的队伍建设。

　　近年来，部分研究立足于本土实践场域，尤其是立足于社会治理的时代背景深入研究社区工作者的实践。构建共建共治共享的社会治理格局就是要解决基层治理的两大基本问题：上层与下层的互动、基层社会的活力有序问题⑦。王学梦认为，社区工作者充当"社区代理人"，其角色自1949年以来经历了"阶级净化型"、"生产营利性"、"职业经纪型"到"全能专业型"的转变⑧。我国城市基层社区的行政化现象，采取诉苦⑨、

---

　　① 柯江林，张继争，丁群．职场精神力视角下包容性氛围对多样化社区工作者的影响效应：一个跨层有调节的中介模型［J］．公共管理评论，2022，4（1）：152-177.

　　② 李筱，梁昆，唐有财．社区工作者能力量表开发与检验：以上海为例［J］．浙江工商大学学报，2020（4）：138-148.

　　③ 车峰．基于胜任力模型的城市社区工作者绩效考评研究［J］．华东理工大学学报（社会科学版），2017，32（2）：19-29.

　　④ 李筱，王文晶，刘月婷，等．基础转换、实务发展与应用原则：城市社区工作者能力建设路径分析［J］．社会工作与管理，2023，23（4）：53-64.

　　⑤ 夏凌霞，唐有财．"黄浦计划"：社区工作者能力建设的实践与思考［J］．社会治理，2019（10）：73-77.

　　⑥ 刘宇洋．社区工作者对社会工作专业知识的学习与应用研究［D］．北京：中国青年政治学院，2014.

　　⑦ 徐勇．共治与服务：改革开放以来乡村治理的结构功能转换［J］．当代世界与社会主义，2023（6）：27-34.

　　⑧ 王学梦．1949年以来我国城市社区代理人角色生成与嬗变：以杭州市上城区为分析单位［J］．理论月刊，2021（3）：108-118.

　　⑨ 芦恒．找回责任：社区干部"诉苦"的叙事实践研究［J］．社会工作，2021（2）：11-22+105-106.

去人情化①、地方性知识②、催化合作③行动策略，也呈现出能动性与结构性相结合的"有限度的自主"④，推进政府管理与居民自治和服务的协调。由此，部分学者认为正视"行政化"，采用"技术化"以提升社区工作者的职业能力，可提升社区的整体治理效能⑤。

值得注意的是，一些地方开始探索以区域化党建推动多元治理主体之间的协作，不断吸纳多方力量参与基层治理，共同为基层社会提供公共产品。党的组织网络成为社会治理中链接体制内外和不同治理主体的新平台⑥。2021年中共中央、国务院下发《关于加强基层治理体系和治理能力现代化建设的意见》，也明确了社区党建联建与协商共治机制。党建引领被认为是中国特色基层治理的最大优势与显著特征⑦，对引领中国社会公共性有序发展具有重要战略意义⑧。社区工作者，尤其是社区党组织书记是基层党建的重要主体，其党建引领能力和实践还有待跟踪研究。目前，相关的党建引领研究集中于党社关系等较为宏观抽象议题，少数研究延伸

---

① 孙旭友. 去人情化：新一代社区工作者的治理倾向和社区"脱域"策略 [J]. 社会工作与管理，2016，16（4）：49-55.

② 郭伟和. 地方性实践知识：城市社区工作者反建制力量的隐蔽领域：基于B市莲花社区的个案研究 [J]. 学海，2016（2）：143-152.

③ 王德福. 新生代社区工作者的职业激励与职业发展：兼论面向社区治理现代化的干部培养路径 [J]. 理论月刊，2022（12）：109-119.

④ 王海宇. 有限度的自主：当前社区治理中的社区干部 [J]. 青年研究，2018（2）：67-76+96.

⑤ 郭根，吴杨. 超大城市社区工作者群体的职业困境及其调适路径：以上海市P区Z街道为例 [J]. 城市问题，2022（8）：83-89.

⑥ 李友梅. 中国社会治理的新内涵与新作为 [J]. 社会学研究，2017，32（6）：27-34+242.

⑦ 祝灵君. 党领导基层社会治理的基本逻辑研究 [J]. 中共中央党校（国家行政学院）学报，2020，24（4）：37-45.

⑧ 黄晓春. 党建引领下的当代中国社会治理创新 [J]. 中国社会科学，2021（6）：116-135+206-207.

到基层政党整合社区①、党统合社会组织②，"以党领社"推动业主组织的成长③，党建引领社会工作专业④，党建引领网格⑤。

第二节　社区工作者的职业成长

职业成长是个人沿着对自己更有价值的工作系列流动，这更多是偏向工作转换的职业成长。翁清雄等学者主张职业成长包括组织内职业成长与组织间职业成长⑥。与职业成长相关的概念还有职业发展、职业成功。相对于职业成长来讲，职业发展是一个更为宏观的概念，既包含在进入职业领域之前的职业探索、职业目标的形成和发展，也包含进入组织后在各个组织中的职业成长。职业成功是在任一点某人的工作经历随着时间的推移所获得的工作成就，职业成长是个增量的概念，而职业成功是个存量的概念⑦。

职业成长应该是一个多维度的概念，主要包含职业目标进展、晋升机会、工资增长等。国外的职业成长测量偏重某一方面，以职业流动和职业前景来测量职业成长。国内学者则综合国外研究，建构了综合性指标。例

① 秦小建，朱俊亭. 政党整合型熟人社区治理：老旧社区治理模式探索：以Y市D社区为样本［J］. 理论探讨，2022（1）：36-43.

② 李朔严，王名. 政党统合与基层治理中的国家-社会关系［J］. 经济社会体制比较，2021（2）：171-180.

③ 张振. 合法性建构：党建引领城市社区业主组织发展的策略机制：以全国城市基层"红色业委会"党建创新为例［J］. 内蒙古社会科学，2021，42（2）：27-35.

④ 郑广怀，王晔安，马铭子. "以红领专"：社会工作者的专业自主性与国家的领导权建构［J］. 社会学研究，2021，36（6）：136-155+229.

⑤ 向春玲. "红色网格"：基层党建引领社会治理的新探索［J］. 科学社会主义，2018（5）：107-113.

⑥ 翁清雄，席西民. 职业成长与离职倾向：职业承诺与感知机构的调节作用［J］. 人力资源，2010，13（2）：119-131.

⑦ 詹圣泽. 管理实践纵论［M］. 西安：西安交通大学出版社，2016.

如，何辉、黄月和王文博建构的组织内职业成长是主客观指标的整合，主观指标包括晋升可能性、职业潜力、一般能力提升和特殊能力提升四个维度，客观指标包括加薪、岗位平行调整和岗位晋升次数三个维度①。

大量研究集中于职业成长影响因素。传统研究多从人力资源角度分析，偏重微观和中观视野。个体特征影响职业成长②，如员工的积极性会影响发展机会和就业能力；组织环境影响因素，包括绩效评价体系、晋升体系、培训体系、薪酬和激励体系以及职业发展规划等；人力资本方面，具有组织专门知识和技能的员工往往掌控着组织核心业务并处于组织结构中的重要部门，职业早期人力资本对于工资增长影响大，而后期较小；社会资本会影响职业机会，弱关系联结而非强关系联结才是传递信息的关键桥梁，对就业的帮助最大。

职业社会学指出结构、文化以及国家权力等宏观因素对于职业的塑造。职业社会学集中于职业化过程中知识的作用以及使某些行业团体能够实现其对专业化技能的垄断要求的社会条件，并形成了功能学派、结构学派、垄断学派与文化学派。结构性制度对职业化具有至关重要的意义；职业主义的文化事实上促进了公众消极的和顺从性的态度。从职业自主性、职业与各种外部影响（尤其是国家干预）的相互关系角度分析职业之间竞争与国家对这些竞争的规范——包括社会结构、空间机制和时间机制③，有助于全面理解职业成长环境。

从职业群体上看，职业成长理论已经被应用于分析高校辅导员成长④、

① 何辉，黄月，王文博.职业成长理论辨析与测量：主客观指标整合及实证研究［J］.首都经济贸易大学学报，2016，18（4）：41-49.
② 江逸凡.人格特质与组织创新情境对员工职业成长的多层次影响研究［D］.合肥：中国科学技术大学，2021.
③ 刘思达.职业自主性与国家干预：西方职业社会学研究述评［J］.社会学研究，2006（1）：197-221.
④ 任江林.高校优秀辅导员成长规律探究［J］.高校辅导员学刊，2010，2（2）：74-77.

护士职业成长①、创造性人才的成长规律②、学者型教师成长③等，并向其他职业群体拓展和延伸。

尽管社区工作者群体是一个数量庞大的存在，但相关研究较薄弱。大量研究只关注到了社区结构的"形"，而轻视了社区工作者这个核心动力④。研究社区治理的一个重要趋势就是从社区工作者本身入手。目前围绕社区工作者的研究有两方面，在静态上，学界研究了社区工作者职业化、专业化的困境及其解决思路；在动态上，从社区场域内分析了社区工作者面对党、政府、民众、驻地企业组织等多元主体的行动逻辑与策略，暗示了社区工作者应当具备的能力与素质。这些研究还相对碎片化，有待于从社区治理角度进一步整合形成系统的社区工作者胜任力。

学界对于职业成长理论的研究积累了丰硕的成果，形成了基本框架，提供了一个从微观出发的研究视角，能够帮助我们从动态和全面的角度了解社区工作者，找回社区工作中的"主体"。虽然现有职业群体成长研究不断向多元职业主体拓展和延伸，但现有研究尚未联结、迁移到社区工作者这一庞大群体。个别的研究如王德福论文中提及社区干部的成长，启发了社区工作者成长规律与培养的系统研究⑤。

---

① 倪云霞，李继平．护士职业成长研究进展［J］．中国护理管理，2022，22（3）：435-439.

② 林崇德，胡卫平．创造性人才的成长规律和培养模式［J］．北京师范大学学报（社会科学版），2012（1）：36-42.

③ 卢真金．试论学者型教师的成长规律及培养策略［J］．高等师范教育研究，2001（1）：31-36.

④ 汪鸿波，费梅苹．新中国成立70年来我国城市社区工作者形象的变迁与重构：基于上海的历史考察［J］．内蒙古社会科学（汉文版），2019，40（5）：163-169.

⑤ 王德福．新生代社工作者的职业激励与职业发展：兼论面向社区治理现代化的干部培养路径［J］．理论月刊，2022（12）：109-119.

代。老生代，即俗称的"居委会大妈"，其构成以职工家属和家庭妇女为主，大多数是中老年女性，工作带有较强的公益性，其报酬属于"务工补贴"性质，标准较低。从全国来看，老生代社区工作者自20世纪90年代中期开始，陆续退出社区工作一线，开始被中生代社区工作者取代，到21世纪初期，两代社区工作者的代际更替基本完成。中生代社区工作者是第一代职业化社区工作者，其构成以中年女性为主，是政府面向社会公开招聘的专职社区工作者，大多数属于国企下岗再就业人员，社区工作从此成为一项正式职业。同老生代相比，中生代社区工作者更加年富力强，受教育水平明显提升。到2010年前后，中生代社区工作者开始陆续被新生代社区工作者替代。新生代社区工作者是当前社区工作的中坚力量，其构成以中青年人为主，女性仍然占多数。新生代社区工作者主要包括两个群体，一是初次就业的应届高校毕业生，二是主动进行职业转型的中青年。新生代与中生代社区工作者的主要区别有两点：一是新生代基本属于主动选择，而中生代较为被动；二是新生代的职业经历与社区工作关联度更弱，中生代则大多来源于国企，有党群工作经验。同老生代和中生代相比，新生代社区工作者的职业稳定性较差①。

　　来源不同的社区工作者往往隶属不同部门，工作的内容也是五花八门，涉及环境卫生、绿化、计划生育、人口普查、民事调解、社会治安综合治理、文明社区建设、普法教育、青少年教育、残疾人、老年人服务、下岗职工再就业等。概括来说，基层社区工作者承担的工作大致可以分为三类，即行政任务、公共服务和居民事务。行政任务即政府交办的需要在居民中贯彻实现并匹配相应考核要求的事务，既有城市管理等常规性事务，也有临时性、阶段性交办的任务，比如城市创建、重大活动保障等。公共服务是政府面向居民提供的具有公共产品属性的教科文卫等民生类服务，主要涉及社会保障、民政、计生、文体、医疗卫生等方面。居民事务

---

　　① 王德福. 新生代社区工作者的职业激励与职业发展：兼论面向社区治理现代化的干部培养路径［J］. 理论月刊，2022（12）：109-119.

则指居民生活中产生的超出一家一户解决能力，但又不属于政府公共管理和公共服务范畴的社区性公共事务。上述类别并非截然不同，实践中会有交叉重合。相应地，社区工作者需要行政素养，回应国家下沉的行政任务与公共服务职能，要求社区工作者具备较强的学习能力，能够及时掌握不断调整和日益精细化、专业化的政策法规知识，要具备适应日益现代化、规范化和技术化的常用办公技能，还要具备项目和活动的策划与组织能力。此外，社区工作者还需要社会素养，即与基层社会中的各类群众打交道的能力，就是通常所说的群众工作能力。群众工作能力是基层或者一线工作的基本能力，完成居民事务和国家任务都需要具备一定的群众工作能力。目前社区工作者队伍的整体素质较以往大幅提高，但不同区域的社区工作者能力参差不齐。

二、社区工作者专业化的路径

为了提高社区工作者的专业能力，山东的做法是在高等院校开展社区治理学科（专业）体系建设，为城乡社区治理储备专业人才。将社区专职工作者纳入干部教育培训总体规划，县（市、区）每年对社区"两委"成员进行集中轮训。《中共山东省委，山东省人民政府关于加强和完善城乡社区治理的实施意见》（2018）指出，社区工作者取得《社会工作者职业水平证书》并按规定登记的，应按照初级每月不少于 100 元、中级每月不少于 200 元、高级每月不少于 300 元的标准发放职业津贴。值得注意的是，社区工作者是一个内部异质性较大的群体，它包括社区党组织书记、社区"两委"成员、社区专职工作者等。社区党组织书记是社区工作团队的带领者，其能力要求最高。推进社区党组织书记能力的专业化，并不能仅仅依赖于专业知识和能力的培训，还需要注重政治素养和实践智慧。作为社区的整体掌舵者，社区党组织书记的能力实际上是没有边界的。有研究指出，有人构建了以政治能力为核心能力，以组织建设能力、群众工作能力、协商沟通能力、贯彻落实能力为四大专业能力，以学习创新能力及道德品质与心理调适能力为基础能力在内的社区党组织书记胜任力模型，该模型可以运用于社区党组织书记的选拔、录用等。①。这一模型所涉及的能力是广泛的，它与机关干部的能力不同，社区党组织书记的能力突出综合性，而这一特性的实现需要依赖持续学习和持续实践。社区专职工作者往往基于特定岗位职责，职责范围相对有限，通过专业培训能够在短时间内实现能力的提升。

借鉴专业社会工作知识和能力体系推进社区工作者的专业化。人事部、民政部发布的《社会工作者职业水平评价暂行规定》将社会工作者考试等级划分为助理社会工作师、中级社会工作师、高级社会工作师。考试组织实行全国统一大纲、统一命题、统一时间、统一组织的考试制度，原则上每年举行一次。前文我们已经提到社区工作的过程与社会工作专业的基本原理是一致的，并且社会工作专业在理论的体系性、系统性和操作性上更强，这意味着社区工作者学习和利用西方社会工作专业基础知识是可能的。对于社区工作者的调查也发现，通过社会工作师考试建立社会工作知识体系，在某种意义上印证了实践中总结经验，并且推进经验的进一步提升。例如，有社区工作者就发现他们多年来通过开展小组工作推进社区居民自治的做法实际上就是社会目标模式。这种理论上的支撑与引领促进了社区工作者更加有意识地学习社会工作专业知识，并尝试从社会工作知识库中探寻社区治理问题的药方。然而，中国语境下的社区治理不同于西方的社区社会工作，本土化是必然的议题。例如，西方社区工作所提出的地区发展模式、社会计划模式、社区照顾模式等在中国都面临着实施前提条件不同的问题。地区发展模式强调自下而上的动员，认为人人有参与和奉献的精神，而实际上我国从计划经济时代的生产合作社再到今天的居民委员会等，民众已经习惯了被动接受自上而下的行为模式和动员模式。因此，尽管我国传统社会有着广泛的乡贤、士绅自治，但是中华人民共和国成立后的新传统的建构已经重塑了这一路径。当前，党员和干部冲在前，

---

① 蔡礼强，高妍春. 党建引领下的社区党组织书记胜任力模型建构研究［J］. 政治学研究，2023（3）.

民众观看的现象表明地区发展模式并不完全适合每个社区。党建引领是中国式社区治理的新内涵，西方的社区工作理论并没有凸显党组织的角色，党建引领社区治理的知识必须从实践中总结而来。实际上，我国的地方知识也可能产生新的贡献，推进国际社会工作知识体系的更新和扩展。

　　反思性实践是社区工作者增进专业性的重要路径。尽管社会工作者职业资格考试促进了社会工作者专业性的提升，但是也有研究指出，社会工作者职业资格考试主要考查的是陈述性知识（社会工作理论知识）而非程序性知识（社会工作实务知识），考查最多的是"记忆"这类层次较低的认知过程，而忽视了对更高级认知过程（如分析、评价、应用等）的考查①。因此，单纯依据是否通过该考试来判断社区工作者的专业性有片面性。基于实践的复杂性，我们认为反思性实践是当前提升社区工作者专业性的重要方式。反思性实践是法国社会学大师布迪厄提出的实践社会学的核心概念。反思性实践首先强调实践的意义，而非只关注理论学习。实践是纷繁复杂的，许多理论建构的概念与知识并不能描述和展现实践过程的"增量"；实践是即时性的、瞬息转变的，并非理论的静止分析可以替代的。因此，面向社区治理的知识应当是实践的，社区工作者也应以实践为主要知识获取渠道。当然，这种实践并不排斥理论，而是一种精神上的反思性，从而在理论与实践之间不断往返。理论与实践的关系折射出关系主义的思维方式，实际上理论与实践从来都不是对立的，而是逐渐变好的，我们需要促进二者之间的贯通。

三、作为关系性实践者的社区工作者

　　布迪厄的社会实践理论认为实践具有紧迫性、总体性、模糊性、关联性特征②，这是静态的社会结构所无法体现的"多余"内容。尽管制度与

---

　　① 曾守锤，徐馨怡，张欢欢. 社会工作师职业水平考试的内容效度研究［J］. 社会工作与管理，2024，24（3）：12.

　　② 皮埃尔·布迪厄，华康德. 实践与反思：反思社会学导引［M］. 李猛，李康，译. 北京：中央编译出版社，1998.

结构是重要的、不容忽视的，但它们并没有纳入流动的内容，导致一些内容在静态中出现了不可见性。然而，进入实践这些内容不会消失，基于实践的研究视角正是要把这些"实践增量"表达出来①。为了推进社区工作者的关联性实践，我们认为社区工作者应当使用"制图术"。

（一）作为治理工具的制图术

西方的二元对立思维来源于实体论，这可能与西方根深蒂固的语法结构密切相关，将"主-谓"语法结构投射到实体之上，宇宙的实体映射出了主谓结构，二者互为镜像关系②。尽管我们特别强调关系主义对于二元对立思维的革新意义，但是在工具上我们还要基于人的思维特点推进这种思维转型。制图术被认为是国家实现治理目的的一个重要手段③。

制图术的意义并非简单的制图，而是带来认知图式的变革。杜月将分散于不同学科的制图研究整合为包含三个步骤的过程，即制图、治理和认知。制图是把纷繁复杂的实践转换为抽象的可控空间的过程；治理则是国家官僚体系依照地图和图表进行计算、规划、控制和监督的过程；认知则是带来对于权力和资源充分分配的认知变革。尽管杜月将制图术用于国家治理，但是作为社会治理重要载体的社会工作实践也有着同样的逻辑。社区工作者通过制图将服务对象复杂的无形网络及其实践过程通过图形抽离并形象地展示出来；治理是社区工作者基于制图开展评估、干预的过程；认知则是社区工作者对于"人在环境中"的新的认知，重塑社区工作者对于社区生态的想象，展现关系主义思维。

行动者网络理论的建构者拉图尔提出了"铭刻"（inscription）的概念，作为拉图尔制图思想的重要概念，其本义是将流动的概念篆刻于石板

---

① 孙立平．社会转型：发展社会学的新议题［J］．社会学研究，2005（1）：20.

② EMIRBAYER M. Manifesto for a relational sociology［J］. The American Journal of Sociology，1997，103（2）.

③ 杜月．制图术：国家治理研究的一个新视角［J］．社会学研究，2017，32（5）：192.

上并永久保存，铭刻因此是人理解和把握外在世界的一种方式①。他将社会工作者比作一个制图员，制图员需要将不同航海家绘制的不同图纸整合到一起，不同的参照系存在着大量的争议，制图员必须要追踪所有人的行动路线，才能得到完整的认识。这个例子说明认知是分布在大量的人与物的联系中的，我们追求的应该是理解流动的社会关系的连接通路，这样社会才能被充分部署，才能便于将行动者再次聚集②。

（二）制图术的社区工作实践

制图术的目的在于为社区工作实践全过程提供具象化指导。人类的语言习惯于描述具体的事物，而无形的关系理论要得到普遍的推广也需要适应这种思维方式。社区工作同样可以运用制图术实现社区工作的目标。对于社区工作者来说，制图术的本质在于将无形的关系形象化，从而有助于社区工作者展开关系实践。这里所倡导的制图术本质上是一种认知变革，指引社区工作的系统实践。为了促进制图术的使用，应当将社会网络分析法以及传统文化关系理论纳入社区工作教育体系，提升社区工作者有关此方面的专业知识，提升助人成效。再者，积极利用大数据，基于大数据计算技术与社会网络的评估，社区工作者有可能更为快速和迅捷地获得相关的图形生成和数据性诊断结果。

目前主流的社会工作教科书内容将生态图绘制作为评估工具，表明了生态制图思想的重要意义，但是现有的绘图仍然存在着简单化的问题，尚未充分使用关系的传递、力度、桥梁、中介、中心和等效等指标。对于关系网络的节点分析通常局限于服务对象个体中心，而对于多中心的立体网络呈现则不足。同时，对于个体的分析也往往是单维度的，忽略其内在生理、心理和社会性格之间的关联，更缺乏运用关系理论分析生理因素与心理、社会性格之间的关联。社区工作者需要全面掌握生态制图术，既要描

---

① LATOUR B. Visualization and cognition［J］. Knowledge and Society, 1986, 6（6）：1-40.

② 何雪松，王天齐. 社会工作的关系思维：三个传统与新的综合［J］. 新视野，2021（6）：66.

绘个体中心图，又要知悉整体结构图；既要看到结构的布局，又要掌握结构内在关系规律。

此外，社区工作者目前所学习的社会工作生态系统理论的生态图还只是作为评估工具，仅运用于评估阶段而非全部阶段。在社区工作实务的全过程中，第一阶段是建立专业关系。要从关系网络的角度审视服务对象和社区工作者，为此，一方面要评估和绘制服务对象的关系网络，另一方面也要对社区工作者的关系网络进行绘制和评估，同时还要对服务对象所在的整体关系网络结构进行绘制。随着信息化技术普及，服务对象的虚拟空间关系网络结构也应当被纳入绘制的范围。针对服务对象与社区工作者的专业关系，也需要在动态中评估二者关系的信任度、方向性等，尤其注意其中暗含的制图者本身的权力和视角，社区工作者在使用制图法协助开展关联性实践时需要警惕这种权力不平等带来的助人偏差。第二阶段，即评估阶段。社区工作者采用多种方法收集资料，形成服务对象关系网络的相关信息，完成图形制作；在资料的分析中，社区工作者要借助生态图分析生理、心理和社会不同层次之间的内在关联，发现其中的因果关系、间接关系，从而诊断服务对象的问题。第三阶段，即计划阶段。社区工作者依据自我的关系网络及其资源状况，基于对服务对象问题的诊断制订干预计划的目标和主要计划。工作计划依据关系网络涉及覆盖范围，可以从服务对象自身、家庭网络、群体网络、组织网络、社区网络、社会网络等方面展开计划设计。工作计划的生态图可以作为工作计划的辅助工作，清晰展示工作计划内在的逻辑和思路。第四阶段，即介入阶段。介入阶段是对工作计划的执行，这种执行是一种实践，而实践作为一种"关系性"行动发生着连锁反应，社区工作者要借助生态图及时评估每一次行动对于关系网的冲击和变化，在动态中调整行动计划。最后是评估和跟进阶段。基于服务目标评估服务对象所在关系网络的改变成效，并基于成效决定是否转介到社区工作者关系网络中其他服务主体。

第四章
社区居民多元需求与变迁

第一节　社会转型的宏观背景

一、社会转型的多维因素

政治方面，政治体制从集中式管理向多元化治理转变。这一变化主要是政治体制改革的结果，其推动了从政府主导型管理向合作型及自治型治理的发展。政府功能的转变体现在由直接管理转向更多的引导和监督，减少了对社区事务的直接干预，增加了对社区自我管理的支持和促进。这一改变促使政府角色从"管理者"转变为"服务提供者"，在社区治理中发挥框架设定和质量保障的作用。同时，社区居民的政治参与也发生了显著变化。随着治理模式的转型，居民被赋予了更多参与和表决的权利，这不仅增强了居民对社区事务的控制能力，还提高了他们对社区发展的责任感和归属感。此外，政府与社区的关系在政治体制的演变中被重新定义。政府不再是唯一的决策者，也是协调者和促进者，与社区居民及其他社会组织一起，共同参与社区的治理和发展。这种新的合作关系强调了包容性和参与性，促进了社区治理结构的现代化和民主化。通过这些转变，社区治理结构得以优化，社区发展更加符合居民的需求和期望，政治体制的演变对社区治理结构的积极影响日益显著。

经济方面，经济政策的变迁深刻地重塑了社区的治理结构和居民的生活方式。在计划经济体制下，社区管理结构依赖政府的集中管理，社区服务和资源分配自上而下严格控制，居民在经济和社会活动中的自主性受限。随着改革开放的推进，市场经济的引入促进了工业化和市场化进程，这不仅加速了城市化，也改变了社区结构。工业化促使大量农村人口迁入城市，新兴的城市社区开始形成，市场经济为社区居民提供了更多的就业机会和经济活动。这些变化提升了居民的经济地位，改善了他们的生活质量。此外，市场经济增强了社区服务的多样性和可达性。与计划经济下的统一配置不同，市场经济鼓励私营企业和非政府组织参与社区服务供给，满足居民多样化的需求。例如，教育、医疗和娱乐服务变得更加多元化，居民可以根据个人需求和支付能力选择服务，这大大提高了社区服务的效率和质量。因此，经济政策的转变不仅重塑了社区的经济结构和居民的生活方式，还促进了社区治理向更加开放和民主的方向发展，使社区能够更好地适应经济社会的快速变化。

文化方面，全球化与信息化深刻重塑着本地社区的价值观和行为规范。全球化带来的广泛文化交流促使外来文化与本地传统互动，进而推动文化的适应与变革。社区居民日益接受和融入全球文化元素，如多样的饮食习惯、节日庆典方式和生活方式，这些变化反过来影响社区的文化身份和社会结构。同时，信息化的快速发展，特别是互联网和移动通信技术的普及，极大地改变了社区居民的交流方式和社交习惯。技术进步使信息获取和交流更加便捷和及时，居民通过社交网络平台分享信息、参与讨论和表达意见，这不仅加强了社区内部的连接，也使社区能够跨越地理限制与外界互动。这些变化使社区居民在全球化的影响下更加重视个人选择和自由，同时对传统社区治理和文化传承提出了新的挑战。因此，社区在尊重和维护传统文化的基础上，需要探索如何融入全球文化，实现文化的创新和持续发展，这种文化的适应和变革不仅是文化层面的表现，更是社区整体适应全球化趋势的重要表现。

二、社区治理现代化

社区治理现代化的进程来自工业化和市场化带来的社会变革，这些变革不仅影响了社区结构，也对居民的生活方式产生了深远影响。工业化带来人口在城市社区的集中，形成新兴社区，并由此产生诸多问题，难以再用传统的管理模式进行应对。市场化引入了多样化的社区服务供给模式，使居民能够拥有更多的选择的同时，也在公平性和可及性方面提出了挑战。

在当今社会的快速发展和转型过程中，社区治理现代化不仅是提升治理效率和透明度的必然需求，也是实现居民生活质量提升的关键途径。社区治理现代化涉及多方面的结构与机制创新，其中最为重要的是提高自治能力、明确政府与社区组织的责任边界，以及确保社区服务内容的扩大化与公平性。

首先，社区治理现代化的核心是提升社区的自治能力，这不仅要求强化居民对社区事务的直接参与和管理，还要加强对社区共同体文化的培育。通过增强居民的决策参与权，可以有效地提高社区治理的透明度，减少决策过程中的信息不对称，增强居民对社区事务的信任与满意度。在实践中，这一自治能力的提升，可以通过建立完善的民主机制和规章制度予以保障。明确的法律框架可以确保社区事务在法律指导下更加系统、规范地进行，在保障居民权益的同时，也有助于解决社区治理中的冲突。

其次，社区治理现代化面临的社会协同困难也不容忽视。其中，政府与社区组织的责任边界必须明确、清晰。政府应逐步放权，将更多的管理功能交由社区自治组织承担，并在必要时提供指导和支持，从而使社区能够更好地自我管理和发展。

再次，随着社区服务内容的不断扩展，服务质量与效率的提升、公平性与可及性成为社区治理中亟待解决的问题。社区治理现代化应在确保服务内容扩展的同时，提升服务的专业性和针对性，以满足居民多样化的需求。为此，社区需要在引入社会组织和市场机制的同时，加强监管与协调机制的建设，确保社区提供高效、公平和可持续的服务。

最后，社区治理现代化的改革与创新，是一个长期且复杂的过程，需要不断调整和完善。通过提升自治能力、强化法律制度、明确责任边界以及完善服务内容等措施，社区治理现代化可以更好地满足居民需求，实现高效、透明和民主的社区治理结构。这将有助于提高居民的生活质量，提高社区凝聚力，并为社区的可持续发展奠定坚实基础。

综上所述，社区治理现代化转型既需要面对工业化、市场化带来的社会变革，也需要应对治理结构与社会协同困难。为此，政策制定者、社区组织和居民需共同参与，持续改革创新，以形成适应现代社会需求的高效、透明和民主的社区治理体系。这一过程不仅涉及技术与政策层面的更新，还包括社区文化与社会结构的深刻调整与变革，为社区的可持续发展奠定基础。

三、基层社会自治的发展

基层社会自治的发展是社区治理现代化的重要一环，尤其值得关注的是，从权威管理向市场治理的转型。这一过程意味着治理模式从传统的集中控制型，过渡到更开放和市场化的模式，对社区自治能力的影响显著且深远。

在市场化治理模式下，社区不仅享有更大的自主权，还可以根据市场需求和居民偏好来调整和优化服务与管理。这种模式提高了社区的适应性和灵活性，使其能够更好地应对不断变化的社会环境。同时，市场化治理也促进了居民的积极参与，强化了社区的自治功能。居民不仅成为服务的接受者，还逐渐成为社区发展的重要决策者。这不仅提升了他们的社区责任感，也增强了社区的凝聚力。

此外，政府、市场与社会角色的重新分配是这一过程中的另一个关键因素。在多元参与的治理体系中，政府逐渐转变为协调者和监管者，而不再是唯一的服务提供者。市场的引入为社区服务和资源的分配带来了竞争和效率，确保了社区能够根据实际需求提供高质量的服务。而社会组织通过提供定制化服务，满足居民的具体需求，使社区治理变得更加多样和灵活。这种新的角色分配和相互作用，推动了基层社会自治的发展，使社区能够更加灵活地应对快速变化的社会需求。同时，这种多元治理体系也提升了社区治理的透明度和公平性，确保社区发展更符合居民的需求。

基层社会自治的发展不仅需要政府、市场与社会之间的相互协作，还需要建立有效的社区组织和管理机制，以确保治理模式适应现代社会需求。通过持续的改革与创新，可以实现社区自治能力的提升和多元主体参与的协调合作，为社区的持续发展提供良好的基础。这样的基层社会自治发展，将进一步推动社区治理现代化，为社区居民创造更美好的生活环境。

在基层社会自治的发展中，必须综合考虑从权威管理到市场治理的转型过程中的各种因素。首先，政府在基层社会自治中的角色转变需着眼于推动治理体系的现代化进程，为社区治理提供协调与监管职能。政府还应在保障社区经济效率的同时，维护社会正义和文化传统，为社区成员提供公平、可持续的发展环境。其次，市场的引入为社区治理提供了新的动力和资源。市场机制的参与带来了竞争与效率，使社区服务更加多样化。然而，市场的作用需要与社区整体利益相协调，以确保居民能够获得公平和恰当的服务。最后，社会组织通过为社区居民提供定制化服务，满足他们的多样化需求。这种多元主体参与的治理体系，有助于提高社区的适应性和灵活性，同时需要确保社会组织的参与能够增强社区凝聚力，为居民创造更好的生活环境。

综上所述，政策制定者和社区领导者需要综合考虑各种因素，通过持续改革与创新，形成适应现代社会需求的高效、透明和公平的社区治理体系。这将为社区的发展提供稳定的基础，确保社区成员的福祉，并推动社区自治能力的进一步提升。

四、社区参与的模式转换

在社区治理的现代化进程中，参与模式转换是一个关键议题。它涉及自上而下与自下而上两种参与模式，这两种模式在动员居民参与社区事务方面有着各自的特点和优势，对社区治理结构和居民生活方式的影响各有千秋。

自上而下的参与模式通常由政府或上级机构发起，强调政策推广和社区项目实施中的领导角色。通过这种模式，政府能够迅速动员资源，推进规模较大的社区发展项目，如城市规划和重大公共设施建设。这种方式的优势在于可以有效整合资源，实现社区发展的统一规划与管理，确保项目实施的连贯性与整体性。

自上而下的参与模式也存在一些局限。其一，由于决策和资源分配多由政府主导，居民的参与空间受到限制，这可能导致居民对社区发展计划的感知度和满意度不足，难以充分满足居民的实际需求。其二，自上而下的模式可能缺乏与居民的有效沟通，有时甚至会引发居民的抵触情绪，这种情绪反过来会影响项目的实施进程与效果。相比之下，自下而上的参与模式更加强调居民的主动性和能动性。在这种模式下，居民通过自组织、社会组织等形式积极参与社区事务的决策与管理，充分表达他们的需求和愿望。这一模式能够更好地反映居民的实际需求，确保社区治理的民主化与透明化。同时，居民的积极参与也增强了社区的凝聚力，提升了居民对社区事务的满意度。

自下而上的参与模式也面临一些挑战。首先，居民的参与意愿和参与程度可能因社会结构、文化传统等因素而受限。其次，自组织和社会组织的力量较为分散，需要通过有效的机制和政策引导，确保社区事务的持续推进。

在社区参与的模式转换过程中，需要将自上而下与自下而上的参与模式有机结合。通过政策支持与社会动员的有效结合，实现政府、市场、社会多方力量的协同共治，为社区治理现代化提供稳定的基础。这将有助于提高居民的参与积极性，确保社区事务的顺利开展，实现社区治理的民主化与透明化。最终，通过这一模式转换，促进社区治理结构的优化，为居民提供更加和谐、可持续的生活环境。通过自上而下的政府动员和自下而上的居民参与，结合社区的具体情况和需求，可以形成一个包容、动态的治理模式。政府可以为居民提供政策和资源支持，确保社区治理能够有序开展。居民则通过积极参与，确保社区事务能够反映他们的实际需求和愿望。

在推动社区治理现代化的过程中，应当根据具体的社区特性和居民需求，灵活选择和调整参与方式，确保政策的实施既能充分调动居民的积极性，又能有效利用上级资源和政策支持，共同促进社区的和谐发展。通过这种方式，社区治理现代化不仅能够提升治理效率，还能够确保治理模式的公平和透明，为居民提供一个更加美好、可持续发展的生活环境。

五、传统与现代的融合

在社区文化建设中，传统与现代的融合是一个重要主题。通过复兴传统文化，社区能够激发新的活力，并与现代社区的需求相结合。这一过程涉及文化活动策划、政策支持、社区参与和教育培养等多个方面。

首先，激发传统文化的新活力需要从社区层面进行文化资源的整合和创新。通过组织丰富多样的活动，如传统节日庆祝、工艺展示、文化讲座等，居民可以直接参与传统文化的实践。例如，社区可以定期举办传统工艺工作坊，邀请艺术家和手工艺人向居民传授技艺，同时结合现代设计理念，创造出符合现代审美和实用性的传统工艺产品。这种活动不仅传承了传统技艺，还增强了社区居民的文化自豪感和归属感。其次，政府在传统文化复兴中扮演着重要角色。政府可以通过提供资金支持、政策倾斜等方式，鼓励和促进传统文化项目的实施。例如，政府为传统节日活动提供资金支持，或设立文化保护基金，鼓励传统文化项目的发展。另外，政府还可以与教育机构合作，将传统文化融入学校教育课程中，培养年青一代对本土文化的认知和尊重。通过这种方式，增强社区居民特别是年轻人对传统文化的了解和兴趣，为文化的持续传承打下坚实基础。再次，社区参与是传统文化复兴的关键。社区可以鼓励居民参与传统文化的传承和创新过程，如支持居民参与文化活动策划、手工艺品制作等。通过居民的参与，社区的文化活动可以更加丰富多样，形成多样化的文化生态。最后，传统文化与现代社区需求的融合也是不可或缺的。社区文化的持续发展需要既尊重传统文化的核心价值，又能适应现代居民的需求。例如，社区可以通过现代化手段推广传统文化，如在网络上开展传统文化课程或活动，吸引更多年轻人参与。

在社区文化建设中，现代信息技术的应用是传统文化复兴的重要途径之一。通过建立社区文化网站、社交媒体平台等，可以宣传社区的文化活动，分享文化故事、艺术展览等内容，使传统文化在虚拟空间得到更广泛的传播和认可。这种方式不仅拓宽了传统文化的传播渠道，还能够吸引更多年轻人参与传统文化的学习和活动。例如，通过在线课程、短视频等方式，可以向年青一代展示传统文化的独特魅力，激发他们对传统技艺、节日庆典等的兴趣。与此同时，网络论坛、社区讨论等互动形式，可以促进社区成员之间的交流，提高社区的凝聚力。

社区文化建设中的传统复兴还需要考虑多样化和包容性。在全球化的背景下，社区内可能居住着来自不同文化背景的人。在传统文化的复兴过程中，应考虑如何将这些多样化的文化元素融合，促进不同文化之间的交流和互鉴。为此，社区可以开展跨文化交流活动，如举办国际文化体验日、文化节等，以多样化的形式展示不同文化的精髓；通过邀请不同文化背景的居民分享他们的文化故事，以及开展国际美食节、艺术展览等活动，丰富社区文化内容，增强居民之间的理解与交流。此外，社区可以通过建立多元文化俱乐部、国际文化组织等方式，进一步推动社区文化的多样性与包容性。通过这些综合措施，社区的传统文化不仅能够得到保护和传承，还能在现代社会中焕发新的活力，满足现代社区的多元需求。现代信息技术与文化多样性的结合，使社区文化建设不仅能够继承传统文化的精髓，还能融合不同文化的特色，为社区的发展提供多样化的文化内容与体验。

总之，社区文化建设中的现代信息技术与文化多样性融合，可以为传统文化的复兴提供新的途径。通过信息技术的应用，传统文化可以在虚拟空间中得到更广泛的传播。通过多样化与包容性的措施，社区文化可以吸纳不同文化的特色，体现开放、融合的文化氛围。这不仅能够满足现代社区的多元需求，还能为社区的发展提供稳定的文化基础。

第二节　新老群众的交织

一、代际互动对社区治理的影响

代际互动在社区治理中扮演着关键的角色，对治理结构、决策流程及社区的整体发展产生深远的影响。作为城市社会体系的重要组成部分，社区在和谐的基础上不断发展与进步。代际差异不仅带来了挑战，也为社区的多样性和创新提供了机遇。

良性的代际互动对构建和谐社区至关重要。它通过增强不同代际的理解和尊重，减少冲突，同时促进知识和经验的交流。为了有效实现这一目标，社区治理结构需采取基于多元主体互动的新模式。这意味着不仅仅是政府在进行社区治理，市场力量和社会组织也应参与社区事务。例如，政府可以担任资源调配和政策制定的角色，市场可以在提供服务和创新解决方案方面发挥作用，社会组织，特别是社区组织和志愿者，可以在实施和监督中扮演重要角色。

此外，实现良性代际互动还需要重视年青一代的创新能力与老年人的经验智慧。例如，社区可以通过组织跨代际的活动，如共同的社区服务项目或文化交流活动，使不同代际能够分享彼此的知识和生活经验。通过这样的活动，不仅可以解决实际问题，还可以增进对彼此的了解和尊重，从而促进社区的和谐发展。

代际互动对社区治理的影响是全面而深远的。通过促进代际协作与互补，社区不仅可以提升治理效率，还可以增强社区的和谐性和包容性，为构建一个持续发展的社会主义和谐社会提供坚实基础。在构建代际互助型全龄友好社区的过程中，一个综合性的治理模式显得尤为关键，其以多元化的主体互动为核心，涵盖了党建引领、政府主导、社会协同、公众参与以及对法律法规的严格遵循。这种全面的治理策略不仅促进了代际协作与互补，还提高了社区的整体功能，使其更能适应当代社会的需求。

二、传统与创新的平衡策略

在探索社区治理中传统与创新的平衡策略时，理解不同代际居民的需求至关重要。传统治理模式为社区提供了稳定性和连续性，满足老一辈居民对社会秩序的期望；同时，新一代居民则倾向于追求效率和创新，以适应快速变化的社会环境。

为有效整合这两种需求，可以采用以下策略。

构建多元参与的治理结构：建立以社区党组织为核心，政府、社区组织、企业、居民等多方参与的治理模式。这种结构能提高治理过程的透明度和包容性，确保不同群体的声音得到充分听取和考虑。

推进治理信息化：利用"互联网+社区"计划，促进技术与社区治理的深度融合。这不仅能提高决策效率，还能够使居民通过数字平台直接参与治理过程，增强他们的参与感和满意度。

文化建设与教育：通过文化活动和教育培训强化社区文化内涵，增强居民对传统治理的认同感及对创新治理的理解。教育可帮助居民理解不同治理模式背后的价值，促进跨代际的理解和尊重。

灵活的治理模式：因地制宜地采取治理模式，结合传统行政管理和现代自治机制，形成适应不同社区特性的治理结构。例如，在年轻人居多的区域推广技术驱动的自治模式，在老年人较多的社区更侧重传统治理方式。

促进代际协作：开展代际协作项目，如环境保护、社区安全等，使不同年龄层的居民能在实际问题解决中合作，理解并利用彼此的优势。

通过实施这些策略，社区不仅能保持治理的连贯性和稳定性，也能适应社会的快速变化，从而在传统与创新之间找到平衡点。这种平衡策略的实施，将促进社区的和谐发展，增强居民对社区治理的满意度和参与度。

三、代际差异与社区决策机制

在社区事务的决策过程中，代际差异显著影响着资源分配与政策方向。居民的年龄、生活方式及价值观常在决策中引发矛盾，同时促进了协同作用发挥。例如，年轻居民可能倾向于推动社区的技术化和现代化项目，而老年居民则更关注社区的安全性和传统服务的维持。

为了有效应对代际差异引发的决策问题，构建一个包容多元的决策机制显得尤为重要。这要求决策过程不仅要平衡各年龄层的需求，还需在居民的生活方式与价值观之间找到共识。例如，通过定期的社区论坛或座谈会，为不同代际居民提供一个共同讨论和表达意见的平台，有助于增进彼此之间的理解和尊重。

代际互助与社区发展：代际融合项目如"代际互助"或"多代共住"不仅缓解了代际的冲突，还促进了社区资源的合理配置。老年人可以分享他们的经验和知识，而年轻人提供技术支持和新鲜视角，共同推动社区的可持续发展。例如，老年人可参与指导儿童阅读计划或传统文化工作坊，而年轻人帮助老年人更好地理解和使用现代技术，如使用智能家居设备，提高生活质量。

混合决策模型的实施：强化多元包容的决策机制，社区可采用混合决策模型，将顶层设计与基层民主结合起来。在此模型中，政策制定既考虑专业规划与分析，也确保居民有充分的参与度，如通过在线平台征集意见和投票，保证决策过程的透明和公正。

促进有效沟通与教育：定期举办培训和教育活动，帮助不同代际居民理解彼此的需求和期望。这包括代际沟通工作坊、文化交流活动和社区服务项目，旨在促进不同年龄层之间的相互理解和尊重。

创新与传统的融合：在追求创新的同时，保护和弘扬传统文化和价值。通过现代社区活动结合传统节日的方式，不同代际共同参与，例如将传统节日现代化，加入互动性强的元素，让年轻人通过参与活动增进对传统文化的理解和尊重。

通过这些策略的实施，不仅能够平衡不同代际的需求，还能提升决策的整体效率和公正性，从而促进社区事务的顺利进行和社区氛围的和谐。这种综合性的决策机制有助于形成一个更加活跃、包容和进步的社区环境。

四、代际需求与资源分配的平衡

在社区中，代际需求与资源分配的平衡是一项综合挑战，涉及不同年龄层的特定需求。老一辈居民通常关注基本生活支持和医疗服务，反映了他们对安全和健康的高度需求；而新一代居民则更倾向于追求技术创新、个性化服务以及文化和教育的丰富性。社区治理的目标是实现这些不同需求的有效平衡，确保每个群体都能感受到社区资源配置的公正性和包容性。

建立分层服务体系：社区可以建立一个分层服务体系，以适应不同代际的需求。这包括为老年人提供重点关注健康和日常生活支持的服务，如优先医疗服务、家庭护理和安全监控系统。同时，为年轻居民提供所需的技术驱动服务，如高速互联网接入、创新教育工具和个性化职业发展支持。这种分层服务响应了各个年龄层的具体需求，提高了资源使用的效率。

促进代际互动：社区应鼓励和促进代际的互动，使不同年龄层能相互学习和支持。例如，社区可以组织技术培训，由年轻居民教授老年人如何使用智能手机和应用程序，而老年人可以开设关于传统工艺或烹饪的工作坊。这类代际共享活动不仅提高了社区的凝聚力，还促进了跨代际的理解和尊重。

优化资源配置：社区可以通过引入高效的技术手段更科学地配置资源。利用大数据分析，社区管理者能预测不同年龄段居民的服务需求，并据此优化资源分配。例如，基于居民健康数据和生活习惯信息，精确调配医疗资源和休闲设施，确保每个群体的需求都得到满足。

政策支持和机制创新：政府应出台相关政策，鼓励私营部门和非政府组织在提供创新和个性化服务方面发挥更大的作用。同时，政策还应保障基础服务如医疗和教育的普及，避免因资源不平等导致代际的社会分裂。这可能包括税收优惠、资金补助或特定的政策措施，以支持那些能够有效整合社区多元需求的项目。

通过实施这些策略，社区不仅能满足老年居民对安全和健康的需求，还为年轻人提供成长和发展所需的资源。这种综合策略不仅平衡了传统与创新的需求，还促进了社区的和谐与持续发展，为所有居民创造了一个更加美好和包容的生活环境。

五、代际融合与社区整体发展

在推动社区发展的过程中，代际融合扮演着核心角色。通过促进不同代际的互动，社区能够增强文化传承、优化治理方式，并显著提升凝聚力。以下策略可实现这些目标。

文化传承的实践：文化传承是代际融合的核心，关键在于维持社区的文化连续性和身份认同。社区可通过组织多样化的文化活动，如传统手工艺教学和节日庆典，促进年青一代与老一辈的共同参与。这些活动不仅促进了文化的传递，而且增强了代际的情感联系和理解，老年人可以传授他们的知识和技能，年轻人则可通过现代技术手段记录和宣传这些活动。

治理方式的创新：代际融合可以优化治理模式，提升社区自治能力。例如，建立由老年人领导的社区活动小组，吸引年轻居民参与，共同决策社区发展事宜。这种模式利用老年人的经验并激发年轻人的创新思维，增强决策的多样性和包容性。此外，引入现代信息技术，如社区管理的数字化平台，有助于集成不同年龄层的意见和建议，实现更高效和透明的治理过程。

增强社区凝聚力：代际融合是提升社区凝聚力的有效方式。通过定期组织社区聚会和互助日，鼓励不同年龄层的居民共享资源和经验。例如，年轻人可提供技术支持帮助老年人解决生活中的技术问题，老年人则通过分享生活智慧帮助年轻人更好地理解社会和人生。这种互动促进了代际理解和尊重，同时营造了相互信任和支持的社区氛围。

实施策略的持续性：确保策略的有效实施和持续性，社区需建立综合的监测和评估机制。通过定期的社区会议、居民满意度调查及项目执行反馈，社区可及时发现问题并调整策略，以适应居民需求的变化和社会新趋势。

实施这些策略将使社区在实现文化的深层次融合、促进治理的多元化的同时，显著增强内部的团结和协作。代际融合不仅能提升社区的整体发展能力，也保证了发展过程的可持续性和多元性，为创造和谐的居住环境提供了坚实基础。

第三节 社区居民的多元需求

一、社区居民的基本生活需求

在社区治理中，基本生活需求的满足是至关重要的，具体涵盖了稳定的居住空间、良好的治安状况、良好的社区设施和环境①。有效的社区治理机制不仅依赖于政府的主导作用，还需要社区自组织和社会组织的积极参与，以确保居民的多元需求得到全面满足。

（一）政府在基本生活服务中的角色

政府作为社区治理的主导者，在基础设施建设和关键服务提供方面扮演着关键角色。随着社区需求的日益多样化，政府需要提供更加个性化和精细化的服务。例如，政府可以支持建设适老化住房和儿童友好设施，以满足老年人和儿童的特定需求。同时，政府还可以提升公共医疗服务的质量和效率。

（二）社区自组织的支持作用

社区自组织在提升居民参与度和满足特定需求中发挥着至关重要的作用。这些组织通常更了解社区的具体情况，能够快速响应居民的需求，如社区自组织可以开展健康讲座、文化活动等，同时鼓励居民通过志愿服务参与社区活动，以提高组织的服务能力。

（三）社会组织的创新贡献

社会组织通过提供专业化服务来满足居民的多样化需求，如老年人护

---

① 吴晓林.城市社区的"五层次需求"与治理结构转换［J］.国家治理，2018（31）：13-19.

理、青少年辅导等。这些组织可以作为政府和社区自组织的补充，引入新的资源和创新解决方案。为提升这些组织的影响力和执行力，需要建立更多的合作平台，促进不同组织之间的信息共享和资源整合。

然而，在满足居民基本生活需求方面，社会组织也存在着一些挑战，如资源分配不均、服务质量不一以及社区参与度不足。笔者建议从以下方面加以解决。

资源优化配置：政府应实施精准治理，根据居民反馈和数据分析调整资源分配，确保资源投放的精确性。

质量监控机制：建立和完善服务质量评估体系，对社区提供的服务进行定期评估和监控，以确保服务质量。

综上所述，通过政府、社区自组织和社会组织的协同合作，可以更有效地满足社区居民的基本生活需求。这不仅提升了居民的生活质量，也促进了社区的和谐与可持续发展。

二、社区居民的社交需求

社区既是居住空间，也是社交场所，社区居民的社交需求体现在邻里互动、参与社区活动以及公共空间的利用等方面。有效的社区治理机制在这些需求的满足、促进居民间的交流互动，以及营造积极健康的社交环境中发挥着核心作用。

（一）组织多样化的社区活动

社区治理机制通过组织丰富多样的活动促进居民间的积极互动。例如，许多社区通过定期举办的文化节、体育活动或节日庆典，为居民提供交流和建立联系的平台。这些活动不仅提高了社区的凝聚力，也促进了不同年龄和背景的居民间的理解与尊重。如北京市某社区成功举办的年度春节庙会，便为新老居民提供了共同庆祝的机会，加深了邻里间的联系，增强了社区的集体认同感。

（二）公共空间的设计与利用

公共空间的合理设计与规划对于满足居民的社交需求至关重要。公园、娱乐设施和会议室等公共区域，如果规划得当，可以成为社交互动的活跃场所。例如，上海市的一些社区通过改造老旧的公共设施，增设儿童游乐场和老年人活动中心，有效地促进了不同年龄层之间的互动。此外，这些公共空间的设计需要兼顾个人隐私和公共利益的平衡，如设置适当的隔离区域以减少噪声对周边住户的影响，同时确保空间的开放性和可接近性，以鼓励居民的社交活动。

（三）居民意见反馈机制

为确保社区治理机制的有效性，必须重视居民意见的收集和反馈机制。这可以通过在线平台、意见箱或定期的社区会议来实现，确保所有居民——尤其是技术不熟悉或难以直接参与的边缘群体——都能表达自己的意见和需求。例如，广州某社区实施的"智慧社区"项目，通过建立电子意见反馈系统，让居民能够方便地提出建议和反馈，增强了居民对社区发展方向的影响力和参与感。

综上所述，通过创新的社区治理策略和对公共与私人需求的敏感平衡，社区可以有效满足居民的社交需求，同时保护他们的个人隐私，促进社区的整体发展和居民的幸福感。这种治理模式的成功实施，需要所有社区成员的共同努力，以及持续的政策支持和资源投入。

三、社区居民的文化需求

社区也是文化交流的平台。文化需求满足的关键在于如何通过文化活动的组织、文化设施的建设，以及多元文化的引入，有效地满足居民对传统文化传承和与现代文化融合的需求。

（一）组织文化活动

定期举办的文化节、艺术展览或讲座是激活社区文化生活的有效方式。这些活动不仅丰富了居民的精神文化生活，还促进了社区内外的文化交流与传播。例如，北京某社区通过定期举办的非物质文化遗产展示，成功地将地方传统艺术介绍给年青一代，同时吸引了周边区域居民的广泛参与。这种活动的成功在于其能够结合教育与娱乐，使文化传承活动既有教育意义又具有娱乐性，更易于吸引居民广泛参与。

（二）建设和维护文化设施

社区图书馆、艺术中心和历史博物馆的建设和维护是满足居民日益增长的文化消费需求的重要途径。这些设施不仅是学习和交流的场所，也是社区文化认同和凝聚力的象征。例如，上海某社区成功地将一家废弃工厂改造成多功能的艺术中心，不仅为居民提供了艺术学习和展示的空间，也成为社区的文化标志。通过适当的投资和管理，这些文化设施可以成为社区居民日常生活中不可或缺的部分，促进社区的整体文化氛围和居民文化素质的提升。

（三）引入多元文化

全球化背景下，引入多元文化的策略对于适应文化多样性至关重要。社区应鼓励各种文化背景的居民参与文化活动的策划和实施，通过国际美食节或多元文化艺术展等活动，展示不同文化的独特性和普遍性。例如，加拿大多伦多的某社区通过举办年度多元文化节，不仅增进了居民之间的相互理解和尊重，也促进了社区内部的和谐共处，成为提升社区文化包容性的典范。

（四）面对挑战的治理策略

尽管社区在文化建设中取得了一定成就，但仍面临资源分配不均和多样性与包容性失衡等挑战。社区需要采取多方位的治理策略，如加强领导机构的建设、优化资源配置、提高居民的参与度，并强化社区内部的文化教育功能。例如，增强文化教育的同时，也需要建立反映居民需求的反馈机制，确保文化活动和设施投资符合居民的实际需求和文化兴趣。

通过这些综合措施，社区能够更好地满足居民多样化的文化需求，同时促进社区的整体文化发展和居民的文化福祉，为构建一个和谐、充满活力的社区环境奠定基础。

四、社区居民的教育需求

社区居民的教育需求，有着需要全面考虑不同年龄段和社会背景居民的独特挑战和需求。社区教育需求涵盖了从儿童教育到成人继续教育的广泛领域，包括家庭教育支持以及对文化多样性的认识和尊重。通过具体的实施策略，社区可以有效满足这些教育需求，提升居民的生活质量并促进社区的整体发展。

（一）成人继续教育的推进

成人继续教育在促进居民的职业发展和个人成长方面起着至关重要的作用。社区可以通过与教育机构合作，利用在线平台提供灵活的学习课程，如职业技能培训、语言课程以及数字技能提升等。这种教育服务不仅能帮助居民适应不断变化的工作环境，还提高了他们的社会参与感。例如，某社区通过引入在线学习平台，为居民提供了随时可访问的教育资源，从而极大提高了学习的便利性和参与度。

（二）儿童教育资源的优化

社区需要通过与学校建立合作关系，为儿童教育资源的优化提供支持。社区可以提供课后辅导和特殊教育资源，以支持儿童的学习和社会技能发展。社区中心可以举办夏令营和兴趣小组，鼓励儿童在非正式环境中学习和成长。例如，社区中心设立的创意艺术和科学探索小组，不仅丰富了儿童的课余生活，还激发了他们的学习兴趣和创新能力。

（三）家庭教育支持的加强

家庭教育是社区教育系统中不可忽视的一环。社区可以通过工作坊和讲座等形式，为家长提供育儿技巧和教育资源的知识，强化家庭在儿童教育中的作用；为家长提供心理支持和教育咨询服务，有助于他们更好地应对育儿过程中的挑战。这些活动通过提高家长的教育意识和能力，间接促进了儿童的健康成长。

（四）解决资源配置和教育质量的挑战

面对资源配置不均和教育质量参差不齐的问题，社区需要实施有效的策略，以确保教育资源的均衡分配和高质量供给。建立透明的资源分配机制、加强师资培训，以及利用技术提高教育服务的可及性和效率，是社区教育发展的关键措施。例如，社区可以设立教育资源共享平台，集中优质教育资源，使所有居民都能够公平地获取必要的教育服务。

综上所述，社区教育需求的满足需要综合考虑成人继续教育、儿童教育资源的优化以及家庭教育支持等方面。通过合理配置教育资源、加强师资培训以及利用技术手段提高教育服务的效率和可及性，社区能够有效地提升居民的教育水平，促进社区的整体发展。这些举措不仅有助于满足居民的教育需求，也为社区的长远发展奠定了坚实的基础。

五、社区居民的参与需求

社区居民的参与能够确保社区决策更加贴近居民的实际需求，也有助于推动社区民主化进程，保证公共政策的有效运行。但是，当前我国的社区居民参与还存在参与广度和深度有限、参与发展不平衡、参与渠道不畅通等问题。笔者建议从以下几个方面进行改善。

（一）培育社区公民精神

从与社区居民关系密切的需求入手，激发居民的参与积极性，并通过参与过程培养居民的参与意识，提高其参与能力。

（二）拓展参与渠道

利用网络平台等现代化的治理渠道和方式，保持信息畅通，降低居民的参与难度和参与成本。

（三）赋权增能

通过专业社会工作的介入，赋予社区居民更多的自治权利和决策权利，提高居民对社区事务的关注度，提升其参与的影响力。

（四）增强居民与社区的情感联系

增强居民对社区的认同感和归属感，加强居民之间的联结，以提高其参与社区事务的动力。

六、多样需求与治理机制的有效结合

在社区治理中，有效整合居民的多元需求是确保社区发展和居民福祉的关键。这涉及政府、社会组织和社区自组织之间的协同作用，以及建立多元化服务供给机制。下文将具体探讨如何将这些因素结合起来，以满足社区居民的多样需求，并应对可能出现的挑战。

首先，政府、社会组织与社区自组织的协同作用至关重要。政府在政策制定、资源调配和监督管理方面发挥着核心作用，社会组织则可以提供专业服务和创新解决方案，而社区自组织更接近居民，能够精准捕捉居民需求并提供即时反馈。例如，通过党组织和居委会的协作，政府可以更有效地了解社区需求并提供相应支持，实现政府资源与社区需求的有机对接。

其次，建立多元化服务供给机制是满足居民需求、保证资源合理配置、提升服务质量及确保社区发展均衡性的关键。为实现服务的多元化供给，需要深入调研和分析数据，以全面了解社区居民的具体需求，并设计相应的服务项目。例如，通过公私合作模式引入私营部门在教育、健康和文化等领域提供的专业服务。同时，利用技术创新如数字平台和移动应用，可以提高服务的覆盖率和可接受度。

最后，社区在整合多元需求时可能面临诸如资源配置不均、服务质量不一等挑战。应对这些挑战的策略需要建立一个包括居民在内的全面评估和反馈机制，确保持续改进和适应居民变化的需求。同时，加强培训和能力建设，确保所有参与方，尤其是社区自组织和社会工作者，都有足够的能力和资源来提供高质量的服务。

七、创新策略与社区治理实践

在社区治理中，创新策略的应用至关重要，尤其是在满足居民多元需求的背景下。智慧社区的建设和市场机制的引入是提高服务供给效率和改善居民生活质量的关键措施。这些策略通过技术应用和多元治理参与，可以显著优化社区服务和居民参与程度。

首先，智慧社区的建设是一项重要的创新策略。通过集成现代信息技术，如物联网、大数据和云计算，智慧社区可以实现资源的高效利用和服务的精确配送。例如，社区可以通过安装智能传感器和联网的家居设备，实时监控环境质量、能源使用和安全情况，从而提供更快速、更个性化的服务。智慧社区平台还能促进居民之间的信息共享和互助，提高社区的整体凝聚力。其次，市场机制的引入也是一种创新的治理策略。通过公私合作模式，社区可以引入私营部门在社区治理中发挥更大的作用，带来新的资金和技术，提高服务的质量和效率。例如，与私营企业合作，社区可以提供更多样化的健康和教育服务，以满足不同居民的具体需求。一个典型的案例是北京市某社区实施的智慧社区项目。该项目通过建立一个综合信息服务平台，集成了医疗、教育、安全和便民服务，显著提高了服务响应速度和居民满意度。此外，该社区通过引入私营企业参与社区健康管理服务，实现了资源的优化配置和服务质量的显著提升。最后，为确保这些策略的成功实施，社区需要持续进行创新和实践。这包括定期评估技术应用的成效、更新服务供给策略，以及调整市场机制以更好地服务社区居民。此外，社区还应加强与居民的沟通，确保策略实施能够充分满足居民的需求和期望。

总之，通过智慧社区的建设和市场机制的引入，社区治理可以更加高效和精准地响应居民的多元需求。持续的创新和实践是确保这些策略有效性和持续性的关键，从而推动社区治理向现代化、智能化方向发展。

第五章
社区社会组织培育与发展

社区社会组织是城乡社区治理的重要依托，构成了国家治理体系的最末端部分，社区以培育和发展社区社会组织为抓手，推动社会治理体系建设、实现治理能力现代化，从而打造共建共治共享的社会治理格局。

第一节 社区社会组织的制度变迁

一、社会组织概述

（一）社会组织的概念及构成要素

社会组织，又称民间组织、非营利组织、第三部门，泛指在社会转型过程中由各个不同社会阶层的公民自发成立的、在一定程度上具有非营利性、非政府性和社会性特征的各种组织形式及其网络形态①。20 世纪 60 年代以后，社会组织在发达国家和发展中国家都受到广泛关注，获得了迅速发展，数量大规模增加。作为政府和市场之外的第三部门，社会组织发挥了政府与市场无法替代的重要作用，比如在社会服务、医疗保健、环境保护等方面产生了积极影响，一定意义上有助于解决市场失灵及政府失灵带来的诸多社会问题。

在社会工作领域被重点关注的社会组织，在国际上通常称为"志愿者组织"或者"非营利组织"（NPO），主要是指以促进国家经济和社会发展为己任、不以营利为目的、具有正式的组织形式且属于非政府体系的社会组织。社会组织由以下五个要素构成。

---

① 张扬 . 中国社会组织发展困境及改革展望［J］. 长白学刊，2014（2）：55-58.

组织目标：组织目标是社会组织开展活动、完成具体事项想要达到的预期效果，也是决定成立和发展一个社会组织的基础因素，体现了社会组织的价值理念和宗旨，决定了一个组织的基本属性和发展方向。

规章制度：任何组织的成立和运行都离不开规章制度的保障，一般来说，社会组织在建立时必须明确自己的组织章程，建立一套组织内部的制度体系。

社会地位：任何组织都有自己的活动范围和区域，在社会互动关系中处于一定的位置，体现了其对社会的影响以及社会对其的评价。

行为模式：社会组织在运行过程中呈现出来的行为模式，由一组互相依存、相互联系的社会角色构成，表现了一定社会规范下的特定社会地位，反映了社会组织的价值理念、活动方式、业务及活动特点等具体内容。

运行手段：运行手段是存在于组织内部的一种合法化的权力，是维持组织运行的必要手段，对组织内成员的行为进行一定程度的约束和限制，确保组织能够按照既定的方向不断发展壮大。

（二）社会组织的基本属性

1. 非营利性

非营利性是社会组织的基本标志，体现了社会组织的基本属性，也是社会组织区别于企业等经济组织的突出特征。社会组织的资产投入者对投入的资产不享有所有权，投入的资金将成为该组织的独立法人财产，由该组织独立自主进行支配，用于开展章程规定的业务活动，从而推动社会公益事业发展，任何组织成员及投入者不得挪用、不得私分、不得分红。当社会组织单位终止时，须对组织的资产进行清算审计，清偿债务，剩余财产不得分配给出资人、举办人或者组织成员，仅能捐赠给其他同类社会组织，用于社会公益事业的发展。

2. 非行政性

社会组织是独立于政府与市场的第三方机构，社会组织来自民间，与政府性组织不同，不是政权机关，没有行政职能，不能行使行政的职权。

社会组织也不是政府的附属机构，不受制于政府，社会组织有自己的行为模式和运行机制，社会组织提供的公共服务不依赖政府的财政支持。

3. 自治性

社会组织数量众多，彼此独立、依法自主开展活动，组织之间无上下隶属或指导关系。社会组织内部有自己的规章制度和人力资源管理系统，实行的不是自上而下的权力管理体制，而是民主、平等、自治、依法开展活动，组织的决策和行为在法律法规框架下是独立自主的。

（三）社会组织的分类

按照不同的分类标准，社会组织有不同的类型。根据《社会团体登记管理条例》《民办非企业单位登记管理暂行条例》《基金会管理条例》，社会组织是指在各级民政部门依法登记的社会团体、社会服务机构（民办非企业单位）和基金会。

社会团体，是指中国公民自愿组成，为实现会员共同意愿，按照其章程开展活动的非营利性社会组织[①]。社会团体广泛存在于社会生活的各个层面，有全国性社会团体，比如中华全国妇女联合会、中华全国总工会、中国文学艺术界联合会等；也有地方性社会团体，比如沂蒙精神传承促进会、临沂市广告协会；社会团体的名称后缀多为学会、协会、研究会、促进会、联谊会、联合会、商会等，具体名称的拟定必须符合相关法律法规的要求。从属性上看，社会团体一般分为学术性、行业性、专业性、联合性四类组织。

民办非企业单位，是指企业事业单位、社会团体和其他社会力量以及公民个人利用非国有资产举办的，从事非营利性社会服务活动的社会组

---

① 社会团体登记管理条例. 国家法律法规数据库［EB/OL］.（2016-02-06）. https：//flk. npc. gov. cn/detail2. html？ZmY4MDgwODE2ZjNjYmIzYzAxNmY0MGVlZDI3ZjBj MTk%3D. https：//flk. npc. gov. cn/detail2. html？ZmY4MDgwODE2ZjNjYmIzYzAxNmY0MG VlZDI3ZjBjMTk.

织①。民办非企业单位向社会提供公益性服务，非营利性是民办非企业单位区别于企业的基本特征，民办非企业单位数量众多，分布在各行各业，在教育、医疗、文化、科技等方面提供了大量服务，发挥了重要作用，如教育事业方面的民办幼儿园、民办高校等；医疗方面的民办医院、民办康复机构、民办诊所等；还有文艺团体、科研院所、体育场馆、职业培训中心、福利院、人才交流中心等。

基金会，是指利用自然人、法人或者其他组织捐赠的财产，以从事公益事业为目的，按照《基金会管理条例》的规定成立的非营利性法人②。基金会名称后缀为基金会，如中国红十字基金会、联合国儿童基金会、阿里巴巴公益基金会。基金会包括面向公众募捐的公募基金会和不得面向公众募捐的非公募基金会。中国残疾人福利基金会、智善公益基金会、中国红十字基金会等属于公募基金会，公募基金会按照募捐的地域范围，分为全国性公募基金会和地方性公募基金会。目前我国基金会中的非公募基金会占大多数，比如东润公益基金会、南都公益基金会、清华大学教育基金会、广东省南粤公益基金会等都属于非公募基金会。

二、社区社会组织的概念及分类

（一）社区社会组织的概念

社区社会组织是由社区居民发起成立，在城乡社区开展为民服务、公益慈善、邻里互助、文体娱乐和农村生产技术服务等活动的社会组织③。社会社区组织作为社区活动的基本平台和重要载体，在社区服务、社区治理、社区稳定等方面发挥着越来越重要的作用，以社区组织为依托，整合

---

① 民办非企业单位登记管理暂行条例［EB/OL］.（2007-09-05）. https：//www. mca. gov. cn/n2623/n2687/n2696/n2744/c116046/content. html.

② 基金会管理条例. 国家法律法规数据库［EB/OL］.（2004-03-08）. https：//flk. npc. gov. cn/detail2. html？ZmY4MDgwODE2ZjNjYmIzYzAxNmY0MGYxOTI3OTBkMDc.

③ 民政部关于大力培育发展社区社会组织的意见［EB/OL］.（2017-12-27）. https：//xxgk. mca. gov. cn：8445/gdnps/pc/content. jsp？mtype=1&id=116380.

多方力量提供丰富的社区服务；为居民社区参与提供基本渠道和平台，扩大居民社区参与范围；通过开展丰富多彩的社区活动，培育积极向上的社区文化；为社区居民尤其是特殊困难群体提供服务，帮助他们解决生活中的难题，化解社区矛盾和冲突，促进社区和谐与发展。

（二）社区社会组织的分类

1. 社区社会组织存在形式上的分类

从存在形式上来看，可将社区社会组织分为两类。①登记注册类：在所在地县级民政部门依法登记成立的社区社会组织，比如，某市某区向阳街道社区社会组织联合会。②备案管理类：在所在地街道办事处（乡镇政府）实施备案管理，所在地的民政局进行监督指导，社区居（村）委会在街道办事处（乡镇政府）的领导下做好社区社会组织备案管理配合工作，比如，某家园志愿者协会、某社区业主委员会等属于备案类社区社会组织，由社区所在街道进行备案管理，社区负责社区社会组织的日常管理和服务工作。

2. 社区社会组织服务内容上的分类

公益慈善类：主要是为城乡社区特困老年人、残疾人、困境儿童等特殊群体提供帮助、关爱、照护和志愿服务的社会组织，如残疾人康复站（室）、残疾人日间照料中心、公益服务中心、社区基金会、情暖夕阳服务社、家庭关爱中心、公益小天使、爱心工作（服务）站、志愿者（义工）服务队等。

生活服务类：主要是为城乡社区居民提供生活便利服务的社会组织，如便民服务工作室、社区养老服务站、日间照料服务中心、法律援助服务站、青少年社会工作服务中心、青少年科技创新中心、社区托幼服务中心等。

社区事务类：是指为社区提供社区治安巡逻、安全管理、法律服务、社区矫正、物业协商、红白理事等服务的社区社会组织，比如，社区平安巡逻大队、社区公益调解工作室、社区业主委员会、社区红白理事会等；以及为社区内特殊群体提供服务的社区社会组织，如社区老年人协会、残疾人协会、妇女之家、未成年人保护协会等。

文体活动类：主要是在城乡社区开展文化、艺术、体育、健身、娱乐活动的社区社会组织，如社区活力广场舞协会、戏曲爱好者协会、剪纸协会、书画协会、健身俱乐部、棋牌俱乐部、东方社区健走队、社区小剧团、社区手工坊、夕阳红秧歌队等。

农村生产技术服务类：主要是为农村生产经营提供便民服务的社会组织，如蜜桃种植协会、苗木花卉协会、畜牧养殖协会、电商服务中心、生产互助会、职业技能培训中心、创业咨询服务工作室等。

三、我国社会组织的制度变迁

与西方发达国家相比，我国社会组织起步较晚，但是发展迅速，特别是改革开放以来，我国社会组织的发展经过了恢复发展、逐步壮大及高质量发展三个阶段，取得了丰硕的成果。

（一）第一阶段： 1978—1998 年，恢复发展阶段

社会团体恢复发展。按照国务院提出的"按行业组织、按行业管理、按行业规划"原则，全国性行业协会相继组建成立，基金会从无到有逐渐产生，成立了中国儿童少年基金会、宋庆龄基金会、残疾人福利基金会等，社会服务机构开始萌芽，国家在科技、教育、卫生、文化、体育等领域推动体制改革，鼓励社会力量举办社会事业。

确立了社会组织规范化发展的相关法规政策。1988 年，民政部成立"社团管理司"，为社会组织后续发展奠定了组织基础；1988 年 9 月，国务院制定了改革开放后第一部专门规范中国民间组织登记管理的行政法规《基金会管理办法》（已废止），1989 年 6 月，国务院发布了《外国商会管理暂行规定》，1998 年 10 月国务院发布了《社会团体登记管理条例》，这三部行政法规初步规定了社会组织归口登记、双重负责、分级管理的登记管理体系。

（二）第二阶段： 1998—2011 年，逐步壮大阶段

社会组织管理体制进一步明确。1998 年，国务院发布了《社会团体登

记管理条例》和《民办非企业单位登记管理暂行条例》，2004 年 3 月公布的《基金会管理条例》进一步完善了我国民间组织管理体制。

扶持政策体系初步建立。党的十六届六中全会通过的《中共中央关于构建社会主义和谐社会若干重大问题的决定》（中发〔2006〕19 号），明确了社会组织的内涵外延和功能定位。"十二五规划"首次设专章"加强社会组织建设"，对社会组织改革发展予以专门规划。

社会组织保持持续增长。进入 21 世纪以来，我国社会组织得到了蓬勃发展，已经成为初具规模的社会和经济力量，截至 2011 年底，全国共有社会组织 46.2 万个，吸纳社会各类就业人员 599.3 万人，形成固定资产 1885 亿元，社会组织增加值为 660 亿元①。

（三）第三阶段：　2012 年党的十八大至今，高质量发展阶段

党的十八大以来，我国社会组织进入了高质量发展的新阶段。党的十八大、十九大报告和党的十八届二中、三中、四中全会，十九届三中、四中全会有关决定分别就建立现代社会组织体系、发挥社会组织作用、改革社会组织管理制度、激发社会组织活力、加强社会组织立法、深化社会组织改革、发挥社会组织在国家治理体系和治理能力现代化中的积极作用提出明确要求。

党的十八届四中全会首次提出"加强社会组织立法"。2015 年 9 月，中共中央办公厅印发的《关于加强社会组织党的建设工作的意见（试行）》，从整体上对社会组织党建工作作出顶层设计。2016 年，民政部"民间组织管理局"更名为"社会组织管理局"，2019 年，社会组织管理局加挂社会组织执法监督局的牌子。2021 年 9 月民政部印发了《"十四五"社会组织发展规划》，进一步规范了社会组织登记管理，推动了我国社会组织高质量发展。《社会组织蓝皮书：中国社会组织报告（2023）》数据显示，截至 2022 年底，我国共有 89.13 万个社会组织，其中社会团体有

---

① 民政部：截至 2011 年底全国共有社会组织 46.2 万个［EB/OL］.（2012-12-13）.https：//www.gov.cn/jrzg/2012-12/13/content_ 2289705.htm.

37.01 万个，占全国社会组织总量的 41.52%；民办非企业单位有 51.19 万个，占社会组织总量的 57.43%；基金会共有 9319 个，占社会组织总量的 1.05%[①]。

我国首次对社会组织名称进行统一规定。为加强和完善社会组织名称管理，保护社会组织合法权益，2024 年 5 月 1 日民政部发布《社会组织名称管理办法》（中华人民共和国民政部令第 69 号），明确了国务院民政部门主管全国社会组织名称管理工作，县级以上人民政府民政部门负责本机关登记的社会组织名称管理工作，社会组织名称信息可在民政部建立的全国社会组织信用信息公示平台查询。《社会组织名称管理办法》是完善社会组织名称管理制度的必然要求，有利于形成统一的名称管理制度，促进社会组织规范化健康发展。

第二节　社区社会组织培育

近年来，关于社区社会组织培育和发展的顶层制度设计，充分说明社区社会组织对于基层治理的重要性，而社会工作者作为"五社联动"中的支撑，在培育和孵化社区社会组织上发挥着突出的作用。

一、培育社区社会组织

成立和发展社区社会组织是社区工作过程的重要环节。社区工作重视居民参与，居民参与既是社区工作的核心目标之一，又是实现工作目标的基本手段。如何促进居民参与，需要从居民自身因素入手，肯定居民参与价值、提升居民参与意愿、提高居民参与能力。同时，社区社会组织为居民参与提供了平台和渠道，依托社区社会组织可以更好地聚拢居民的力

---

① 报告：东部沿海地区社会团体数量领先，传统发达地区仍有发展潜力 [EB/OL] . （2023－11－05）. https：//baijiahao. baidu. com/s？id = 1781703968356213031 &wfr=spider&for=pc.

量，运用集体力量能够更高效地解决社区问题，满足居民需要。社区社会组织开展的各类活动为居民个人成长创造了条件，有助于从根本上提升社区自治能力。社区社会组织的培育包括培育新组织、激活僵化组织和推动原有组织的功能转型等，在此主要介绍培育新组织的过程及方法。

（一）社区社会组织培育的过程

1. 开展社区调研

社区调研是培育社区社会组织的第一步，社会工作者需要深入调研社区基本情况，包括现有社区社会组织的基本情况、社区居民的需求及社区存在的问题、社区的资源情况等。社会工作者可以与所在街道办事处及社区对接，通过查阅文献资料、走访社区、参与式观察、与社区居民访谈等了解相关情况，也可以与现有社区社会组织的负责人、团队骨干进行座谈了解信息。除此之外，设计不同版本的调研问卷，通过线上或者线下的形式进行调研，多方位了解社区组织的基本情况，比如社区社会组织数量、类别、面临的问题、需求等。除了调研社区组织的基本情况，社会工作者也要针对社区进行专业化调研分析，系统分析社区的问题，确定居民的需求，后期才能明确社区组织的孵化方向和服务方向，确定培育相应类型的社区社会组织，比如志愿服务组织或者社区事务类组织。

2. 组建工作团队

在选定了所培育社区社会组织的方向及类型的基础上，开始招募工作人员，组建培育工作团队。确定社区相关对接工作主管人、相关工作牵头人以及社区居民骨干，确定职责分工及协作机制，工作团队成员要团结合作，为培育社区社会组织共同努力。根据不同类型的社区社会组织培育目标，选择不同的工作对象。对于非正式居民团体的培育工作，可以先从三五名热心的社区居民开始，从他们最为关心的问题入手，邀请他们定期开展聚会，一起讨论解决问题的对策，然后根据情况进一步扩充人数。对于正式组织的培育，必须按照相关社团管理办法的要求，选定组织发起人，确定组织核心骨干成员。

3. 确定培育方案

社区社会组织培育方案必须考虑创新性要求，根据每个社区面临的不同问题，充分考虑社区的异质性，针对社区社会组织的培育方向，制订不同的培育方案，然后对各个方案进行成本收益比较，通过筛选确定最优化的培育方案，并设计社区组织运营培训课程。在社区层面要注意搭建孵化平台，从活动场地、培训、资金等方面入手，集中社区资源为社区组织提供支持。同时要建立社区组织内部管理机制，在社区、街道等层面分别建立健全监督管理机制，规范社区组织的运营管理。

4. 寻找社区骨干

社区组织的正常运转离不开骨干成员之间的通力合作，社区社会组织骨干的来源有两个，一是针对现有的社团组织，社会工作者可以与他们建立联系，针对他们的需求提供服务，比如，大部分社团缺乏活动场地，社会工作者利用现有的资源满足他们的需求，可以建立长效的联系；同时不断挖掘社团骨干，定期开展培训，提升社团的管理能力，逐步发展为社区社会组织。二是协助社区寻找居民骨干，招募能够持续参与社区服务的居民参加培育活动，把居民骨干培养成社区社会组织的骨干成员。

5. 开展培育活动

通过前期的社区调研，了解居民的兴趣爱好及专业特长，针对居民个性化特点招募组员，开展丰富多样的小组活动或者课程，培育小组骨干，然后再把雏形小组慢慢孵化成社团，从社团再到社区社会组织，一步一步让居民组织化，最后再公益化反哺社区。用小组工作方法开展系列能力建设培育活动，通常将培育过程分为三个阶段：①第一阶段着重组织建设。以"共同体"为契机，组建队伍，在孵化中，将有共同目标和价值理念的人组建起来，通过凝聚力增强等方法，共同讨论组织的发展目标、组织章程和组织架构等。②第二阶段着重人员培育。为社区社会组织成员提供关于社区社会组织发展规划、设计服务计划、如何为服务对象开展服务、如何链接及整合资源等能力提升活动。③第三阶段着重服务实操。协助社区社会组织开展试服务，并提供适当的人力和资金支持，陪同组织成员一起开展服务活动，在实践中提供监督和指导，提升社区社会组织的服务水平和运作能力。

6. 展示培育成效

在培育社区社会组织的过程中做好档案记录，为队伍提供发展平台。针对居民的需求和社区的问题，设计服务项目，让社区社会组织认领服务项目，从项目前期的调研、设计服务方案到开展活动、结项及反思评估，社会工作者都可以让社区社会组织的骨干参与，从参与中提升他们的服务能力，刚开始需要有一定的激励措施，比如可以为他们申请一些服务补贴、奖品、定期表彰等，能保障组织成员持续参与，充分发挥社区社会组织应有的功能。

培育社区社会组织的过程中要注意真诚接纳和尊重社区居民；重视骨干成员的参与和带动；倾听组织成员的想法和建议，共同探讨活动的开展；做好协调和支持工作。培育和发展社区社会组织，不仅有利于激发基层活力，增强居民自治意识，同时满足了居民多样化需求，提升居民主人翁意识，助力和谐社区的建设。

（二）社区社会组织培育过程中的要点

1. 社区社会组织培育能力建设

一般来说，社区社会组织培育能力建设包括以下内容：①旨在增强社区居民公益理念和志愿服务意识的专题，比如什么是志愿者、志愿服务、公益服务等。②旨在提升社区骨干人员服务能力的专题，包括如何寻找服务对象、如何设计计划、项目设计和管理等。③旨在增强社区骨干人员对社区社会组织的认识和组织运作管理的专题，包括社区社会组织基本概念、团队的组成及核心要素、组织管理等。针对所培育的不同类型社区社会组织的需求，有针对性地开展主题培训①。

2. 社区社会组织培育成熟的标准

（1）能够建立规章制度，包括有组织章程、有基本的服务管理制度，

---

① 李涛，李真，王海英. 社会工作培育社区社会组织的功能、路径和方法［J］.中国社会工作，2021（4）：25-27.

能够实现规范化管理和正常化运营。

（2）选出理事长，形成理事会架构，能够带领团队成员有效协商议事，内部人事制度较完整，具有专业化运作能力。

（3）能够自主设计开发并开展社区服务活动，组织成员较稳定，组织规模较大，服务领域逐渐从单一走向多元化，服务的自主性和能动性不断增强。

二、管理社区社会组织

从社会工作介入的角度来看，社区社会组织建立之后，要对其日常运营状态进行督导管理，避免其演变为徒有虚名的"僵尸"组织，通过管理保证其实现良性可持续运转，并在社区层面发挥应有的作用。要指导社区社会组织制订服务规划，开展行销管理、财务管理和人力资源管理，并对服务方案进行评估，帮助其开发新服务方案，促进社区适应及引领组织变迁等。

从相关部门监管的角度来看，要实施社区社会组织规范管理，落实各项管理制度，加强组织内部治理，建立成熟的组织工作机制。社区社会组织成立及发展壮大过程中要严格遵守相关法律法规，开展的活动不得超出社区社会组织章程规定的宗旨及业务范围，不得从事营利性经营活动，要规范使用社区组织资产及获得的各项资金，促进社区组织健康有序发展。

第三节　社区社会组织的发展

社区社会组织是基层社区治理、社区服务的有力抓手，促进社区社会组织发展有助于深化社会体制改革，推动建设社会治理共同体。

一、城市社区主要的社区组织

1. 社区党组织
社区党组织是指按照《中国共产党章程》规定，在社区之中成立的、以全体社区党员为组织对象的中国共产党的基层组织。

习近平总书记强调："要加强社区基层党组织建设，加强和改进社区工作，推动更多资源向社区倾斜，让老百姓体会到我们党是全心全意为人民服务的，党始终在人民群众身边。"① 加强社区党组织建设，把党的领导贯穿基层治理全过程、各方面，确保社区治理正确的政治方向，发挥社区治理中的党建引领作用。

2. 社区居民委员会

居民委员会是居民自我管理、自我教育、自我服务的基层群众性自治组织。不设区的市、市辖区的人民政府或者它的派出机关对居民委员会的工作给予指导、支持和帮助，居民委员会协助不设区的市、市辖区的人民政府或者它的派出机关开展工作②。社区是居民委员会的辖区范围，社区内既涵盖广大居民群众，也涵盖驻区的企事业单位和各类社区组织及居民团体等。

3. 业主委员会

随着商品房住宅区规模不断壮大，居民对物业企业专业化服务的要求日益提高，为了协调业主及住户与物业企业的关系，维护业主的合法权益，业主自治的现实需求日益紧迫。业主大会由物业管理区域内的全体业主组成，代表和维护物业管理区域内全体业主在物业管理活动中的合法权利，履行相应的义务。业主委员会由业主大会依法选举产生，履行业主大会赋予的职责，执行业主大会决定的事项，接受业主的监督③。业主委员会不单纯是为维护业主权益的机构，更是沟通业主及社区与居委会、街道办事处、派出所等组织的桥梁。

---

① 刘成友，刘洪超，辛阳，等. 奋力开创辽宁振兴发展新局面：习近平总书记在辽宁考察引发干部群众热烈反响［N］. 人民日报，2022-08-20（1）.

② 中华人民共和国城市居民委员会组织法［EB/OL］.（2019-01-07）. http：//www.npc.gov.cn/zgrdw/npc/xinwen/2019-01/07/content_ 2070251. htm.

③ 住房城乡建设部印发业主大会业主委员会指导规则［EB/OL］.［2009-12-17］. https：//www.gov.cn/gzdt/2009-12/17/content_ 1489296. htm.

4. 社区志愿者组织

社区志愿者组织是由一群社区志愿者自愿组成的组织，旨在为社区居民提供各种形式的志愿服务。社区志愿者组织通常是非营利性的，组织的形式多样，可以是居民自发成立的群众组织，也可以是由基金会或公益机构提供支持的专业志愿者组织。无论形式如何，社区志愿者组织的核心都是志愿者自愿参与和乐于奉献的精神。我国许多城市社区都建立了多种形式的社区服务志愿者活动的组织，如某社区暖流志愿服务队、某社区心相依志愿者小分队，并制定了相应的组织章程和管理办法，在社区福利服务方面发挥了重要作用。

5. 居民自发团体或组织

随着经济社会发展和居民物质文化生活的丰富，社区内逐渐形成了众多的居民团体或组织，这类组织是由居民自发形成，属于不经政府部门注册的非正式组织。这些组织活跃在社区一线，来自居民，贴近居民，能够为居民提供及时便捷的多样化服务，极大丰富了社区服务的内容和形式，拓宽了居民社区参与的范围，提升了社区福利水平，已经成为社区基层治理的重要力量来源和基本依托。

二、我国社区社会组织的发展历程

2000 年，我国全面推进社区建设，其中社区组织建设是社区建设的重要内容，社区组织建设主要包括社区党组织、社区自组织（社区居委会）和社区中介组织建设。随着社区建设的深入发展，从 2002 年开始，社区中介组织改称为社区社会组织。社区社会组织是社会组织的重要组成部分。

党的十八大以来，社区社会组织在释放活力中迎来了发展新机。《民政部关于大力培育发展社区社会组织的意见》提出要充分发挥社区社会组织的积极作用，加大对社区社会组织的培育扶持力度，加强对社区社会组织的管理服务。民政部办公厅印发的《培育发展社区社会组织专项行动方案（2021—2023 年）》要求实施社区社会组织培育发展、能力提升、作用发挥及规范管理计划。

截至 2022 年底，各地社区社会组织超过 175 万家。约 10% 的社区社会组织符合社会组织登记条件，在县级民政部门登记；约 90% 的社区社会组织由街道办事处、乡镇政府或社区党组织、基层群众自治组织等进行指导管理①。社区社会组织扎根于城乡社区，能够灵敏感知居民需求，及时发现居民生活存在的迫切问题，快速精准提供有效服务，一定程度上能够弥补政府公共服务的不足。

三、我国社区社会组织发展中存在的问题

自 20 世纪 90 年代中期开始，社区建设在全国范围内迅速开展，社区社会组织获得新的发展时机，在社区治理中的作用日益凸显。然而，从总体来看，我国城市社区社会组织仍处于发展的初期，尽管短期内在数量上呈现出井喷式增长的势头，但也存在社区组织发展重数量轻质量、发展水平参差不齐等问题，面临社区社会组织合法性缺失、社区社会组织的公信力不足、社区社会组织的资源获取能力较低等困境②。城市社区组织主要存在发展质量方面的问题，社区组织未能充分发挥应有的功能，有一些社区组织在建立初期比较活跃，而随着时间的推移逐渐走向僵化，组织内部管理效率较低，组织规章制度难以真正落实，组织的凝聚力不足，依托组织开展的社区服务活动有限。而在农村社区，社区社会组织的数量不足，现有的社区组织主要是农村基层党组织、村民委员会、村民代表会议等他组织，村民对社区社会组织的认同感较低，社区社会组织的自发性较弱，社区自组织的发展滞后于农村经济社会发展速度，难以满足农村居民的服务需求。

发展社区社会组织对于社区建设与社区治理具有重要的理论意义和现实价值，但在实践层面，社区社会组织的发展还面临不少难题。总体来看，我国社区社会组织发展面临的诸多困难，既与政策、环境支持不足等

---

① 李昌禹. 全国社区社会组织超过 175 万家 [N]. 人民日报，2023-07-17（4）.

② 徐家良，武静. 我国城市社区社会组织的现实困境及其破解思路 [J]. 上海城市管理，2015，24（3）：42-47.

外部因素有关，也与社区社会组织自身规模、能力不足等内在因素有关①。社区自组织在发展过程中面临诸多障碍，受传统思想的影响，居民更倾向于"各人自扫门前雪，莫管他人瓦上霜"，居民对参与社区事务缺乏积极性和主动性，自发开展的活动有限，能够凝聚成组织的力量较弱，社区社会组织的发展面临先天不足的制约。在现实因素方面，社区作为居民生活的基本场域，承担了提供社区服务、满足居民需求、化解社会矛盾冲突、促进社会稳定等多重任务，但是社区资源能力与其职能不匹配，大部分社区都面临资源匮乏的难题，传统思路下的政府购买服务模式已不能满足居民的现实需求，而多元化筹资模式难以实现，社区资源条件无法支持社区社会组织发展，社区平台支撑的作用形同虚设，资源不足是制约社区社会组织健康发展的突出障碍。

四、推动我国社区社会组织参与社区治理的对策

近年来，党和政府愈加重视社区社会组织在社区治理中的基础性作用，制定了一系列政策措施推动社区社会组织发展，以社区社会组织为依托构建社区治理共同体。党的十九大报告明确了"推动社会治理重心向基层下移，发挥社会组织作用，实现政府治理和社会调节、居民自治良性互动"的工作路径②，"十四五"规划提出积极引导社会力量参与基层治理，发挥群团组织和社会组织在社会治理中的作用，全面激发基层社会治理活力③。这些政策文件为推动社区社会组织参与基本社区治理指明了方向，提供了基本行动遵从。推进社区社会组织参与社区治理，需要政府、社

---

① 李培志. 引导与自觉：城市社区社会组织参与社区治理的路径分析［J］. 中州学刊，2019（6）：79-85.
② 习近平：决胜全面建成小康社会 夺取新时代中国特色社会主义伟大胜利：在中国共产党第十九次全国代表大会上的报告［EB/OL］.（2017-10-27）. https://www.gov.cn/zhuanti/2017-10/27/content_ 5234876. htm.
③ 中华人民共和国国民经济和社会发展第十四个五年规划和 2035 年远景目标纲要［EB/OL］.（2021-03-13）. https://www.gov.cn/xinwen/2021-03/13/content_ 5592681. htm.

区、社区社会组织及居民共同参与，形成多元化支持力量。

政府要高度重视社区社会组织参与社区治理的作用，不仅从宏观政策层面提供支持、把握基本方向，而且要进一步将政策落到实处，从具体微观的细则入手，为培育和发展更多社区自组织提供具体的政策支持、更为充分的财政支持；进一步加强社区工作者队伍建设，将更多社会工作专业服务引入社区，提高社会工作介入社区社会组织发展的成效，从而不断强大社区社会组织力量，为推动社区治理共同体建设创造良好的基础。

社区层面，社区承担了社区治理的"最后一米"任务，是推动社区治理的直接主体。社区管理部门要转变思想观念，克服传统社区管理思想的影响，真正从思想上和行动上将"管理"转变为"治理"，摆正自己的位置。社区社会组织是推动社区治理的重要抓手，社区管理部门要处理好与社区社会组织之间的关系，理论上，社区"两委"与各类社区社会组织之间是平等的关系，不存在上下级的等级关系，应该充分尊重社区社会组织的独立自主，减少对社区社会组织活动的行政性干预，尽量为其开展活动提供场地、资金、人员支持等方面的便利。切实完善社区民主决策机制，邀请社区社会组织参与社区事务的决策，各方面力量共同参与才是真正意义上的社区民主，才能真正实践社区治理的理念。

从社区社会组织角度来看，现有的各项政策为社区社会组织健康发展提供了有力支撑，为社区社会组织发展创设了良好的社会环境，社区社会组织应该紧跟时代潮流，狠抓机遇，苦练内功，不断提升社区服务及社区治理能力。社区社会组织要"站起来"，提高自己的责任担当意识，主动担当社区治理职责，主动发挥社区服务功能，主动为社区和谐稳定贡献自己的力量。社区社会组织要"富起来"，社区社会组织在发展过程中大都面临资金瓶颈，资金不足、资源匮乏，严重制约了活动的高效开展和优质服务的提供，社区社会组织发展必须扩充资金，增加政府的投入，吸引社会公益力量的参与，深入挖掘社区慈善资源，共同为社区社会组织发展提供资金来源。社区社会组织要"强起来"，社区社会组织的主体力量是社区居民，受制于居民个体认知能力、时间精力等因素，社区社会组织在践行公益理念、提供助人服务、民主协商等方面存在不足，因此必须加强社区社会组织自身的能力建设，运用社会工作专业力量帮助社区社会组织培养骨干成员，改善组织内部管理，引导组织实现生态化持续发展，促进组织自我成长，提升社区服务的专业化水平。

居民是社区的主体，是社区治理的基本推动力量，也是完善社区治理的直接受益者，因此社区治理离不开居民的广泛参与。居民参与是社区工作的核心任务，贯穿于社区工作的全过程，必须积极推动居民参与社区治理。首先，要从参与价值层面让居民认识到参与社区治理的重要性，从公民权、社会责任感入手，引导居民认识到维护自身权益的重要性，肯定参与的价值和意义。其次，从提升居民的参与意愿入手，强化居民的参与动机。参与社区治理本身需要一定的成本和代价，必须让居民从参与中获益，才能激发参与的积极性，比如构建一些激励机制，将社区参与次数折算成积分，用积分到慈善超市兑换生活用品，或者兑换一些便利生活服务，让居民直观感受到参与的益处。最后，要考虑到居民自身能力情况，有意识地提高居民的参与能力。参与能力主要受时间精力及知识技能的影响，要合理规划、统筹安排各项社区活动，尽量精简程序，提高效率，节约居民的参与时间；定期为居民开展能力提升培训活动，由社会工作者通过模仿学习、个别训练与督导、总结与复习等方法，让居民学习掌握参加会议、发表意见、讨论协商、开展活动等方面的技巧，从态度、知识和行为方面促进居民个人发展。

第六章
社区志愿者与慈善资源的整合

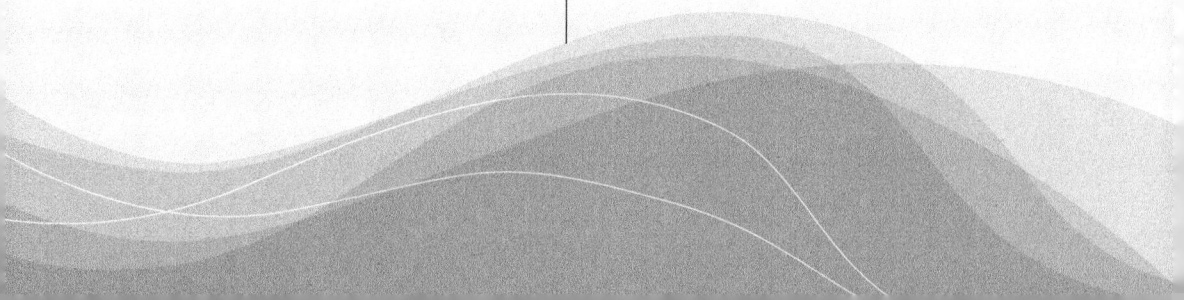

　　"五社联动"中的社区志愿者受到越来越广泛的关注，社区志愿者是
社区治理的重要力量，在专业社区工作者的带动下积极发挥自身特长和优
势。随着社区治理体制改革的持续深化，社区慈善的作用日益凸显，社区
慈善资源能够为社区治理注入更多的资金、技术和服务资源，为推动社区
发展提供重要助力。

第一节　社区志愿者

一、社区志愿服务与社区志愿者

　　《中共中央 国务院关于加强和完善城乡社区治理的意见》将社区志愿
服务纳入城乡社区治理总体部署，明确提出了要发展社区志愿服务。《"十
四五"城乡社区服务体系建设规划》将社区志愿服务作为社会力量参与社
区服务的重要形式，完善多方参与的格局。社区志愿服务是社区公共服务
供给的重要方式，是现代社区治理体系的重要组成部分①。

（一）社区志愿服务

1. 社区志愿服务的概念

　　志愿服务是社会文明进步的重要标志，是新时代党引导动员人民群众
贡献智慧力量、创造美好生活、实现奋斗目标的生动实践②。社会生活中

---

① 王杨. 社区网络与志愿服务持续化运作机制 [J]. 中国特色社会主义研究，
2023（5）：74-84.
② 中共中央办公厅、国务院办公厅关于健全新时代志愿服务体系的意见 [EB/
OL]．（2024-04-12）. https://www.gov.cn/gongbao/2024/issue_ 11326/202405/
content_ 6949619.html.

存在着丰富多彩、各式各样的志愿服务，如在旅游景区为游客提供的志愿服务、早晚高峰疏导交通的志愿服务、大型赛事活动中的志愿服务等，都是志愿服务的范畴，但这些并不是直接面向社区成员的，并不属于社区志愿服务。社区志愿服务具有地域空间属性，这是社区志愿服务区别于其他志愿服务的直观特点。社区志愿服务是社会组织和个人自愿用自身时间、技能等资源，在社区为居民和社区慈善事业、公益事业提供帮助和服务的行为①。

社区志愿服务的主体是社区组织及社区志愿者，志愿服务具有自愿性，完全源于利他精神，出于组织及个体的意愿，而不是出于职责约束或者强制；社区志愿服务是不图报酬的服务行为，志愿服务的无偿性能够节约社区服务的成本，但是志愿服务本身是需要成本的；社区志愿服务来自民间力量，志愿者主要由社区居民发展而来，志愿服务体现的是民间社会互助力量，能够就地、直接地为特殊困难群体提供及时的帮助，不同于政府提供的社会救助等公益服务。社区志愿服务是自发自愿的奉献行为，体现的是利他主义、慈善主义的精神，是社会文明实践活动，是一项高尚的事业。晚辈直系血亲对长辈直系血亲的赡养、长辈直系血亲对晚辈直系血亲的抚养及兄弟姐妹之间、夫妻之间的扶养，都体现了一方对另一方的照顾和帮助，但这些都是源于法律规定的义务和责任，并不属于社区志愿服务的范畴。

2. 社区志愿服务的功能

社区志愿服务是新时代志愿服务的重要类型，对于解决社区问题、化解矛盾冲突、促进社区进步及社会发展具有突出的意义，同时是发展社区服务、推动居民互助服务的重要形式。

通过开展社区志愿服务，特别是为特殊困难群体提供及时、直接的帮助，有助于弥补政府公共服务的欠缺和滞后；社区志愿服务能够吸纳来自

---

① 社区志愿服务–《中国大百科全书》第三版网络版［EB/OL］.（2021-06-17）. https：//www. zgbk. com/ecph/words？SiteID=1&ID=366231.

各行各业的居民参与其中，能够将自身的特长及专业技能投入志愿服务，有助于开拓新的服务领域，弥补社区工作者相关技能的不足，提升服务效果，比如某社区居民是退休美术老师，作为志愿者，他可以为社区孩子们免费开设画画课程，以提高孩子们的艺术素养。社区志愿服务是志愿者不图报酬的奉献行为，集中了志愿者个人的时间、精力、体力、智力等资源，志愿服务本身能够创造经济价值，而且志愿者不图报酬意味着其提供的服务基本属于"免费"状态，对于活动开展来说大大节约了成本，这也是经济价值的体现，只是目前尚未找到准确核算的方法，难以进行计量。社区志愿服务不仅是解决社区问题、满足居民需求的具体行动，而且具有社区教育的功能，借助志愿服务，让更多居民体验或者感受到志愿精神的伟大，深受感染和触动，从而激励更多居民参与志愿服务；同时，社区志愿者通过参与各类志愿服务，能够扩大自己的社会交往、学习和掌握更多的知识和方法技能，有助于实现自我的成长和发展。

（二）社区志愿者

社区志愿者通常以所生活的社区作为主要服务区域，不追求任何物质报酬，主动承担社会责任，自愿奉献个人的时间及精力，为社区居民提供各种服务。社区志愿者生活在社区，是社区居民的一部分，能够扎根社区，同时又服务社区，对社区更为熟悉，其地缘优势和信息优势对于开展服务极其有利，能够更有效、更快捷地帮助解决社区问题，尤其是困扰社区居民生活的一些复杂问题及社区顽疾，从而及时化解社区矛盾和冲突，维护社区稳定，促进社会和谐。

社区志愿者来自各行各业，涵盖不同的年龄层次，随着老龄化进程的不断加快，老年居民在社区事务中的影响越来越突出，老年志愿者成为社区活动中的重要力量之一，尤其是身体条件较好的低龄老年人，其参与社区志愿服务具有重要的价值：老年人参与志愿服务能够促进其身心健康发展，有利于实现继续社会化，有助于提升社区服务水平，是积极老龄化的应有之义。开展老年志愿服务是完善社区服务体系的可行选择，也是积极应对人口老龄化的重要举措。对于老年人自身、社区发展、社会进步，老年志愿者的广泛参与都具有重要意义①。在当前社区资源普遍匮乏、社区居民需求难以满足的背景下，发展社区志愿服务，可以从培育和激励老年志愿者入手，低龄老年人数量迅速增长，不仅能够为社区志愿服务注入强大力量，而且对于实现积极老龄化、促进老年人身心健康发展和社会参与、提升老年生活质量具有积极效应。

二、社区志愿者的招募与培训

（一）社区志愿者的招募

社区志愿者的招募是寻找社区志愿者的过程。社区志愿者的招募重点是面向社区居民，通过广泛宣传发动和组织动员，激励更多社区居民参与社区志愿服务，发挥自己的价值，为社区建设贡献力量。招募工作包括三种基本方法。

1. 热身招募法

热身招募是招募志愿者的基本方法，面向普通社区居民，简单宣传项目的招募信息，引发居民的关注和兴趣，从而吸引居民参与，完成招募。招募方法包括：向社区居民分发小册子，在社区特定区域张贴海报，在社区及驻区单位进行喇叭宣传，发布期刊公告，利用社区网格系统进行口头宣传以及网络宣传等。在新媒体背景下，尤其要注意积极运用新媒体平台，通过视频平台、微信公众号、各类微信群等途径，发布内容生动的招募信息，采用多种形式宣传。

2. 标靶招募法

标靶招募是进行有意识的规划，将招募信息限定在很小范围的接收者上。当工作岗位需要一些特殊技能或具有某些特异的特性时，标靶招募就是一种很好的办法，限定招募范围能够使招募更具有针对性，提高招募效率。比如，以下这则招募志愿者通知。

---

① 宋娟，杨超．城市低龄老人参与社区志愿服务的激励对策研究 ［J］．社会与公益，2020（6）：43-46.

招募社区青少年"禁毒防艾"项目志愿者通知

为了更好为辖区青少年做好"禁毒防艾"宣传教育活动，增强青少年的安全意识和自我保护能力，创建和谐社区，即日起我社区招募"禁毒防艾"项目志愿者。具体招募信息如下：

服务地点：××社区

服务内容：社区面向辖区青少年普及毒品的种类和危害，科普艾滋病的传播途径、常见症状以及预防艾滋病的方法，共同营造健康、和谐的社会环境。

重点招募对象：派出所民警、法警、戒毒康复中心工作人员、基层法律服务工作人员；从事法学、心理学、教育学等方面教育研究的专家学者；高等院校的社会工作专业在校高年级学生；具有相应教育学、心理学专业知识的专职青少年工作者等。

3. 同心圆招募法

同心圆招募法类似于滚雪球式的招募，以确定的目标对象作为圆心，在其周围画一个圆圈，把那些与之相关的人员纳入招募范围，将其发展为志愿者。招募的目标人群样本可能包括：志愿服务的服务对象以及他们周边的家人和亲友、社区志愿者及工作人员的家人朋友圈子、被所要解决的社区问题影响到的其他居民等。同心圆招募法可以借助既有的关系网络，提高招募到志愿者的成功概率，一般来说比热身招募法的效率更高。

（二）社区志愿者的培训

1. 培训目的

社区志愿者都是来自各行各业的居民，他们一腔热情投入志愿服务，但并不一定具备开展志愿服务所需的知识与技巧，通过对社区志愿者的培训，使其了解社区志愿服务工作的基本内容与要求，懂得志愿工作的意义和价值，并了解社区志愿服务机构和社区志愿者小组的规章、目标、理想和使命，促进社区志愿者的个人追求与社区志愿服务机构和社区志愿者小组的价值理念达成一致，增强对志愿服务的认同感和投入感。

2. 培训内容

根据社区志愿者的个人情况及开展志愿服务的需要，确定社区志愿者培训内容。一般来说，培训内容包括志愿服务基础理论和志愿服务技巧训练两个部分。基础理论内容主要围绕社区志愿服务相关知识，比如，帮助社区志愿者厘清社区志愿服务的概念、志愿精神的内涵，引导他们了解组织或者小组对志愿服务的期望及目标，带领他们学习分析社区的需要及资源，认识服务对象的特点及面临的问题等。技巧训练主要是对开展志愿服务过程中需要的方法技巧进行培训，帮助社区志愿者掌握人际沟通技巧，提升自我认识能力，学会服务活动程序设计，针对社区居民的一般性探访技巧和一些特殊服务对象的急救训练等特别技能训练，学习与其他服务提供者共同合作的技巧；再就是教给他们一些社会工作的专业技巧，比如带领游戏技巧、小组工作技巧、领袖才能训练，开设一些服务策划课程，帮助他们学习资源管理知识等。

三、社区志愿者的使用与激励

（一）社区志愿者的使用

社会工作介入社区志愿服务能够发挥社会工作的专业优势和价值，提升社区志愿服务水平。社会工作的专业介入离不开社区志愿者的积极参与，当前通行的合作大部分是"社会工作者+志愿者"的模式。社会工作者与志愿者应当良性互动，社会工作者指导志愿者开展专业服务，能够有效提升社区志愿服务质量；志愿者协助社会工作者提供大量服务，能够有效弥补当前社区资源匮乏及人力资源的严重不足。通过平等合作、密切联系，有效发挥各自的优势，共同为构建和谐社会作出更大贡献。随着社会工作者专业人才队伍的扩大，社会工作者与社区志愿者的合作范围不断拓展。

完善社会力量参与基层治理激励政策，创新社区与社会组织、社会工作者、社区志愿者、社会慈善资源的联动机制①。当前，为了提升社区治理能力和服务水平，各地都积极探索"五社联动"机制以整合社区内外资源。"五社联动"是社会关爱服务体系和新型社区治理机制，社区志愿者作为"五社联动"中的重要辅助力量，对开展社区服务、完善基层治理格局具有直接推动作用。

（二）社区志愿者的支持与激励

在志愿精神的引领下，社区志愿者自愿贡献自己的时间、精力、知识、体力等为社区居民提供服务，属于不图物质报酬的奉献行为。但不图报酬不代表不可以获得回报，通过多种形式给予社区志愿者一定的支持和激励，肯定志愿服务的价值，褒奖并宣传志愿者的奉献行为，有助于激发志愿者的积极性，提高志愿服务的价值感，推动社区志愿服务实现可持续发展。

1. 社区表彰

社区表彰是一种常用的、简单易行的激励方式。社区志愿者为解决社区问题、化解矛盾冲突、促进社区治理作出了重要贡献，社区及街道应该肯定其付出和价值，定期或不定期开展志愿服务表彰活动。召开专题大会，公开评选社区内表现突出的志愿者及志愿者组织，授予其一定的称号，比如最美志愿者、突出贡献奖、志愿先锋队等，为他们发放奖章或者证书，并在社区内布置宣传板、张贴宣传材料，通过网络平台广泛宣传他们的光荣事迹。但是要注意宣传要尊重志愿者本人的意愿，宣传的内容应该实事求是，不能为了宣传效果而捏造事例或夸大事实，要避免浮夸和造作，要真诚得体，用语要自然恰当。

2. 参与管理

社区志愿者是来自社区的普通居民，他们大都在社会工作者的带动下

---

① 中共中央 国务院关于加强基层治理体系和治理能力现代化建设的意见［EB/OL］．（2021 - 07 - 11）．https：//www.gov.cn/zhengce/2021 - 07/11/content _ 5624201.htm.

参与志愿服务，随着社会工作专业化和职业化不断推进，在"社工+义工"合作模式中，志愿者与社会工作者的平等地位可能受到影响。在此背景下，让社区志愿者参与服务方案的设计和实施是一种有效的激励方式。一般情况下，社会工作者是服务主导者，由社会工作者进行服务方案设计并实施管理，志愿者往往是作为直接行动者或者辅助力量存在的，如果让志愿者能够参与服务方案的设计、筛选决策、运作及管理等全过程，让志愿者与社会工作者处于平等地位，不仅有利于增强志愿者的参与感，而且有利于增进相互之间的理解和信任，增强志愿服务各方的参与和合作意识，发挥社区志愿者的能动性，尊重志愿者的自主性，调动社区志愿服务的积极性，提高社区志愿者的团队认可感和归属感。

3. 行政激励

行政激励是从志愿者所属组织或机构的角度进行的激励，指志愿者组织或团队为了激发其团队成员的工作积极性、创造性，增强其责任心和荣誉感，提高工作效率和服务质量，依据组织内的有关规章制度，运用组织的行政手段，定期或不定期对志愿服务过程中表现突出者给予物质和精神奖励。这种激励的形式与社区表彰类似，但是二者之间又存在显著区别，社区表彰一般是基于社区、街道等层面进行的，是从服务对象的视角对志愿者奉献行为的肯定和褒扬；行政激励是从社区志愿者组织或志愿者团队内部进行的鼓励和嘉奖，是从服务组织者角度进行的激励。社区表彰的对象既包括社区志愿者组织，又包括社区志愿者个人，而行政激励是指针对社区志愿者个体进行的表彰。

4. 社会回报激励

社区志愿者不以获取物质报酬作为参与志愿服务的主要动机，但是不代表不可以得到回报。为了充分调动广大社会成员参与社区志愿服务的积极性，促进志愿服务的持续性和稳定性，社区及各类社会组织都应该积极探索，建立健全社区志愿服务的回报机制，让社区志愿者的无私奉献行为能够获取一定的社会回报，体现社区志愿服务的社会价值，从全社会层面弘扬志愿精神，提高社会文明程度。

四、社区志愿服务的发展

（一）社区志愿服务组织

《志愿服务条例》明确规定，志愿服务组织是指"依法成立，以开展志愿服务为宗旨的非营利性组织"①。中共中央办公厅、国务院办公厅《关于健全新时代志愿服务体系的意见》指出，健全充满活力的志愿服务队伍组织体系，要加强组织建设②。社区志愿服务组织是开展社区志愿者的基本主体之一，包括登记注册的正式组织和社区备案的居民团体两类，在城乡社区活跃着一大批志愿服务组织，开展社区便利服务、公益慈善、邻里互助及农村生产技术服务等活动，为推动社区志愿服务发展发挥了积极作用。

依托志愿服务组织开展社区志愿服务是创新基层社会治理的有效途径，有助于提高居民思想道德素质，弘扬志愿精神，是提升社区居民生活幸福指数、建设美好生活的重要助力，也是开展新时代社会文明实践活动的有力抓手。社区志愿服务组织要在社区党组织的领导下，运用"五社联动"机制，主要在社会救助、养老服务、儿童福利、社区治理、社会事务、平安建设、乡村振兴、疫情防控等方面开展志愿服务活动③。我国本土出现真正意义上的志愿服务组织始于 20 世纪 80 年代末期。1989 年"天津市和平区新兴街道社区服务志愿者协会"的成立标志着第一个专门的社区志愿服务组织建立。

（二）大力发展社区志愿服务

党和政府重视志愿服务，为推动志愿服务发展提供了政策支持和制度

---

① 志愿服务条例-国家法律法规数据库［EB/OL］．（2017-08-22）．https：//flk. npc. gov. cn/detail2. html？ZmY4MDgwODE2ZjNjYmIzYzAxNmY0MTMyM2ViZTFjNWM.

② 中共中央办公厅 国务院办公厅关于健全新时代志愿服务体系的意见［EB/OL］．（2024-04-22）．https：//www. gov. cn/zhengce/202404/content_ 6946879. htm.

③ 陕西省社区社会组织工作指南［EB/OL］．（2022-06-27）．http：//www. chenggu. cn/cgxzf/zwgk/xxgknr/shgy/202206/7dcd8a91a82f44abb095c913b9e157ed. shtml.

保障，比如 2014 年中央精神文明建设指导委员会制定印发了《关于推进志愿服务制度化的意见》，2017 年国务院颁布了《志愿服务条例》，党的二十大报告提出提高全社会文明程度，完善志愿服务制度和工作体系，为发展志愿服务指明了方向、提供了遵循。2024 年 4 月中共中央办公厅、国务院办公厅印发的《关于健全新时代志愿服务体系的意见》，是系统部署健全新时代志愿服务体系的第一份中央文件，对完善志愿服务制度和工作体系、促进志愿服务事业长远发展具有重要意义。

社区作为志愿服务的重要阵地，为志愿服务发展提供了基本场域。在当前社区资源普遍匮乏的背景下，发展社区志愿服务有助于解决社区问题，满足社区居民多样化的需求，提高社区福利水平，尤其对于特殊困难群体来说，及时、直接、快捷的社区志愿服务能够解燃眉之急，弥补政府公共服务的不及之处。鉴于当前我国社区志愿服务存在的志愿者队伍建设薄弱、志愿服务形式与内容单一、志愿者组织运营困难、志愿服务激励机制不健全、居民参与度低等问题，政府要高度重视发展社区志愿服务，积极推进相关制度建设，培育并发展社区志愿服务组织，构建专业志愿服务机制，完善激励机制推动社区志愿者的持续参与。

《培育发展社区社会组织专项行动方案（2021—2023 年）》提出实施社区社会组织作用发挥计划。要引导社区社会组织在城乡基层党组织领导、基层群众性自治组织指导下，以"邻里守望"等为主题，开展有特色、有实效的主题志愿服务活动，推动社区志愿服务常态化①。由此可见，开展社区志愿服务是社区社会组织发挥作用的一个重要体现，依托社区社会组织不断拓展社区志愿服务的内容和范围，也是社区志愿服务未来发展的一个重要方向。社区志愿服务迈向高质量发展，需要推进社区志愿服务的制度化、常态化、专业化、标准化、项目化、智慧化。以下是东莞市厚街镇宝屯社区志愿服务队：打造品牌服务项目 构建社区"应急一张网"

---

① 民政部办公厅关于印发《培育发展社区社会组织专项行动方案（2021—2023年）》的通知［EB/OL］.（2020－12－08）. https：//www.mca.gov.cn/n152/n165/c39251/content.html.

的一个典型案例①。

东莞市厚街镇宝屯社区志愿服务队（以下简称"服务队"）于 2016 年 12 月由热心志愿者自发成立，以"党建引领、志愿共融"为主题，立足社区实际，根据群众所需，围绕社区建设，开展形式多样的志愿服务，通过凝聚群众、引导群众、整合资源，相继孵化了 4 支志愿服务分队，打造了 2 个特色志愿服务项目，推行"志愿者+网格员"协作服务新模式，构建社区应急"一张网"，志愿服务成为文明社区建设的重要内容，营造"共参与、同受益"基层社会治理良好氛围。服务队现有注册志愿者 689 人，至今已开展超 845 场活动，服务超 10 万人次，累计向社会提供 9 万多小时志愿服务。

打造契合社区实际需要的志愿服务项目品牌。服务队制定了志愿者招募办法并实行志愿者注册登记制度，定期召开工作例会，根据居民需求和社区资源制订工作计划，使志愿服务与居民需求有效对接。"健康宝屯，与你同行"健康促进志愿服务项目，服务群众已超 3000 人次。"i 在宝屯，绿留巷间"环境美化志愿服务项目，将社区内破旧墙体进行绘画改造、种植花草、清理垃圾等，带动居民共同改善脏乱差环境，改善了村容村貌。

探索"志愿者+网格员"服务协作新路径。服务队在宝屯社区居委会的指导下，以构建社区灾害预防和应急志愿服务体系为目标，以深化应急志愿者防灾减灾应急技能为基础，以增强社区居民自救互救技能为重点，组建了社区灾害应急救援志愿者队伍、应急急救志愿者队伍、健康促进志愿者队伍，开展专业培训，服务队已有 4 人成为中国心肺复苏培训导师，227 名学员取得急救培训结业证书，服务水平得到有效保障，并与社区网格指挥中心建立联动机制，有效提升了社区应急处置能力。

---

① 东莞市厚街镇宝屯社区志愿服务队：打造品牌服务项目 构建社区应急"一张网"，广东省民政厅 ［EB/OL］.（2023 - 11 - 24）https：//smzt. gd. gov. cn/gkmlpt/content/4/4290/mpost_ 4290841. html#1753.

第二节　社区慈善资源

新修改的《中华人民共和国慈善法》自 2024 年 9 月 5 日起施行，明确提出："国家鼓励有条件的地方设立社区慈善组织，加强社区志愿者队伍建设，发展社区慈善事业。"① 社区同样是发展慈善事业的基本场域，社区慈善资源的开发利用对于开展社区服务、推动志愿服务、加强社区治理具有独特价值和重要意义。

一、社区慈善资源的含义

社区不仅是志愿服务的基本场域，也是发展慈善事业的重要场域，还是整合慈善资源、开展慈善活动的重要平台。凡以社区为基础、向社区居民提供社会服务的慈善活动均可称为社区慈善。② 社区慈善即慈善事业社区化，在党和政府的指导下，立足社区实际，动员社区力量，统筹社区资源，解决社区问题，强化社区功能，提升社区居民生活品质③。社区慈善的问题和需求来源于社区居民，慈善资源使用及行动效果主要集中在社区这个基本场域。社区慈善以社区为平台，需要居民共同参与才能推动社区治理发展，从而共同获益。社区慈善是一种以社区为基础的福利表达，其发展水平与社区及社会发展实际密切相关。具体而言，社区慈善的形式呈多样化态势，总体来看，目前我国社区慈善主要包括捐助帮扶、慈善超市、志愿服务和社区基金会四种形式，其中社区基金会近年来发展势头比

---

① 全国人民代表大会常务委员会关于修改《中华人民共和国慈善法》的决定 ［EB/OL］. （2023 - 12 - 30）. https：//www. gov. cn/yaowen/liebiao/202312/content_6923390. htm.

② 杨荣. 社区慈善：我国慈善事业发展的新方向 ［J］. 东岳论丛，2015，36（10）：43 - 48.

③ 以社区场域优势激活慈善事业春水 ［EB/OL］. （2024 - 04 - 24）. https：//www. mca. gov. cn/n1288/n1290/n1316/c1662004999979999161/content. html.

较强劲。

从资源分类看，社区慈善资源主要包括以下分类：有形资源和无形资源；资金型、实物型和服务型资源；社区内部资源和来自社区外部但用于社区的资源；免费服务型和低费用服务型资源；日常需要型和成长发展型资源；"造血型""用血型""输血型"资源①。也有观点认为社区中的慈善资源是指在社区救助福利性服务中可以用于改善困难群体生活质量的物质类慈善资源、人力类慈善资源、组织类慈善资源和文化类慈善资源②。社区慈善是我国发展慈善事业的重要方向，要广泛动员社区慈善资源形成有效合力，加强慈善资源的有效衔接，促使社区慈善资源不断产生、发展、壮大，为社区服务提供源源不断的资源动力。

《2022年民政事业发展统计公报》数据显示，截至2022年底，全国共有经常性社会捐赠工作站、点和慈善超市1.5万个（其中慈善超市3680个）；全国社会组织捐赠收入1085.3亿元；全国备案慈善信托948单，慈善信托合同规模44.0亿元③。

二、社区慈善资源的构成

（一）社区基金

1. 社区基金与社区基金会

社区基金会起源于美国，1914年，在俄亥俄州克利夫兰市成立了社区基金会，其宗旨是提高克利夫兰所有公民的生活质量，这是美国也是世界上第一个社区基金会。社区基金作为社区慈善资源的重要表现形式，属于政府财政经费以外的社会类资金，社区基金不具备独立法人资格，其资金

---

① 以社区场域优势激活慈善事业春水［EB/OL］.（2024-04-24）. https://www.mca.gov.cn/n1288/n1290/n1316/c1662004999979999161/content.html.

② 王洁.地区发展模式下社区社会工作中的慈善资源整合研究［D］.广州：华南理工大学，2022.

③ 2022年民政事业发展统计公报［EB/OL］.（2023-10-13）. https://www.mca.gov.cn/n156/n2679/c1662004999979995221/attr/306352.pdf.

规模可大可小，从而降低了社区资源供给机制创新的门槛，因此能够更好适应各地实际①。

社区基金会的资金主要来自社区、服务于社区，基金会本身既是公益性社会组织，也是慈善组织；作为一种社区社会组织，社区基金会具有在地化、属地性的特征；社区基金会还具有金融属性，能够募集资金、分配资金以及实现资金的保值增值等②。社区基金会是筹集社会资源、解决社区问题、促进公众参与、改善社区公共福利、激发社区活力最好的组织形式。

当前，我国社区基金会发展日渐呈现出政府发起型、企业发起型、社会组织发起型、居民发起型和混合发起型等多样态实践，不同类型社区基金会在基层治理新格局中的作用与功能也各有特点（见表6-1）。

表6-1 不同类型社区基金会发起主体及主要特征③

类型	发起主体	驱动因素	运行机制	典型代表
政府发起型社区基金会	相关政府部门	政府部门推动	自上而下的行政化运行机制	上海市洋泾社区公益基金会、成都市新都社区发展基金会
企业发起型社区基金会	企业	企业践行社会使命或自身业务发展需求	具有强烈市场导向的市场化运作机制	桃源居公益事业发展基金会、成都市麓湖社区发展基金会
社会组织发起型社区基金会	社会组织	社会组织发展需要及深度参与社区治理	社会化运行机制	北京市齐化社区公益基金会、北京市永诚社区公益基金会

---

① 刘洋. 资源性小微枢纽："五社联动"中的社区基金 [J]. 山东行政学院学报，2024（1）：84-91.

② 原珂. 社区基金会概念内涵及属性特征辨析 [J]. 晋阳学刊，2023（1）：102-108.

③ 原珂. 社区基金会多样态发展成因及其优势比较 [J]. 中州学刊，2024（1）：81-87.

类型	发起主体	驱动因素	运行机制	典型代表
居民发起型社区基金会	居民群众	社区及居民自治需求	自发性、志愿性的草根化运行机制	深圳市南山区蛇口社区基金会、杭州市余杭区良渚文化村社区公益基金会
混合发起型社区基金会	多元主体	服务社区及利益相关方共同需求	促势主导的运行机制	北京市思诚社区公益基金会、广东省千禾社区公益基金会

2. 我国社区基金会发展情况

我国社区基金会起步较晚，但发展速度迅猛，发展成果显著。2008 年深圳成立第一家社区基金会——深圳市南坑社区圆梦慈善基金会，此后我国社区基金会呈现出较快的发展速度，基金会数量和规模不断扩大，2014 年起每年有 20 家左右的社区基金会成立。国家和地方政府陆续出台多个文件，鼓励社区基金会的发展。2017 年，《中共中央 国务院关于加强和完善城乡社区治理的意见》要求 "不断拓宽城乡社区治理资金筹集渠道，鼓励通过慈善捐赠、设立社区基金会"①，当年即有 43 家社区基金会在上海登记成立。

2021 年，《中共中央 国务院关于加强基层治理体系和治理能力现代化建设的意见》提出支持建立乡镇（街道）购买社会工作服务机制和设立社区基金会等协作载体，明确了社区基金会的功能定位，并支持设立社区基金会。2022 年，浙江省民政厅发布《关于发挥第三次分配作用助力共同富裕的若干意见（公开征求意见稿）》，提出 "加快培育发展社区类慈善组织，探索适当降低社区基金会的准入门槛，引导大型基金会支持社区基金

---

① 中共中央 国务院关于加强和完善城乡社区治理的意见［EB/OL］.（2017-06-12）. https：//www. gov. cn/zhengce/2017-06/12/content_ 5201910. htm.

会发展"，当年有 62 家社区基金会在浙江省登记成立①。

截至 2023 年 3 月 31 日，全国共成立社区基金会 296 家，除去 7 家已被撤销、注销外，目前处于正常状态的有 289 家；其中，有 268 家社区基金会被认定为慈善组织，占比 90.54%；在 296 家社区基金会中，仅赤峰市弘善社区发展基金会、上海洋泾社区公益基金会、上海美丽心灵社区公益基金会 3 家社区基金会具有公开募捐资格②。

社区基金会作为新时代参与社区治理创新的重要主体，在推进我国社区治理体系和治理能力现代化方面发挥着越来越突出的作用。社区基金会应当加强与社区、社会组织、社会工作者、社区志愿者等其他主体之间的双向赋能，坚持党建引领进行价值赋能，有效培育社区社会组织进行组织赋能，发挥社会工作者牵头作用进行专业赋能，广泛动员社区志愿者进行网络赋能，加强社区基金规范化建设进行制度赋能。持续激发地方性社会互动与支持网络活力，从而在高质量发展中实现治理功能③。

（二）慈善超市

1. 慈善超市的概念

"慈善超市"这一概念来自国外，上海、广州、沈阳、温州、苏州等地于 21 世纪初开始陆续探索尝试。2003 年 5 月，上海市静安区镇宁路全国首家慈善超市开业。慈善超市是以社会公众自愿无偿捐助为基础、借助超级市场管理和运营模式，为困难群众提供物质帮扶和志愿服务的社会服务机构。

2. 我国慈善超市的发展情况

2013 年 12 月 31 日，民政部印发《关于加强和创新慈善超市建设的意

---

① 关于公开征求《关于发挥第三次分配作用助力共同富裕的若干意见》（公开征求意见稿）意见的公告［EB/OL］.（2022-03-09）. https：//mzt. zj. gov. cn/art/2022/3/9/art_ 1229215902_ 58928144. html.

② 行业动态｜全国有多少家社区基金会？［EB/OL］.（2023-06-08）. https：//www. 163. com/dy/article/I6NSV37D054169N5. html.

③ 刘洋. 资源性小微枢纽："五社联动"中的社区基金［J］. 山东行政学院学报，2024（1）：84-91.

见》，提出了加强和创新慈善超市建设的总体思路、加强和创新慈善超市建设的主要任务及加强和创新慈善超市建设的保障措施①。首家慈善超市诞生之初，其就被赋予了扶危济困的使命。慈善超市大多以物资仓库形态出现，主要为社区困难群体发放物资。20多年来，慈善超市遍地开花。截至目前，上海市共有232家慈善超市，实现了街镇乡全覆盖。在数量扩增的同时，社区慈善超市从产品体系到运营模式也发生了较大变化。通过"政府+市场"模式，售卖产品涵盖日常百货、文创产品、对口扶贫特产、二手书等，面向人群也扩大至社区居民。不过在实践中，部分慈善超市也面临着发展动力不足问题。譬如，货源不够丰富、产品定价差异较大、盈利模式单一等②。

慈善超市在汇集社会捐助、促进扶贫帮困、提供志愿服务等方面发挥着明显的积极作用。而目前我国大多数慈善超市门可罗雀，仅能在政府支持下勉强维持生计；部分慈善超市由于经营不善不得不关门；真正能够达到预期效果的慈善超市寥若晨星。我国慈善超市面临的现实困境包括：慈善超市的属性界定不明，我国慈善超市是政府选择的结果，更像是政府的"连锁机构"、经常性社会捐助接受（站）点的延伸；在资源动员与自我"造血"方面存在不足，长期由政府主导、目标群体仅为经过调查认证的"困难户"群体、物资主要由政府提供、获得收益不是经营主要目的等因素使我国慈善超市并不具备自我运作能力；慈善超市工作人员供给缺乏且专业化不足；在政策支持与宣传动员方面，慈善捐赠税收优惠十分有限，同时，支持倡议计划与动员宣传活动的缺失也导致了我国民众参与积极性较低、慈善超市难以进入大众视野③。

---

① 大力改革 矢志创新：《民政部关于加强和创新慈善超市建设的意见》解读 [EB/OL] . https：//www. mca. gov. cn/gdnps/pc/content. jsp? mtype=4&id=115245
② 王嘉旖. 走过二十年，慈善超市在沪遍地开花 [EB/OL] . （2023-09-04）. https：//baijiahao. baidu. com/s? id=1776058893753987984&wfr=spider&for=pc.
③ 段亦昊. 基于制度分析与发展框架的英国慈善超市发展研究 [D]. 北京：中央民族大学，2023.

三、社区慈善资源的发掘运用

《中共中央 国务院关于加强和完善城乡社区治理的意见》、《中共中央 国务院关于加强基层治理体系和治理能力现代化建设的意见》、《"十四五"城乡社区服务体系建设规划》以及新修改的《中华人民共和国慈善法》等都鼓励通过慈善捐赠等途径实现社区治理资金多元化，鼓励发展社区慈善事业。

社区中存在多种形态的慈善主体，如社区基金会、慈善超市、福利彩票服务站、社区捐助站等，但目前这些主体之间缺乏有效连接，需要构建社区公益服务体系。社区慈善资源的发掘运用对于丰富社区服务活动、提升志愿服务水平、推动社区治理具有重要意义。在"五社联动"机制下，社会工作者可以通过以下四步激活社区慈善资源。

（一）确定社区慈善资源清单

社区慈善资源具有一定的隐匿性，不像一般意义上的社区资源那么直接和显明，社会工作者必须深入社区，对社区慈善资源进行摸底和评估，认识社区慈善资源的来源及特征，分析社区慈善资源的构成情况，比如社区有哪些基金会，具体包括公募基金有哪些、非公募基金有哪些。从慈善资源主体特点、资源稳定性的角度对慈善资源进行分类，梳理确定现实可用的慈善资源清单。对于尚未开发出来的慈善资源，也要进行汇总和分析，确定为潜在资源清单，在后续的工作中尽量进行挖掘和争取。

（二）确定资源管理的行动策略

在确定了社区慈善资源清单的基础上，进一步细化分析慈善资源的可用程度，分析评估资源主体对社区慈善活动的影响程度和兴趣程度，确定资源管理的行动策略。对于高影响力、高兴趣的资源主体，其资源对于社区服务的重要性突出，结合其较高的参与兴趣，就可以考虑尽力满足他们的诉求，从而充分吸引这些资源加入社区慈善服务；对于高影响力、低兴趣者，可找准其核心关注点，尽量契合其需求；对于低影响力、高兴趣者，可充分告知其相关信息，保持密切联络，有需要时主动提出邀请；对于低影响力、低兴趣者，可保持适当关注，让其知晓相关信息①。

（三）促进慈善资源参与社区事务

社区慈善资源不能只停留在清单与计划中，必须真正将其运用起来，促进慈善资源参与社区公共事务和公益事业，促成各方之间的合作共赢。对于慈善主体来说，参与社区慈善活动能够树立其良好的社会形象，促进公共关系发展，同时可以获得相应的经济回报；对于社区管理部门来说，慈善资源的引入能够缓解社区资金不足的压力，有利于开展更加丰富的社区服务；对于社区居民来说，慈善资源的使用可以带来直接收益，帮助其解决具体问题，提升社区福利水平。不管是解决社区问题、推动社区治理还是促进社区发展，慈善资源都是非常重要的支持力量。

（四）建立并维系好社区慈善资源网络

社区蕴藏着丰富的慈善资源，开发和利用慈善资源是一个动态过程，不止于一朝一夕的合作及参与。因此，必须从宏观视角统筹考虑，将各类基金会、社会公益组织、居民个体等各方主体发动起来，将稳定资源与临时性资源积极调动起来，建立健全社区慈善资源网络。同时，要注意做好后续的资源维系工作，促进资源主体持续参与社区事务，增强其对社区的获得感和归属感，从而实现与社区的长久良性互动。

第三节　社区资源整合

随着城镇化进程的加快及人口流动性增加，城市社区居民数量不断增长，居民收入及生活水平提高之后，在社区层面对物质和精神文化生活的需求日益增加，出现了社区资源短缺与公共资源闲置并存的矛盾现象，影响了社区福利水平的改善。因此，我们必须探索盘活社区闲置资源，整合

---

① 林雨晴 . 四步激活社区慈善资源 [J] . 中国社会工作，2022（25）：42.

社区内外资源，提高资源利用效率，以更好地满足居民多样化需求，加强社区凝聚力。

一、社区资源的概念

社区资源是一个笼统的概念，一般来说，只要是有助于社区发展的、满足社区居民需求的，均可视为社区资源，社区资源是一个社区内一切可运用的资源和各方面的力量。在社区内存在着各种不同的资源，这些资源为解决社区问题、开展社区服务提供了基本前提和条件保障。

一个社区的资源拥有状况、资源开发利用的程度，决定着社区问题的解决、社区需求的满足程度及社区服务质量，也是制约和影响社区治理能力和水平的重要因素，因此在社会工作过程中，我们要注意挖掘和运用社区资源，同时要进行资源链接和资源整合。

二、社区资源的构成

关于社区资源的分类，不同的学者提出了不同的看法。邱柏生认为，社区资源主要包含物质资源、精神资源、人力资源和综合资源四个大类①。姜作培以更为细致的资源划分方式对社区资源进行了划分，即将其划分为资本资源、科技资源、劳动力资源、旅游资源以及教育、卫生等公共资源②。我们认为，按照社区资源的表现形式，可以将其划分为人力资源、物力资源、财力资源、组织资源和文化资源。

人力资源的概念不等同于全体社区居民，人力资源具体是指能够为社区居民服务提供知识、技能、经验以及奉献自己的时间及精力体力的社区居民，特别是社区居委会成员、社区领袖、社区志愿者、居住在社区的有特殊才能的人士或名人等，比如德高望重的老年人、社区的人大代表等。

---

① 邱柏生. 论社区资源类型及其整合方式 [J]. 探索与争鸣，2006（6）：33-35.

② 姜作培. 资源配置：城乡统筹发展的关键 [J]. 福建论坛（人文社会科学版），2005（2）：23-28.

物力资源指社区内拥有的有助于开展社区服务、能够促进社区发展的、具体可见的物质资源，包括室内外活动场地、活动设备、设施器材及工具等。物力资源是开展社区活动的基本物质保障，主要通过社区硬件及基础设施情况来呈现，比如老旧社区进行的社区更新、社区改造等，都体现了社区物质资源的扩充和发展。

财力资源指存在于社区内的、用于开展社区服务或活动的资金，其来源主要包括政府购买服务的经费、辖区内的企事业单位的赞助资金、各种社会捐赠以及服务收费形成的经费。鉴于社区居民的问题及需求，当前我国社区财力资源普遍短缺，社区服务主要依赖政府购买经费，地方政府财政压力加大，应该构建多元化筹资机制，避免对政府财政资金的过度依赖。

组织资源指可以推动社区服务和促进社区发展的社区内的各类组织及机构，包括社区他组织和社区自组织，正式组织和非正式组织，具体来说，基层政府、辖区内的企事业单位、社会团体、各类自助和互助的居民团队等，都是社区组织资源的构成部分。社区组织对于推动社区治理和社区发展的重要性日益凸显，要大力培育和发展社区组织，扩大社区组织资源。

文化资源指社区中既有的典籍、古迹、文物等文化遗产以及民俗、艺术等其他有助于促进精神文明的文化活动。文化资源既包括有形的文化符号和载体，也包括无形的社区精神、社区氛围，比如乐于奉献的志愿精神、互帮互助的社区文化，这些无形资源对于社区发展来说同样重要，培育健康积极的社区文化也是社区发展的应有之义。

此外，在不同的社区工作理论视角下，社区资源也有不同分类，如在资产为本的社区发展视角下，社区资源可以分为个人资产、社区组织资产、社区团体及部门资产、自然资源和物质资产；在社区营造的概念里，社区资源可以从"人、文、地、景、产"五个维度区分和发展①。

---

① 刘百秀. 社区资源整合的四大攻略［J］. 中国社会工作，2020（21）：36-37.

三、社区资源整合的策略

（一）社区资源整合的概念

资源整合是社区工作过程中的一项重要任务，社区问题成因复杂，往往需要集中多方面的资源和力量才能有效解决，因此社区工作过程中包含了资源整合的环节。社区组织及机构通过整合既有资源，挖掘并创新更多资源，促进各项资源之间的互补与互依，从而达到解决社区问题、促进社区发展的目标。资源整合涉及社区组织之间、居民与社区组织之间、辖区单位之间等的协调、合作。李伟梁认为，社区资源整合是指将社区相关的社会资源相互协调成一个整体，使之成为社区掌握、支配和动员资源的过程和状态[①]。王洁提出，资源整合是将社区中不同来源、不同种类的慈善资源进行识别、选择和组合，使资源发挥最大的服务功能，满足社区困难群体的实际需求。资源整合不仅包括同类别资源的积累优化，还包括不同类别资源的团结合作，如今，越来越多的专业社会工作者成为社区资源整合的组织者和引领者[②]。《社区社会工作服务指南》对资源整合作出了界定：在本社区内，通过协商、合作等方式，共享工作条件、互通服务信息、联合决策和行动，共同满足多样化社区服务需求[③]。

（二）社区资源整合的策略

当前社区资源不足是比较普遍的现象，也是社区服务发展的主要障碍，因此发展社区服务、推动社区治理都需要有效整合社区资源。整合社区资源是社区工作的重要任务，需要社会工作者运用专业的方法和技能，

---

① 李伟梁. 社区资源整合略论 [J]. 重庆邮电大学学报（社会科学版），2010，22（4）：123-128.

② 王洁. 地区发展模式下社区社会工作中的慈善资源整合研究 [D]. 广州：华南理工大学，2022.

③ 民政部关于发布《社区社会工作服务指南》等 5 项推荐性行业标准的公告 [EB/OL]. （2017-01-20）. https：//www.mca.gov.cn/images3/www/file/201701/1484893885134. PDF.

不仅要进行社区调查和专业化分析，而且需要广泛发动居民及社区组织参与。社区资源整合的步骤和方法如下。

1. 进行社区资源分析

通过社区调查，对社区资源情况进行总体了解和把握。社区资源的概念有不同的界定，通行的观点认为，只要是有助于解决社区问题、促进社区发展的要素，都可以看作社区资源。在调查的基础上，运用资源检查表等工具，对现有资源进行梳理，确定现实可用的资源、潜在的可以开发的资源以及难以开发的资源等几种类型，进一步从人力资源、物力资源、财力资源、文化资源和组织资源五个方面进行识别和确认，根据需要可以绘制社区资源地图。

2. 规划社区资源用途

在梳理清楚了社区资源情况的基础上，接下来要对如何使用资源进行规划和安排。结合社区资源地图呈现的信息，考虑社区资源的类型、属性、特征、数量等情况，根据社区问题及居民需求等现实情况，将相应的资源与解决问题的途径对接起来，盘活现有资源，最大限度地发挥资源的价值。这一规划设计主要停留在设想层面，但是对于后续工作过程中调动和整合资源具有非常重要的意义。

3. 促成供需双方有效对接

经过前期的规划设计，对于如何使用社区资源已经有了大体的方向和目标，下一步就要实现资源的有效对接，将社区资源的供给方与需求方联系起来，促成社区资源的流动，真正实现资源的价值，解决资源需求方的问题。在这个过程中，社会工作者可能会发挥中介的角色，帮助供需双方成功对接，建立联系，然后由双方共同商讨合作事宜；社会工作者也可能发挥经纪人的角色，在双方对接的基础上，基于现实因素考虑，积极促成双方的合作共赢，帮助其建立并维系合作关系。

4. 维系合作与发展

社区资源供需双方的合作关系不应该是一次性的，应该根据实际情况的变化，在促成合作的基础上，进一步维系发展社区资源。社会工作者要及时反思和评估双方合作成效，总结评估社区资源利用情况，根据评估结果决定是否继续合作。如果社区资源利用率不高，对于解决社区问题的作用有限，这类资源的价值并未充分发挥出来，进一步合作的意义不大，就要结束合作关系，另寻其他资源供给来源。如果资源利用率较高，成果显著，就考虑继续合作，并进一步规范合作关系，比如采用项目化形式进行运作，避免信息不对称造成过高的交易成本，降低双方从合作中获得的收益。无论合作是否要继续进行，都应该妥善处理双方的关系，避免发生冲突，影响后续合作的可能性。

第七章

社区治理的项目化运作

第一节　社区治理项目制

一、社区治理项目制的含义

项目是指在一定的时间和资源限制条件下，依据事情本身的内在逻辑，利用特定的组织形式，完成具有明确预期目标的一次性任务。社会治理体系中的"项目制"建立在分税制的财政制度基础上，在财权日益集中于中央的情况下，通过实行财政转移支付的再分配政策，以项目制的方式依靠"条线"体制在行政层级之外另行运作的机制①。项目制保留了项目执行过程中针对预期目标临时组织的特点，但在项目的整体运行环节将国家从中央到地方的各层级关系以及社会各领域统合起来治理，形成一种国家社会体制联动运行的机制②。

项目制是一种新的国家治理体制。通过国家财政的专项转移支付等项目手段，能够突破原有科层体制的束缚，遏制市场体制造成的分化效应，加大民生工程和公共服务的有效投入③。通过将市场经济中的竞争机制引入官僚组织体制，连接中央、地方、基层之间的权力、利益和创新关系④。

项目制是一种分级运作机制。项目制的分级运作机制涉及国家、地方政府与基层社区三个层级。国家部门通过"发包"机制，将项目任务下放到地方政府，地方政府再通过"打包"机制将这些任务整合后分配给基层

---

① 郭琳琳，段钢．项目制：一种新的公共治理逻辑 [J]．学海，2014 (5)：40-44.

② 渠敬东．项目制：一种新的国家治理体制 [J]．中国社会科学，2012 (5)：113-130+207.

③ 同②.

④ 同①.

社区，基层社区则通过"抓包"机制实施具体项目①。

项目制也是基层政府动员的新模式。通过集中资金管理权、特殊的人事安排权以及高效的动员程序等制度安排，重构科层体系，从"层级动员"转向"多线动员"，并形成以项目为中心的行政资源分配模式②。动员的主体包括政府行政部门和平台型社会组织。这种动员方式整合了个体需求，将分散的个体纳入组织体系，促进新公共空间的形成，是国家力量与社会力量双向互动形成的公共场域。③

项目制是社会组织参与城市基层社区治理的路径选择。通过国家和地方政府的委托授权和外包机制，既解决了社区治理中经常性的"市场失灵"和"政府失灵"问题，又推动了社区的有效治理。

二、社区治理项目制的特点

（一）分级治理机制的形成

项目制强调"自上而下"和"自下而上"两种既对立又互补的视角，形成了包括国家部门的"发包"机制、地方政府的"打包"机制和基层社区的"抓包"机制在内的分级"制度机制"运作模式④。这种分级治理机制有助于实现资源的有效配置和利用，也促进了地方政府在公共服务供给中的积极作用⑤。

---

① 折晓叶，陈婴婴.项目制的分级运作机制和治理逻辑：对"项目进村"案例的社会学分析 [J].中国社会科学，2011（4）：126-148+223.

② 陈家建.项目制与基层政府动员：对社会管理项目化运作的社会学考察 [J].中国社会科学，2013（2）：64-79+205.

③ 王清.通过项目进行动员：基层治理的策略与影响 [J].四川大学学报（哲学社会科学版），2020（5）：176-184.

④ 同①.

⑤ 李晓栋，常莹莹，颜秀珍，等.基于项目制的社区体育治理模式研究：结构、机制与成效 [J].天津体育学院学报，2022，37（3）：295-301.

（二）跨部门协同治理

项目制突破了政府、社会及市场的边界，推动了跨部门协同治理①。这种协同治理有助于整合不同部门和机构的资源与优势，共同应对社区治理中的复杂问题。

（三）赋权实践与社区自组织

项目制通过资源赋权、权力赋权等方式，整合政府行政力量和社会专业力量，解决社区居民参与度不足的问题②。同时，项目制的实施也促进了社区自下而上和自上而下的双轨动员治理，增强了社区自治信心和活力。

（四）项目制具有目标的有限性和组织的灵活性

这种有限性和灵活性有助于项目制更好地适应社区治理的需求，实现更加精准和有效的治理。

（五）多元化的资金来源渠道

项目制模式具有资金来源渠道的多元化特征。这有助于解决传统治理模式中资金来源单一的问题，为社区治理提供了更多的可能性和灵活性。

三、社区治理项目化的治理逻辑

（一）制度–行动主义转向

社区治理项目化的有效运作意味着社区治理正从"唯制度主义"转向"制度–行动主义"③。面对城市社会组织快速发展和社会治理重心向基层下移的基本现实，社区项目化治理能够将社会组织纳入城市社会治理体系，

---

① 沈费伟，张丙宣. 项目制：社会治理创新的模式与逻辑［J］. 长白学刊，2019（3）：110–118.

② 张瑞凯，孙通. 社区治理中项目制的赋权实践研究：以"社区创享计划"项目为例［J］. 社会政策研究，2020（4）：86–96.

③ 郑晓茹. 城市社区项目制治理的行动框架、逻辑与范畴研究［J］. 上海交通大学学报（哲学社会科学版），2018，26（5）：57–66.

充分发挥社会组织的作用，实现政府治理、社会调节和居民自治的良性互动，提高治理效率。

（二）嵌入式治理

政府通过对公共服务项目打包、发包、执行、监管的全程式主导和控制，实现对社会组织的政治嵌入、功能嵌入和结构嵌入。这种治理逻辑强调了政府与社会组织之间的合作，但也形成了政府对社会组织的嵌入性监控①。

（三）合作中的伙伴关系

项目制社会组织治理实践中，政府与社会组织之间建立了较为稳定的委托代理关系，共同参与对社会公共事务的治理实践，形成了一种相互合作、平等协商、责任共担、利益共享的关系②。

第二节　社区治理项目制的影响

一、社区治理项目化对主要参与主体的影响

（一）重构政府与基层政府的关系，改变治理结构

动员方式的转变。传统的基层政府动员方式主要是行政动员，这种方式在一定程度上限制了基层政府的主动性和积极性。社区的项目化治理通过引入社会组织和平台型组织参与社区治理，实现了从行政动员到社会动员的转变，这不仅降低了政府动员的成本，也促进了新公共空间的形成③。

---

① 吴斌才. 从分类控制到嵌入式治理：项目制运作背后的社会组织治理转型 [J]. 甘肃行政学院学报，2016（3）：80-87+128.

② 尹广文. 项目制治理：一种新的社会组织治理的理论与实践 [J]. 广西师范大学学报（哲学社会科学版），2016，52（3）：39-45.

③ 王清. 通过项目进行动员：基层治理的策略与影响 [J]. 四川大学学报（哲学社会科学版），2020（5）：176-184.

这种转变有助于激发基层政府的主动性和积极性，重构各级政府之间的关系①。

资源和权力的下放。社区的项目化治理强调资源和权力的下放，鼓励基层政府和社会组织根据自身条件和需求，自主开展社区治理活动。这种做法有助于增强基层政府的自主性和灵活性，使其能够更好地响应社区居民的需求和期望②。同时，这也促进了社区资源的有效利用和社会力量的积极参与。

基层政府角色的多元化。在社区的项目化治理中，基层政府从单一的管理者转变为服务提供者、协调监督者。角色的多元化要求基层政府不仅要关注公共服务的提供，还要参与社区自治组织的建设和发展，与社区自治组织建立良性互动机制③。

（二）改变政府与社会组织的关系，推动社会组织发展

通过项目化的方式，政府与社会组织共同参与社区治理，形成了一种更为平等、互利的合作关系。政府与社会组织的关系从"依附控制型"转变为"依附合作型"④，政府不再单方面地对社会组织进行管理和控制，合作关系的建立，既有助于提高社区治理的效率和效果，也促进了社区社会组织的发展和完善。

在这一模式下，各级政府、企业、基金会等资源拥有者以项目的形式提供资金支持，各级政府，非营利性、志愿性、自治性社会组织则通过项目申请资金以完成专业化的社会服务，二者共同在项目中参与社会治理。社会组织可以作为独立的单元参与社会治理，以便更好地发挥其主体作

---

① 陈长虹，黄祖军. 从运动式到项目化：论基层政府动员转型 [J]. 经济与社会发展，2014，12（1）：61-65.

② 刘群伟. 城市社区项目制治理的运行机制研究 [D]. 重庆：重庆大学，2021.

③ 刘洁. 基层政府在社区治理共同体中的角色定位 [J]. 人民论坛，2021（26）：90-92.

④ 张琼文，韦克难，陈家建. 项目化运作对社区社会组织发展的影响 [J]. 城市问题，2015（11）：79-84.

用，而国家政府则更多的是资源的提供者和服务过程的监督和评价者①。

（三）强化居民参与，增强居民自治能力

项目制通过资源赋权、权力赋权等方式，整合政府行政力量和社会专业力量，为社区居民提供了更多参与社区治理的机会和平台。这在一定程度上解决了社区治理中社区居民参与度不足的问题②。

项目制涉及多方参与，包括政府、社会组织、企业以及社区居民等。政府作为购买方，社会组织作为承接方，共同参与对社会公共事务的治理实践，形成一种相互合作、平等协商、责任共担、利益共享的"合作中的伙伴关系"。

二、社区治理项目化的成效

（一）促进政府公共服务的效能

在项目化社区治理中，政府购买服务的形式，打破了过去由政府单一主导的社会治理格局，这不仅是政府职能转变、简政放权的体现，也在一定程度上推动了"小政府、大社会"治理格局的形成。通过项目制，政府以公共财政支付的方式向社会组织授权公共服务的管理和实施，并整合各方资源与参与主体。这一做法使政府能够更加有效地管理和控制基层社区，同时强化了政府在社区治理中的权威③。

项目化社区治理还改变了传统的社会治理方式。过去由于国家对资源和权威的垄断性占有而形成的"总体性支配"式的行政命令，如今转变为以专业化、技术化、高效化为特征的"技术性治理"，这种治理方式则是基于对项目的设计、招标、管理、监控和评估。

---

① 尹广文 . 项目制治理：一种新的社会组织治理的理论与实践［J］. 广西师范大学学报（哲学社会科学版），2016，52（3）：39-45.

② 张瑞凯，孙通 . 社区治理中项目制的赋权实践研究：以"社区创享计划"项目为例［J］. 社会政策研究，2020（4）：86-96.

③ 尹广文 . 项目制运作：社会组织参与城市基层社区治理的路径选择［J］. 云南行政学院学报，2017，19（3）：127-133.

（二）提供社会组织的生存发展空间

政府购买服务的方式，为各类社会组织的发展提供了物质基础，创造了有利条件，使其能够参与基层社区治理。社会组织在社区治理中的灵活性、专业化、高效能等优势，能够较好地满足社区居民多样化的需求，这不仅提升了社会组织的社会认可度，也扩大了其社会影响力，进而创造了更大的发展空间。

（三）推动社区居民参与与自治

通过项目制形式，政府、市场和各类社会组织的力量得以有效整合进基层社区治理。这一整合，在满足社区居民多样化的公共服务需求的同时，也为社区基层组织争取更多的项目支持和资源介入提供了动力。为了吸引更多的项目支持和资源介入，社区基层组织会广泛动员，整合社区力量，推动社区居民参与社区公共事务。这种方式不仅有助于改善社区的主客观环境，还能有效提升社区居民的参与意识和参与能力，从而为真正实现社区自治营造良好的氛围。

三、社区治理项目化面临的挑战

（一）社会组织独立性缺失

从组织合法性的角度来看，社区社会组织只有获得来自政府的官方认可，才能在获取资源和活动执行等方面获得便利，从而发挥其在社区治理中的作用。但是目前，社区社会组织的资源主要依赖于政府直接提供或服务购买项目，即便是社会组织主动申请政府购买服务的项目，也必须经过政府审核并由其提供资源支持。因此，社区社会组织本应当与其他参与主体保持平等协同的"主体-主体"关系，实际上却往往呈现出"主体-客体"式的依附关系，失去了应有的独立性①。

---

① 于海利，李全利. 社会组织参与社区治理的实践困境及优化路径 [J]. 中国国情国力，2019（4）：27-30.

（二）社区社会组织参与效能不高

虽然现有政策对于社会组织如何发挥自身效能、参与社区治理进行了广泛的阐述，但对具体的参与方式、参与程度等则缺乏细致的指导。目前，社区社会组织的参与方式仍显被动，未能真正以治理主体的身份深入参与社区治理，许多社会组织未能涉及社区发展决策、民主协商等实质性的治理内容，这导致其在社区治理中的参与效能不高。社区社会组织的参与热情和自治能力未能得到充分激发，不能有效发挥其应有的作用。

（三）社区服务难以精准满足居民需求

社区服务难以精准满足居民需求主要表现在难以精准识别服务需求、制定有效的服务规划以及合理配置服务供给主体等方面。服务需求识别缺乏科学有效的需求评估，无法触及居民的真实需求。服务规划的制定多为框架性的设计，地方政府的规划往往缺乏可操作的具体设计，未能充分考虑到服务供给主体、供给方式、具体内容、具体对象、供给时间规划等关键要素。在服务供给主体方面，专业化的供给主体——社会组织与服务对象难以精准对接①。

第三节　社区治理的项目管理

一、项目管理的含义

（一）项目管理的概念

项目管理是一种管理方法，通过一套系统的知识、工具和技术，帮助项目管理者在一定时间范围内，为了完成预定的目标，更好地规划、组织及管理各种资源，掌握何时该完成何种任务，避免因为项目管理者各自经

---

① 陈秀红. 城市社区治理的制度演进、实践困境及破解之道："十四五"时期城市社区治理的重点任务 [J] . 天津社会科学，2021（2）：75-79.

验的参差而导致效果出现落差①。

（二）项目管理的阶段

美国项目管理协会将项目划分为启动、策划、实施、监控、收尾五个阶段。

（1）启动阶段标志着项目的开始。在这一阶段，需要确立项目的初步目标、预算及完成时段，并形成项目章程。项目的启动有两种方式：自上而下的启动是组织的管理者出于某种需要，指定以项目的形式介入；自下而上的启动则是社会组织的一线工作人员在工作中发现未被满足的需求，由此产生项目构想，并向上级提出以项目的形式介入。

（2）策划阶段是针对项目所关注的问题，制订一个切实可行的回应方案的过程，主要包括3项工作：①确定项目范围。通过向项目相关方收集信息，界定出项目要回应的明确问题和服务群体，并明确项目的服务范围，设定目标。②设计项目内容。根据以上预定目标，设计服务方案内容，并据此规划服务进度、分配团队成员责任。③完成项目方案。根据以上方案设计，作出人力资源、预算、监测与评估、风险管理等相关事宜安排，最终形成方案。

（3）实施阶段是按照项目方案开展工作的阶段，通过调动项目所需的人力、物力、财力等资源，完成预定工作。其间还包括对外与项目相关方的沟通，以及对内管理项目团队。

（4）监控阶段是指对项目的监测与控制，通过监测情况，适当调整项目实施。主要包括对项目预算、进度与表现的监测，以及对变更事项的控制。这一阶段贯穿相关管理全过程。

（5）收尾阶段标志着项目的结束，是出资方交付项目成果的阶段。但项目成果的成功交付有赖于项目策划阶段已经确定的交付要求。

---

① 美国项目管理协会.项目管理知识体系指南［M］.5版.北京：电子工业出版社，2013：63.

二、项目管理的逻辑模式

（一）逻辑模式的五个环节

（1）投入，指投入的资源，包括服务对象、工作人员、物质材料、设备设施等。考虑投入的资源时，需要采用成效导向的思维，即要达到项目的效果，需要哪些投入。

（2）活动，指用投入的资源来达到目标的各种活动。这里的活动特指完成项目所需的所有工作事项和专业服务。为了保证活动效果不因工作人员的经验差异而差别明显，需要规范各个活动的程序。

（3）产出，指活动的直接产物。可以采用活动、事件或接触、物资等作为单位进行测量。

（4）成效，指项目结束时，为服务对象带来的改变，包括知识、技巧、行为、态度、能力等方面的改变。

（5）影响，指通过实施项目，对组织、社区、个人等带来的整体改变及深远的影响。

（二）应用逻辑模式的项目管理

一个应用逻辑模式的项目管理过程会遵循成效导向，先考虑项目要回应的问题，期望项目的实施带来哪些长远的影响；继而思考为了达到这一长远影响，需要在项目结束之时达成什么成效；要达成这些成效，需要获得哪些产出。以上三个方面，是项目实施后预计的效果，据此进一步规划，要达到项目的产出，需要完成哪些活动？而这些活动需要什么投入？以上两个方面，是项目计划的工作。

按照这一逻辑模式，就可以根据期望的结果反推出项目要做的工作，从而设计出项目方案。而到了项目实施阶段，则将以上步骤反过来，从投入开始，促成活动的完成，获得预期的产出，达到期望的成效，并产生深远的影响。

三、项目策划的准备工作

（一）明确界定项目回应的问题

通常，项目的启动源于某个初步的问题或现象，如某个个体或群体遇到的困境。但这些困境和现象只是项目真正要回应的问题的表象，不能概括问题的全貌，如果直接以问题的表象作为项目要回应的问题去设计项目方案，会使项目缺乏说服力，也会影响项目实施的效果。

因此，需要先检视对于现有问题的了解程度以及相关资料的掌握情况。这时要关注：问题与谁相关？它们有哪些特征？受到困扰的个人或群体如何看待这一问题，以及问题带来的影响有哪些。

在检视的基础上，可以逐步确定项目的目标服务对象，从服务范围里与初步问题相关的所有人士开始，首先找出其中比较容易出现问题的群体，也就是处于危机的群体；其次从处于危机的群体中，锁定已经受到困扰并且有紧迫服务需求的群体；最后，考虑客观条件的限制，确定最终能够获得服务的群体，即项目的服务对象。

（二）分析问题，确定目标策略

确定了项目要回应的明确问题后，需要向下追问探寻问题产生的原因，向上推论问题带来的消极后果，再逐一将原因与导致的后果关联配对。由此，对项目要回应的问题作出全面分析。

基于以上分析，转换思维和表达方式，将项目回应的核心问题转化为项目实施的重点，将问题产生的原因转化为项目要达到的目标，将问题带来的消极后果转化为问题解决后的积极结果。由此，便可确定项目的目标策略。

需要注意的是，在将问题转化为目标的过程中，并非所有的问题都可以通过简单的正向陈述的方式转化为可行的目标策略，有时候语言表达转换之后，所提出的目标策略不具有可行性，这时就需要项目管理者灵活处理，尽量在能力和现实许可的范围内实施目标策略。如果实在超出项目或所在社会组织所能覆盖的范围，可以暂时不予处理。

（三）转换视角，发现资源

由于大多数的项目缘起是具体的问题或现象，因而在策划方案时，项目管理者难免较多采用问题视角，只看到服务对象陷入困境，却忽略了服务对象自身、项目实施环境中所能调动的资源。因此，在充分认识项目要回应的问题之后，应该采用优势视角，挖掘项目实施的有利资源。

在社区治理过程中，首先要了解所在社区的基本资源，可以通过个别访谈或焦点小组的形式，向相关人士提问，同时辅以在社区中的观察。

此外，对于能够在项目实施中发挥作用的关键人物，可以进一步单独做激发动力的访谈。通过欣赏式访谈，邀请关键人物回顾、分享过往成功经验，从这一经验中挖掘成功因素、个人优势等项目可用资源。最后，联结关键人物的成功要素与项目要回应的问题，并邀请关键人物参与项目实施的相关事宜。

（四）了解项目相关方

所有与项目有关的人、群体或组织，都被认为是项目的相关方。其中，能够对项目起主要影响作用的群体，或者项目主要影响到的群体是项目的主要相关方，如项目的服务对象，就是项目管理者需要重点关注的群体。但是，以上提及的影响可能是积极的影响，也可能是消极的影响，因此，基于项目对自身带来的影响，相关方或许会助力项目实施，也可能会阻挠项目的实施。他们对项目的成败有至关重要的影响，所以需要谨慎处理与相关方的关系。

处理关系的前提是对项目的相关方作出准确的判断，主要依据其对项目的重要性和影响力两个要素综合判断。重要性是指相关方对项目进行处置的权利；影响力是指相关方的态度、意见、行为等对项目产生的影响。

综合以上两个要素，可以得出应对相关方的四种策略。重要性高但影响力低的相关方，如项目受益群体，需要"特别关注"，确保其利益受到保护；重要性和影响力都很高的相关方，需要与之保持"良好关系"，确保其对项目给予足够的支持；重要性低但影响力高的相关方，可能给项目带来潜在风险，因此需要"小心处理"；而重要性和影响力都低的相关方，可以"暂时不理"，必要时对其进行监测即可。

在项目实施阶段，不同的相关方参与项目的程度不同，大致可以分为两类：咨询与参与，咨询的层次比参与的层次浅。其中，咨询包括分享信息、听取意见、共同参与需要评估三个层次；参与包括共同参与决策、协作、赋权三个层次。结合上文所述的应对策略可知，重要性低但影响力高的相关方，主要是咨询；重要性与影响力都很高的相关方，主要是咨询和浅层的参与；而重要性高但影响力低的相关方，即项目的服务对象，则各层次的咨询和参与都适用。

四、项目方案设计

（一）界定方案范围

在设计具体方案时，我们需要考虑如何取舍前述准备工作中确定的目标策略。通常，我们出于对现实条件与工作效率的考虑，不会将分析出的目标策略悉数放入项目方案中，而是要对已经分析出的策略进行梳理和筛选，以确定项目要做哪些事，不做哪些事。

基于前期工作中确定的目标策略确定方案范围，我们需要考虑如下基本原则：该目标策略是否能够回应所在社会组织的使命与愿景？实施该策略对服务对象的利益影响有多大？达到此目标策略的成功率有多高？项目团队及所在社会组织解决问题的能力有多大？所需经费能否承担？实施该目标策略的风险有多高？项目是否具有可持续性？如此，选取出的目标策略就可成为项目方案的目标，再根据这些方案目标，设计出具体内容，就是项目内容的雏形。

此外，我们也可以采取整合性思维，同时整合目标策略、资源策略和应对相关方策略，建构起对项目所回应问题的整体认知，再进一步界定方案范围。或者是基于特定的理论与研究提出的观点、介入思路及步骤，界定方案范围。

（二）设定方案的目的和目标

1. 目的和目标的层次

设定方案的目的和目标需要首先明确项目中目的和目标的层次结构。项目的目的是指通过项目实施所期望达到的长远成果，这一成果不一定在项目结束时完全实现，相当于逻辑模式中的"影响"，因此通常用概括性的语言进行表述。而目标是在目的之下的具体指向，又分为成果目标和过程目标。其中，成果目标是在项目结束时期望达到的具体成效，是为了实现总体目的而设定的，一般用具体的语言加以陈述。过程目标则是在项目实施过程中，为了达到成果目标而采取的具体方法。在过程目标之下，还有为了实现过程目标而设定的各种特定任务，称为活动，即目的和成果目标确定了方案的行动框架，而过程目标和活动是实现行动框架的具体任务。

2. 目的的设定

方案的目的是项目实施所期望达到的终极理想状态，因此只要能表明项目的整体方向即可，一般不需要具体的、可测量的指标。然而在实际操作中，方案书写者常常将项目目的写得很"高大上"，却不够聚焦项目主题。项目的目的用以说明项目关注的社会问题应如何处理，并为此提出解决方案。因此，需要呼应项目回应的问题，并且简洁有力地表明项目在回应问题时采取的立场。具体地，可以从项目的服务对象、服务对象的改变范围、项目方案期望达到的最终理想状态几个方面进行设定。

3. 目标的设定

设定目标时，通常遵循 SMART 原则。Specific 具体的，目标要表明具体的范围，而且能回应问题，避免出现模棱两可的表述；Measurable 可测量的，用量化的方式表述，以方便判断目标是否已经达到预期的水平；Attainable 可达到的，目标要是项目团队能力所及的，太高的目标会影响士气，太低的目标则会导致轻视和拖延；Relevant 相关的，目标要与具体的效果相关，能有效解决问题；Time-bound 有期限的，目标要有一定的完成时限。

书写出几个项目目标后，可以进行整体上的检视：目标提及的改变范围与原来的设想是否一致？目标的提出是否是站在服务对象的立场上？是否采用了可观测变化的动词？目标之间是否有重叠？

（三）设计方案内容

设计方案内容主要通过两项工作来完成：分解工作和规划时间。

分解工作是将项目分解为需要达到的目标，即成果目标；再把目标分解为需要完成的任务，即过程目标；再把任务分解为活动，把活动分解为工作包。如此，逐层分解，直到再也不能分解，最底层的为工作包。最终形成工作分解结构。

规划时间常用甘特图来实现，基于工作分解结构，将目标、任务、活动、工作包各层级的内容填入甘特图，分别进行时间安排。为了更直观地展示项目工作量及进展，实务操作中还会将形式、指标量、对象、人数、地点、负责人等要素整合到甘特图中。

（四）项目方案的书写

首先要考虑项目方案的目标阅读群体，一般包括项目团队成员、社会组织管理者、出资方、社会公众等。不同的读者对项目方案的期待不同，因此具体的书写内容要有所区别。如面向团队成员或管理者的方案，要尽量全面详细，体现专业性和可操作性；面向出资方的方案，要多提及项目回应的社会问题与解决方法、项目的可行性、项目成效及所需费用等；面向社会公众的方案，要图文并茂、有引发共鸣的故事更有说服力。

基本上，项目方案的书写要包括以下元素：项目基本信息，项目简介，实施方简介，项目回应的社会问题，问题的解决方案，项目成效，经费预算，风险与对策，其他需要让读者了解的信息。

五、项目管理

（一）项目的成本管理

1. 编制方案预算

项目的成本管理包括估算成本、预算成本和控制成本。

估算成本是对项目各项活动所需的费用进行近似估算的过程。我们可以邀请专家，依据其经验和知识，或根据过往的类似项目的实际费用，自上而下地估算；也可以工作分解结构为基础，对其中的活动和工作包里的各项活动进行自下而上的估算。

预算成本建立在估算成本的基础上，依据估算的结果计算并汇总项目各项活动所需的费用。方案预算应包含员工薪酬与福利、活动经费、设施与设备、管理费用四类。同时要预留部分费用作为应急成本和管理储备，前者用于应对已识别的风险，后者用于应对不可预见的风险。此外，在编制预算时，需要区分直接成本与间接成本，仅用于某一特定项目并使该项目产生服务效益的费用才是直接成本；可同时用于多个项目的费用为间接成本，要按照一定的分配方法分摊到这些项目的预算里。而对于已经存在或将会获得额外支持的物资，无须从项目中支出的，用"已整合"说明。

控制成本是通过检查项目费用的实际使用情况，监测实际支出与预算是否有偏差，确保已核准的变更都包括在预算中，并通知到相关方。需要注意的是，当项目预算变更时，其他控制过程的变更工作也要相应启动。

2. 开展项目筹资

（1）在正式开展筹资之前，需要先考虑清楚以下几个问题。

①筹资的目的。除了获得项目所需经费，筹资也是对外推广项目的良机，因此需要在筹资的同时设法增加与支持者的互动，顺势推广社会组织的使命和服务。

②筹资的对象。主要有个人、企业、基金会和政府。不同筹资对象的利益诉求相异，需要考虑到他们的独特关注点，用以说服对方。

③筹资的途径。常见的有投标、项目创投、众筹、商业赞助、举办特别活动、收费服务等。

④筹资所需经费与时间。经费方面考虑的是全额还是部分筹资；时间方面也不能无限制，以免影响项目的推进。

⑤筹资的资源和风险。资源包括有形资源和无形资源，前者是指有筹资经验的人、能够链接资源的中间人、志愿者网络等；后者是项目发起人和所在社会组织的信用度。风险主要是指筹资行为的合法性、款项能否如期到位、违约赔偿事宜等。

（2）筹资成功的四个要素：

①筹资相关方的三角关系。项目的实施方也是服务的提供者，处于服务受益者与项目赞助者之间，与服务受益者通过提供有效的方案解决其面临的问题进行联结，与项目的赞助者通过双方的信任关系进行联结。同时，我们还需要从服务受益者身上挖掘能引起共鸣的故事要素，以打动出资方参与项目。

②感人的故事。来自服务受益者的真实经历，无论是陷入困境的无助，还是尝试突破的努力，都隐含着项目要回应的问题及其迫切性，真实的力量可以打动出资方。

③Why-how-what 组合。由感人的故事引发筹资对象的关注，继而带出项目回应的问题及其迫切性（why）；然后提出该项目解决问题的方法和信念（how）；再进一步介绍项目的具体内容（what）。

④可带来的改变。至此，筹资对象最关心的是，如果项目按计划实施，将会解决什么社会问题、为服务对象带来怎样的改变。以项目的目的和目标为基础，辅以数据表达，可以增强说服力。

（二）项目的风险管理

风险管理有四个环节：识别风险，即识别出项目可能遇到的风险；分析风险，即分析风险出现的可能性及其影响力；制定应对措施，即根据分析结果制定应对措施；定期评估风险，即除以上环节之外，定期监测已发现的风险，并随时评估新风险。

风险出现的可能性和影响力是分析风险的两个主要参数。可能性是风险发生的概率,一般分为高、中、低三个级别。影响力是风险一旦发生,对项目的影响程度,包括对预算、进度、表现的影响,也可分为高、中、低三个级别。

处理风险的对策有四种:回避、转移、减轻和接受。回避是修订或放弃执行方案,以保护项目免受风险影响。转移是通过买保险、签订承诺书等措施,将风险转移给第三方承担。减轻是提前采取预防措施,以降低风险发生的可能性和影响力。接受是接受风险,制定应对措施,迎接风险的随时发生。

综合以上参数和对策,当风险发生的可能性和影响力较大时,可以采取回避和减轻对策;当风险发生的可能性和影响力较小时,常采用转移和接受对策。

(三)项目的人事管理

项目管理中的人力资源管理主要包括四个过程:规划人力资源管理,即确定项目所需岗位、职责、组织架构、汇报机制等,以制订人力资源管理计划;组建团队,即与上级沟通并确定招聘条件及待遇,举办招聘会,选拔符合条件的应聘者,分配职责;建设团队,即培养团队成员,创建团队文化,提高项目绩效;管理团队,即跟踪团队成员的工作表现,提供反馈,解决问题,管理冲突,提高员工绩效。

六、项目监测与评估

(一)项目监测

项目监测包括监测内容、监测对象、监测时间与监测方法。

监测内容:主要包括项目预算、项目进度和项目表现三个方面。项目预算的监测涉及以下内容:项目支出是否控制在预算内,各预算内容的运用情况如何,是否超支,是否有效地投入了资源。项目进度的监测主要关注实际执行是否依据项目方案所设计的各项任务,进度是否在控制之内,是否有拖延，对项目表现的监测则主要评估各项任务是否有效达到了该任务的目标，项目执行过程中所使用的手法是否合适。

监测对象：指由谁监测及向谁监测。由于监测一般为内部工作，因此监测者主要是社会组织的管理者、项目的管理者。通常每项任务设置两名监测人员：一名为上级领导，主要跟进项目的重点事项，监测者可以是上级项目督导；一名为团队成员，负责对照项目方案监测项目的实施情况，监测者可以是项目管理者。

监测时间：整体上贯穿项目管理过程始终，在不同的项目阶段有不同的监测重点。监测的频率由监测内容和实际情况决定。

监测方法：定期收集监测所需的资料，包括项目实施阶段的各种记录或表格；报告，项目团队定期对监测的信息整理、分析和书写，作为项目进展汇报；现场检查，收集额外信息，或确认已经收集到的信息；督导和现场督导，定期对团队成员进行督导，提供适当的指导；会议，定期召开会议向团队成员及相关人士汇报进展，分析经验和困难，提出建议。

（二）项目评估

项目评估包括评估内容、评估对象、评估时间与评估方法。

评估内容：主要包括效率、成效和影响三个方面。效率评估关注项目是否有效利用投入和资源，以获得最多的产出。成效评估主要衡量项目是否为服务对象带来了预期的益处或改变。影响评估则侧重于项目是否给组织、社区或体制带来了整体的改变和深远的影响。

评估对象：分为内部评估和外部评估。内部评估由机构管理层、项目管理者和项目成员共同参与。外部评估由出资方针对项目委托第三方评估机构进行，以团队成员、服务对象、社会组织管理层及合作伙伴、出资方作为主要的评估对象。

评估时间：主要是在项目收尾时一次性进行，即末期评估。有些项目会在项目实施过程中进行中期评估。

评估方法：调查研究法，通过调查了解被访者的现状和历史状况，以及他们对关注的问题的态度或观点。观察法，依据研究目的和提纲，直接观察被访者的行为和表现。分析现有数据和资料，主要是分析项目实施过程中的相关数据和日常运作资料。焦点小组，邀请服务对象、出资方、团体成员等参与小组讨论，并收集他们对项目服务的意见和建议。个人访谈，与受访者一对一交流，深入了解其观点和需求。

第八章
社区治理的总体性实践研究

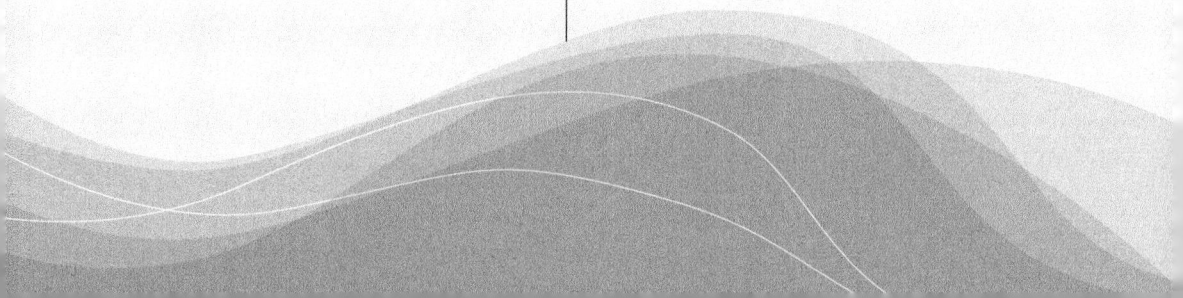

社区多元治理主体分析是一种静态的讨论，而治理本身意味着实践。接下来，我们将从实践的角度审视社区治理。这包括面向社区整体的一种总体性实践，以及面向不同群体的社区治理实践。本书作者针对地方社区治理实践，通过观察、访谈、既有资料查阅等方式获取了大量材料，一方面尽量呈现案例的内容，另一方面注重从研究的角度审视和反思这些案例。

第一节　党团共建社区治理的本土实践与反思

在地方实践中，党建引领成为重要品牌。这里以某地社会工作机构开展的党团共建社会工作服务项目为例，研究党建引领社区治理实践方式及问题。

一、党团共建社区治理项目的基本情况

（一）社区党团组织网络

H 社区位于中心城区东北部，三面环水，地理位置优越。辖区占地面积 0.2 平方千米，驻地有 S 区委党校、L 市十二中、商圈、购物中心等 30 多家单位，还有居民小区（东、西、北区）、党校家属院等 8 个居住小区，常住人口 10000 余人。

2004 年 9 月，该社区成立党总支，下设 3 个党支部，党员 119 名。2006 年，根据全市城市建设整体部署，社区实施整体拆迁；2011 年实现回迁。2014 年，社区投资 600 余万元，建成党群服务中心，中心设阅览室等 10 余处功能完备、设施齐全的场所；2016 年 9 月，社区建立"大党委制"，在辖区内 30 多个企事业单位中选聘 5 名兼职委员，与社区党总支形

成"5+5"的共建模式。2021年社区进行了"两委"换届，并优化居委会配套组织9个，此次换届让社区"两委"班子越来越年轻化，推动社区干部特别是带头人队伍整体优化提升，实现了书记、主任"一肩挑"，为全面推进社区今后的振兴奠定了坚实的组织基础。2021年该社区被评为"和谐社区建设"省级示范单位。

该社区团总支下设四个团支部，截至2021年底共有团员143人。2021年，社区被选为市级"青春社区"试点。社区探索"1+3"青春工作法，围绕青年之家线上线下平台，依托社工服务项目，团干部、社会工作者和志愿者多方联动，以服务辖区青少年为中心，以争创"五四"红旗团支部为抓手，以丰富多彩的活动为载体，坚持"党建带团建 团建促党建"党团互动发展，在推动社区青年参与、解决社区群众诉求、促进社区建设方面发挥了重要作用。

（二）社区需求分析

一是该社区属于回迁社区，除去原住居民，还有一部分外来住户，这些住户和原住居民交集少，社区的集体性活动较少，居民的娱乐需求较多。再加上中青年人都外出打工或工作居多，社区里老年人口比重高，老年人对于文化及健康养生的需求较高。

二是该社区党建服务以社区内流动党员、离退休党员以及困难党员为主，针对社区党员党性建设需要以及大党委体制发展需求，开展区域化党建工作，活跃区域内党员群体与社会单位团体，以党建带动团建，促进社区的和谐发展。

三是该社区辖区内共有青少年1200余人，其中8~15岁中小学生600余人，社区为回迁社区，除社区本地居民之外，外来人口较多，外来青少年所占比例较大。社区青少年由于父母忙于上班，无暇顾及孩子，亲子互动活动较少，隔辈教育问题明显；由于现在的独生子女较多，青少年的抗挫折能力较差；社区青少年主人翁意识淡薄。

（三）实施思路

基于社区需求，开展党建服务的同时，掌握社区内青少年发展动态，及时开展青少年服务，将社区党建与青少年团建相结合，探索社区党建带团建，团建促党建道路。发挥党员带头争优创先的作用，鼓励青少年"走近党、了解党、支持党"。支持共青团工作发展，创新工作机制，引导青少年发挥自身优势，促进工作发展。同时发挥社区社会工作者整合资源的优势，链接周边社会资源与社会组织，扩大项目影响范围，实现区域内资源共享，党建工作与共青团工作协同发展，一带一促，构建区域发展新动向。

建立"三社联动"机制，共同参与社区文明城市创建工作。开展文化惠民活动，文艺创作等活动，丰富居民文化生活，提升社区文化品牌形象，铸就文化之魂。以社区新时代文明实践站为平台，充分整合社区现有资源，面向社区居民开展形式多样的实践活动，以社工+志愿者的活动形式，发动更多社区居民参与社区服务。

二、党团共建社区治理项目的实施情况

（一）需求评估

为进一步了解服务对象的需求，更好地为社区内党员群体、青少年群体以及社区居民开展服务，项目组以问卷调查和入户探访的形式对辖区100户社区居民进行需求评估调查，了解服务对象需求，制订具有地域特色的服务计划。另外，针对辖区内离退休党员主要通过个别访谈和问卷调查等方法进行需求评估，并制定策略性党建服务措施。定期开展社区需求评估走访可以进一步拉近社会工作者与居民之间的距离，同时，也为日后志愿者更深入地开展探访服务打下了基础。

（二）"热血·铸党魂"社区党建服务

党员主题教育活动。辅助社区党总支开展党员学习教育活动，认真学习贯彻习近平总书记系列讲话，推动全面从严治党向基层延伸。持续开展党史学习教育，教育引导广大党员牢记初心使命，在百年党史学习中激发前进力量，将党史学习教育与弘扬爱国主义精神、为群众办实事融为一

体。深入学习贯彻习近平总书记"七一"重要讲话，高举中国特色社会主义伟大旗帜，坚持实干，不忘初心，砥砺前行，做一名合格党员。

党团互动活动。党团互动活动开展了党史教育主题观影活动、学党史党团共建主题教育活动、中秋节慰问老党员、"党旗红·领成长"系列活动等。在党建工作的带动下，不断推进团的建设，呈现出党团建设共同发展的局面。

党团志愿服务活动。党员志愿服务活动开展了"邻里守望、温情社区"志愿服务活动、"送学上门"志愿服务活动、听党员母亲讲党史主题活动、重阳节走访活动、"公筷公勺"宣传志愿服务活动等。通过社区志愿活动，带领社区离退休党员群体、在职党员和青少年团员积极投身公益和志愿服务活动，承担社会责任，把自己的爱心奉献给社会。

（三）"青春·益成长"社区青少年服务

针对青少年课堂外知识补充及拓展活动需求，开展"魅力周末"以及"成长训练营"活动，补充青少年第二课堂知识，通过拓展训练发掘青少年能力，促进青少年全面发展。同时项目还为社区青少年提供图书阅读、课业辅导常规服务活动，进一步满足了社区青少年的学习需求。

（四）"同心·践文明"社区文化服务

年度内开展大型的社区类活动包括家庭教育公益讲座活动、"新时代艺起来"社区青少年街舞公益课堂、"6·5世界环境日"环保志愿服务活动、"树良好家风，育优秀孩子"主题家长学校活动。以社区为基础、社会组织为载体，依托社会工作服务项目，建立"三社联动"机制，共同参与社区文明城市创建工作。以社区新时代文明实践站为平台，充分整合社区现有资源，面向社区居民开展形式多样的实践活动，用活"讲、评、帮、乐、庆"五种形式推动文明实践做实。

（五）开展个案工作

除了开展常规性服务和策略性服务的，项目日常接受社区居民求助，在一年的服务时间中，为社区青少年及其家长提供了包括家长如何培养孩子的学习习惯、家长如何与孩子相处、青少年如何与家长沟通等服务，为社区居民解决各种疑虑困惑。通过咨询，在如何让青少年健康成长的问题上为家长提供了有效的建议，为社区居民提供了一个支持和交流的平台，真正地形成了有问题找社会工作者，有困难找社会工作者的氛围，提高了社区居民的幸福指数。

（六）项目志愿者及实习生工作

驻地单位志愿服务。项目社会工作者积极联系驻地单位志愿者和其他社会组织为社区居民开展志愿服务，与新概念教育、市街舞联盟、市模特艺术协会、区科协等建立合作关系，继续与眼科医院、市十二中、区人民法院、区人民检察院、街道社区卫生服务中心和市第三人民医院等保持合作关系。

服务项目开展期间，通过"青鸟计划"吸引了大学生志愿者参与志愿服务，协助社会工作者开展了"守护童心 迎新贺岁"社区青少年寒假系列活动。暑期项目通过青年之家吸引 2 名大学生志愿者协助社会工作者开展参与"彩虹童年，社工相伴"公益夏令营系列活动。

专业实习生助力项目。社会工作者专业实习生进入社区开始了为期两个月的专业实习，协助社会工作者提供"热血·铸党魂"社区党建服务、"青春·益成长"社区青少年服务、"同心·践文明"社区文化服务等专业服务。

三、党团共建社区治理项目的反思

（一）党建引领的作用

当前，党建引领社区治理是主流的治理模式。然而，党建何以引领？党建引领的必要前提是什么？"党建引领基层治理"的前提是以高质量的党建工作领导和推进基层治理，是有形且有力、有效的基层党建，核心是党①。该项目服务目标很特殊，即是面向党建，增强党建引领的力量。

改变过去由党务工作者开展党建的方式。该项目通过社会工作者开展党员学习教育活动，为区域内党员群体建立常规、长效的服务平台，紧密联系社区党组织负责人、党员以及居民群众，了解党建工作存在的问题及困难，广泛征求意见建议，对于党员群众反映的问题作出及时回应。项目借助社区党员力量，通过开展党章学习、社区活动等形式，丰富党员的精神文化生活，提高党员的归属感和幸福指数，增强党员党性建设，鼓励党员思维创新，在学习中及时总结。该项目中这种党建的引领作用体现在退休党员积极参与社区志愿服务上。

尽管如此，该项目中党建特色服务并没有常态化开展，党建引领作用不够凸显。虽然项目中开展了"党旗红·领成长"党团共建主题活动、学党史党团共建主题活动，但都是阶段性的服务，目前还未形成常态化服务。后期活动开展考虑将党建特色服务适时转化为常态化的活动。

（二）社区工作者与社会工作者的专业化

从项目落地开始，项目社会工作者从探索期到实施期的各方面工作中，始终抱着严于律己的态度，坚持社会工作者专业价值观，一步一个脚印，不断在探索中成长。虽然项目比较成熟，但社会工作者仍在继续梳理项目思路、发展特色服务中，不断学习，不断创新，不断进步。稳扎稳打地贴身于民、服务于民，虚心请教社区工作人员，运用社会工作专业技巧和方法为社区离退休党员群体、青少年群体和普通居民提供专业性强、质量高的服务。同时，社工成员之间也在不断地相互学习、加强交流、共同协作，发挥工作积极性。在项目推进中链接整合各方资源，并运用到服务中。最后还需反思自我，不断提高专业化修养。

项目实施的社会工作服务机构通过"一项目一督导"的机制，为每一个服务项目专门配备一名督导，推进行动学习，全程跟进服务的开展。同

---

① 李华胤. 政党回应功能与基层治理体制的重塑［J］. 广西大学学报（哲学社会科学版），2024（3）：143-152.

时，由机构理事长担任服务项目行政督导，全面监控服务项目的绩效实施情况，保证服务推进。项目在推进过程中，积极为专业社会工作者搭建良好的专业成长平台，通过阶段性专业培训不断为专业社会工作者提供服务指导和专业知识，每月开展一次学习分享会，提高一线社会工作者的理论知识及专业服务能力，同时提高一线社会工作者的个人学习能力和团队学习能力。在行动中学习是该项目提高专业性的重要方式。

行动学习是建立在学习者经验与反思基础之上的以解决现实问题为目标的成人学习方式[①]。该项目在实施过程中，无论是开展督导、培训还是学习分享会，其目标都在于解决项目中遇到的现实问题，而非在高校中偏重理论的学习。这种学习融合了经验与反思，是本书前述的反思性实践的重要体现。当然，这种学习也带来了一定问题，就是知识的碎片化。

（三）社区民众需求与服务

除了针对党建开展活动，某中心也为社区内青少年开展常规和特色服务。项目针对青少年课堂外知识补充及拓展活动需求开展"魅力周末"以及"成长训练营"活动，补充青少年第二课堂知识，通过拓展训练发掘青少年能力，促进青少年全面发展。

同时项目实施也存在以下问题，首先是高年级青少年服务对象流失。暑假以来，高年级青少年参与活动次数明显减少，除考虑学业因素之外，还需进一步向其了解较少参加活动的原因以及服务需求。其次是疫情期间，线上服务的内容无法满足辖区青少年多样需求。除了受新冠疫情影响，暑假期间又出现台风恶劣天气，项目线下活动受阻，导致只能临时改变活动形式，转变为线上服务。尽管社会工作者能够根据突发状况及时开展线上手工，但是预防青少年网瘾小组和话剧小组不适宜开展线上活动，所以线上活动不够丰富。如何丰富线上服务内容成了社会工作者面临的棘手问题。

从受访社会工作者的访谈中发现，其实他们自身已经有所反思。他们

---

① 王栋. 教师行动学习研究［D］. 上海：上海师范大学，2013.

指出未来项目应对现有的魅力周末、社区文化服务等服务内容做进一步提升。具体而言：①魅力周末。在提供课业辅导的同时，一方面，加强与家长的沟通，及时了解家长的需求，反馈孩子的情况；另一方面，利用魅力周末进行课业辅导，与孩子、家长建立良好的关系，对孩子进行持续的需求评估，作为开展其他服务的基础。此外，项目会加入学习能力训练的内容，从视知觉能力、听知觉能力、运动协调能力、知觉转换能力、数学准备能力、语言沟通能力、社会适应能力和学习品质等方面对青少年进行训练，提升其学习能力。②社区文化服务。首先是"和谐社区"常规服务：通过组织志愿者队伍，开展政策宣讲、道德评议、文教娱乐等形式多样的文化服务活动，丰富居民文化生活，提升社区文化品牌形象，构建和谐社区。其次是"邻里互助"志愿服务：开展走访慰问、学习互助、关爱儿童等主题志愿服务活动，拉近邻里关系，弘扬志愿服务精神，在切实帮助到居民的同时，带动居民参与志愿服务活动。最后是"佳节有约"特色服务：以春节、中秋节、端午节等传统节日为契机，通过文艺会演、民俗体验等活动形式，增添节日魅力，同时继承和发扬优秀传统文化，营造社区特色文化氛围。未来，该项目应坚持以需求为本，从服务对象需求出发。坚持以人为本、以服务对象为中心，从服务对象的需求出发，通过定期调查问卷和访谈等方式了解服务对象实际困难或者需求，适时调整服务方向和内容，开展具有针对性的个案工作、小组工作以及社区工作等专业化服务。同时，需要持续开展需求评估和进行项目宣传。项目开展初期，了解到居民对于社区社会工作的认识不够深入，因此社会工作者较难推进工作。后期服务的宣传得到了多方支持，活动开展比较顺利。但是由于服务对象需求也在变化，需求评估需要持续开展，随时了解服务对象需要。同时继续做好项目宣传工作，通过线上、线下渠道，扩大项目影响力。巩固和提升常规性服务。

这种反思折射了社会工作者的"反思性"，为下一步的实践完善奠定了基础，而其中主要的反思在于以需求为本。但是这种需求是谁的需求呢？尽管该项目是党建带领团建，关注的重点是青少年群体，但是社会工作者意识到家长对于青少年需求及其参与性有着关键性影响。再者，民众日益强调能够从社区活动中得到什么，进而思考如何付出，参与志愿服务。这种先得到再付出的思维方式是社会转型下新民众的新认知，社会工作的思维也应当跳出老传统①。还有就是社区民众的多元化，通过更多的传统节日，而非单一的节日来吸引多样化的民众，促进民众的全员参与；通过线上线下多重方式吸引民众的加入。

（四）社区组织建设

该项目并没有注重社区组织的培育与引导，而是偏重于自身机构合理的管理建设。项目实施的机构发展相对成熟，并依托于高校社会工作专业的雄厚教育及督导资源，为项目配备社会工作专业督导，全程跟进服务的开展。同时为项目社会工作者申请培训机会，保证项目社会工作者的专业能力的提升。另外，财务制度的完善，确保了活动的顺利有效开展。这一系列合理的管理建设，保证了项目的可持续、稳定发展。

（五）志愿者动员模式

党建引领党员志愿者资源。该项目开展学党史党团共建主题教育活动、"党旗红·领成长"党团共建主题活动，带动社区内退休党员参与，发挥退休党员余热和党员群体的先锋模范作用，参与社区服务。项目开展党员志愿服务，发挥党员的先锋模范带头作用，大力践行社会主义核心价值观，加强党与人民群众的血肉联系，以实际行动构筑城市文明风景线。

同时，通过党员与共青团员互动，探索"党带团促"发展模式，从而带动学生志愿者的参与。中国共产主义青年团是中国共产党领导的先进青年的群团组织，共青团员向党员靠拢，党员带领团员。因此，借助这种政治引领力，该项目撬动了学生志愿者力量。

社会工作者+志愿者方式。该项目以社区新时代文明实践站为平台，充分整合社区现有资源，面向社区居民开展形式多样的实践活动，以社会

工作者+志愿者的活动形式，发动更多社区居民参与社区服务，宣传发展新动态，营造特色社区氛围，打造具有社区特色的文化品牌。为提升实习生实务能力，每周活动结束后通过开展项目内活动总结评估会，互相总结反思自己活动中的优点和不足，来提高项目实习生的专业服务能力。实际上，志愿者参与志愿服务的动机有学习理解、职业发展、价值表达、自我提升、自我保护和社会交往①。对志愿者的带领和激励应当基于志愿者的内驱力，有针对性地进行服务。

在项目的实践中，也发现其存在一些问题。例如，志愿者参与志愿服务的时间段较为集中，且志愿者类别主要集中在大学生群体。志愿者参与项目志愿服务时间主要为寒暑假，其他时间很难有志愿者可以较长时间持续参与，短期服务的志愿者对工作内容熟悉程度比较低，局限于基本的志愿服务。未来在社区治理中应强化志愿服务社会资源的开发和利用。在珍惜现有志愿服务资源的同时，社会工作者应充分发挥资源链接者的角色作用，不断深化开拓志愿服务工作，一是从活动积极参与者中去挖掘一部分潜在志愿者，将其转变为社区志愿者；二是通过外展宣传等方式招募社区志愿者积极参与社区服务；三是链接区域内各类志愿服务组织（团队），发挥特长，优化志愿服务功能，让志愿服务更精准。

（六）本土慈善资源撬动

项目组积极拓宽宣传渠道，与区委宣传部建立了长期合作关系，其将对项目组开展的系列服务进行宣传报道。宣传工作的完善，提高了项目的知名度，能链接更多资源，对服务的顺利推进起到重要作用。

党团共建社会工作服务项目在社区正式落地实施以来，共青团市委、共青团区委、街道办事处及社区居委会领导为项目社会工作者提供了良好的办公环境及活动开展场地。他们指导了项目的开展方向、聚集了服务目标，并且引荐服务对象，为项目社会工作者与服务对象的关系建立

---

① 蒋巍.中国志愿者服务动机结构研究：基于广东省志愿者的问卷调查［J］.中国青年研究，2018（6）：59.

提供了帮助。同时在共青团市委、共青团区委、街道办事处和社区居委会的大力支持下，项目组充分整合社区的部分资源开展服务，实现了"党建带团建 团建促党建"全面发展，体现了官方与慈善资源的特殊关系。实际上，慈善资源的动员并非纯粹的民间行为，官方也可以更加有力地撬动和链接慈善资源。

总体来看，该项目的慈善资源动员并不多。未来，需要继续加强项目宣传，提高项目知名度，扩大知晓率。在完善现有宣传方式，与现有资源维持良好合作关系的前提下，继续拓宽新的宣传渠道，链接新的资源，进一步扩大宣传覆盖面。

第二节　新型城市社区营造项目实践及反思

一、新型城市社区营造项目基本情况

美丽社区位于某新型城市西郊，社区总面积 1.5 平方千米。社区自 1999 年实施旧居改造以来，经过 10 余年的持续发展，目前已是一个总占地 39.96 万平方米、拥有多层及高层楼宇 80 余座、总入住人口 20000 余人的大型社区。

社区服务需求表现在以下几个方面。青少年全面成长需要：美丽社区外来青少年所占比例较大，社会工作者在与青少年接触中发现，除学习科学文化知识外，青少年在社区内活动较为单一，在课外兴趣培养、能力提升方面缺乏专业指导。老年人养老多元需求：因美丽社区中青年群体外出打工或工作居多，社区里老年人人口比重高，社区为老年人提供了较好的社区养老环境，但缺乏有效利用，老年人随着年龄增长，身体机能逐步降低，对于居家安全、健康养生、休闲娱乐等方面存在需求。睦邻社区氛围需要：美丽社区属于回迁社区，社会工作者通过居民需求问卷调查发现，社区内除本地居民外还有外来务工人员，人口基数大，居民集中活动、文化活动较少，邻里之间沟通也较少，在社区生活以及休闲娱乐等方面存在实际需求。资源有效利用需求：美丽社区内商店、店铺等数量较多，社区居民对其了解并不多，致使部分社区资源尚未发挥有效作用，如何善用社区资源满足居民需求，培养相互关怀的社区是需要解决的问题。志愿意识培养需求：社区内已有成型志愿服务队伍7支，志愿者们在开展日常志愿服务活动中缺乏有效沟通、引导，志愿力量较为薄弱且尚未完全发挥作用；同时居民参与志愿服务的意识较低，如何吸引社区居民参与志愿服务，在社区内营造良好的志愿服务氛围，也是亟待解决的问题。

"时代·印记"社区营造社会工作服务项目于2019年4月入驻美丽社区，面向社区青少年、社区居民以及社区志愿团体开展专业社会工作服务。项目根据社区实际发展情况以及社区居民需求，通过"居民共享、社区共融、组织共建"三大服务，将居民服务、社区增能以及志愿组织带动相结合，在服务中实现"专业服务、联合推动"，进而实现社区营造的服务目标。

二、新型城市社区营造项目实施情况

（一）服务对象与目标

项目服务对象上，"时代·印记"社区营造社会工作服务项目主要面向社区青少年、社区居民以及驻区商户、社会组织，重点关注社区青少年、社区老年人、社区文化建设以及社区志愿组织建设。"时代·印记"项目组社会工作者通过"居民需求问卷调查表""社区服务开展类型调查表"等问卷，对辖区居民和家庭进行服务需求调查，根据服务对象需求开展精准化服务。

项目服务目标：通过在社区内开展社会工作者服务，为社区青少年、老年人带来专业性服务，继续满足服务对象兴趣发展以及能力提升的多样化需求；通过将线上宣传平台与线下主题宣讲活动相结合，共同传递社区最新动态，收集居民意见，进而打造惠民社区；依托社区节假日以及主题文化节，入户走访慰问社区老党员、儿童，同时面向社区居民开展大型居民互动服务，在服务中提高社区居民之间的沟通交流以及社区的向心力与凝聚力；通过链接社会志愿组织，为社区居民提供社会志愿服务活动，孵化培育社区自身志愿服务团队，建立"社区+共建单位+志愿者+社会工作者"四位一体协作模式，在社区内营造良好的志愿服务氛围。

（二）居民共享服务活动

针对社区青少年发展需求开展专业服务，如开展兴趣提升、能力拓展、红色传承等活动，提升服务对象的表达、执行、思辨、领导、创新等能力，促进青少年全面发展；针对社区老年人开展老年人智能手机学习小组、棋牌小组等活动，满足老年人精神需求、娱乐需求，协助社区共建"老年人友好型"社区。居民共享服务活动："青阳课堂"课业辅导活动、"悦享时光"青少年观影活动、"我和春天有个约会"创意 DIY 活动、"触摸科技，拥抱星辰"青少年航天科普活动、"劳动最光荣，青年志愿行"青少年主题活动、"携手'红领巾'，致敬'火焰蓝'"青少年消防教育科普活动、"青春永向党，红色基因润我心"青少年观影活动、"走，收麦子去！"青少年农事体验活动、消防安全科普活动、"护航成长"安全小组之"防溺水"篇、"心灵手巧"之五彩笔筒 DIY 活动、"特色课堂"之"我的印记"活动、"护航成长"安全小组之"居家"篇、"心灵手巧"之团扇 DIY 活动、"新时代·艺起来"形体气质公益课堂活动、"法在我身边"法律知识科普活动、"心灵手巧"手工小组之八一特辑、"彩绘 DIY，环保'袋'回家"手工活动、"夏令营积分榜"积分兑换活动、"桃李满天下，金秋念师恩"教师节主题活动、"情暖童心，爱在中秋"中秋节主题活动、"心灵手巧，变废为宝"手工主题活动、"爱护我们的身体"儿童防性侵安全知识讲座等。

（三）社区资讯服务活动

通过将"安居乐业""那年那事那物件"等线上宣传平台与线下主题宣讲活动相结合，共同传递社区最新动态，普及传统文化知识、法律知识等，打造综合性社区宣传服务平台。社区资讯服务活动："那年那事那物件"之"5·12"防震减灾科普活动、防溺水线上宣传活动、"七七事变"

历史科普活动、"安居乐业"线上科普之防疫指南活动、"那年那事那物件"之全国残疾预防日活动、"那年那事那物件"之"抗日战争胜利七十六周年"线上科普活动、"高空抛物 为文明代言"活动、"那年那事那物件"之"人类首次环球航线"科普活动、"科普小课堂"之"摩天大楼为什么不怕超强大风?"活动、"安居乐业"线上科普之"全国爱牙日"活动、"那年那事那物件"之"烈士纪念日"线上科普活动、线上禁毒知识科普活动、"那年那事那物件"之纪念长征胜利85周年活动、线上科普之"神奇的米象"活动、消防宣传活动、反家暴宣传活动、防艾宣传志愿服务活动、线上科普之国家宪法日活动、志愿者科普活动、"那年那事那物件"之中国人民警察节线上科普活动。

（四）社区共融服务活动

依托节假日与主题文化节，社会工作者联合社区商户、社会组织，走访慰问社区老党员，在社区内形成"邻里守望"的良好氛围；依托传统节日面向社区居民开展大型居民互动服务，加深居民相互之间的交流，增强社区居民之间的融合与发展，在服务中增强社区居民对社区的向心力与凝聚力。社区共融服务活动："听老党员讲故事，做时代先锋少年"主题活动、"诗情花艺，感恩妈妈"母亲节主题活动、"家校社联助成长"学习讲座活动、"浓情端午，共享粽意"端午节主题活动、"喜迎国庆，共创文明"国庆欢乐会活动、公益口才课堂、儿童的常见病及预防知识讲座、"童心聚力，共创社区"手工主题活动、"禁毒防艾，你我同行"亲子趣味运动会活动、"乐享冬至，以饺浓情"亲子包水饺活动、"恭贺新禧，新春送福"新春联欢会活动、"我们的节日·元宵节"冬令营结营活动。

（五）组织共建服务活动

通过链接社会志愿组织，发挥不同组织各自优势，为社区居民提供社会志愿服务活动，使社区居民体验专业志愿服务；通过在社区内开展志愿服务活动，孵化培育社区自身志愿服务团队，在社区内营造良好的志愿服务氛围。组织共建服务活动："快乐六一，安全童行"青少年志愿服务活动、"学党史做实事，'青阳'红领巾在行动"活动、"童心跟党走，青春不毒行"禁毒宣传活动、"青阳红领巾"志愿小组、"青阳红领巾"志愿小组第二期活动、"口腔健康，全身健康"爱牙日主题活动、"新时代·艺起来"社区青少年街舞公益课堂活动、"新时代·艺起来"公益形体课堂、"法润童心，宣在童行"普法志愿服务活动、"戏"冬奥·文绽童心实践团开展冬奥会趣味宣传活动、青阳红领巾团建活动。

（六）志愿者及实习生活动

服务项目落地开展以来，在共青团区委、街道办事处及社区居委会的大力支持下，项目组积极联系两所高校社会工作专业以及各大高校志愿团队，为服务项目引入大学生志愿服务和专业实习生工作。

4 名社区高中生、3 名大学生参加社工站"彩虹童年，社工相伴"公益冬令营活动，协助社会工作者开展"青阳课堂"课业辅导以及特色活动，为项目增添志愿力量，同时提升了个人志愿服务能力，并在志愿服务互动中增进了邻里关系，在社区内营造了良好的社区共融、志愿服务氛围。"时代·印记"项目组社会工作者链接 1 名山东大学社会工作专业研究生为社区居民、青少年提供"青阳课堂"课业辅导服务、"我和春天有个约会"活动、"诗情花艺，感恩妈妈"母亲节主题活动、"安居乐业"线上科普活动等专业服务，助力项目专业化运行。2 名高校社会工作专业实习生进入社区开始了 10 周的专业实习，协助社会工作者提供"青阳课堂"课业辅导服务、"教师节主题活动"、"喜迎国庆，共创文明"国庆欢乐汇活动、"安居乐业"线上科普活动等专业服务，助力项目专业化运行。1 名社会工作专业实习生进入社区开始了为期 4 个月的实习，协助社会工作者提供"青阳课堂"课业辅导服务、"公益课堂"、"安居乐业"线上科普活动等专业服务，助力项目专业化运行。

三、新型城市社区营造项目实践反思

（一）工作人员的专业化

社会工作服务中心在项目推进过程中，积极为一线社会工作者搭建良好的专业成长平台，通过阶段性专业培训不断为一线社会工作者及项目志愿者提供服务指导和专业知识培训，进而推动服务项目的专业发展。为促进一线社会工作者成长及自身造血，每月开展一次学习分享会，提高一线社会工作者的专业理论知识与专业服务能力，同时提高一线社会工作者的个人学习能力和团队学习能力。根据新冠疫情防疫措施，通过线上平台培训学习，了解其他省份社工站点社区营造服务、青少年社会工作服务的服务模式，然后结合社区实际需求，不断创新服务内容，将社会工作服务真正做到本土化、现代化。

在项目实践中，除了前述的培训、行动学习等方式，项目实践遇到了新冠疫情防控的新形势，社会工作者的实践能力也受到挑战。新冠疫情带来的变化是划时代的，重塑了社会工作的实践形态，社会工作者也必须不断学习更新自我能力。项目中工作人员学习其他省份社工站点的做法是一种模仿、借鉴再创生的过程[①]。在调研中发现，学习力是社会工作者常常提及的一个概念。由于社会生活的快速变迁，知识更新的速度前所未有。社会工作者是服务于人的工作，需要基于人的需求的变动，把握人与环境的互动，创新社会工作服务的方法。新冠疫情时代应基于需求分类开展专业服务[②]。新冠疫情时代民众的需求转向健康、安全，社会工作者开展服务需要重新聚焦需求的变更。全科教育模式下的社会工作者可能对此方面的知识和能力并不充足，需要在持续学习中提升有关公共卫生方面的能力。

（二）社区民众需求与服务

该项目通过在社区内开展社会工作活动，为社区居民带来专业性服务，满足了社区居民兴趣发展以及能力提升的多样化需求。依托社区节假

---

① 储琰，高广智．从对照到原创：探索中国特色的社会工作知识生产路径转轨[J]．学习论坛，2023（5）：69-78.

② 柳静虹，沙小淼，吕龙军．社会工作介入公共卫生体系再思考：基于新冠肺炎疫情社会工作响应过程的反思[J]．华东理工大学学报（社会科学版），2020，35（1）：44-56.

日以及主题文化，面向社区居民开展主题宣传、社区文化节等服务，在服务中提高了社区居民对社区的向心力与凝聚力，但也存在着一些问题值得反思。

首先是社工站宣传力度不够。经过为期3年的努力，美丽社区参与活动的家长及青少年逐渐了解了美丽社区社工站以及社工站的主要服务内容，但社工站对于社区西郊片区的影响力并不大，并且宣传手段较为单一，没有更好地扩大宣传范围，包装和完善服务出现困境。未来有必要在完善现有宣传方式的前提下，不断创新、积极开拓新的宣传方式、宣传渠道，将社会工作者服务告知于民，提高项目知名度，从而带动更多社区居民参与社会工作者服务、社区建设。实际上，随着当前大数据、人工智能等新兴技术的发展，社会工作的宣传也有待创新。当前的社区服务宣传集中于微信公众号、海报等，数字时代，新媒体与社会工作宣传的结合有着广阔的空间。通过网络自组织建设、网络圈的宣传更加契合于当代年轻人[1]。也有学者批评社会工作界局限于网络社会工作，实际上对于信息与通信技术（Information and Communications Technology，ICT）与社会工作的全面融合缺乏充分关注[2]。ICT与社会工作的融合本质上是一个技术应用的过程，在技术与社会互构的分析框架内，利用新技术推进其社会宣传及其影响。

其次是服务群体固定化。项目自运行以来，面向社区青少年群体开展了丰富多样的活动，形成了良好的活动效果和服务氛围；但在年度服务计划中，对于社区老年人、妇女等其他群体关注度较少，社会工作者将在下一年度服务计划中更改服务策略，以便更好地为社区更多居民服务。未来应聚焦服务群体，探索服务精准化。在接下来的年度项目中，社会工作者需积极发掘更多服务对象，将更多群体纳入社会工作服务中，以满足不同群体的个性化、多样化的服务需求，将社会工作服务专业化、精准化，提

---

① 丁未. 新媒体赋权：理论建构与个案分析：以中国稀有血型群体网络自组织为例 [J]. 开放时代，2011 (1)：124-145.

② 赵万林，张洪英. 信息通信技术与社会工作实践：研究现状与前景 [J]. 学术论坛，2019，42 (2)：93-99.

升社区居民的获得感和幸福感。在社会工作与社区工作的知识体系内，按照不同的标准可以划分为不同实务领域。比如按照年龄分为儿童社会工作、青少年社会工作、老年社会工作；按照性别标准强调妇女社会工作；按照场所划分为学校社会工作、企业社会工作等。值得反思的是，这种划分方式一方面有利于专科领域社会工作人才的培养，另一方面也会导致对于服务群体或场所的分割。社会工作倡导整合式服务方法，这包括理念整合、方法整合和领域整合①。项目所提及的群体固化，实际上是领域整合不足的问题。

（三）社区组织

在年度社会工作服务中，社会工作者孵化并培育了社区青阳红领巾志愿服务队，在社区内开展了志愿服务活动，形成了良好的志愿服务氛围。该项目不仅仅局限于开展服务，还通过孵化社区组织，促进了社区自我发展。但如何根据社区实际需求建立更多志愿服务队、推进社区治理，仍需要继续探索。无疑，社区自组织是社区治理的重要参与主体之一，目前的主要问题在于社区自组织的参与能力建设问题。社区自组织面临着资源短缺、信任不足、能力弱、风险防范等一系列问题②。社会工作是促进社区自组织能力建设的重要方式③。该项目是一个重要的探索，未来还可以在社区自组织骨干培育、筹资能力、规范发展等方面开展服务，发挥社会工作的积极作用。

（四）慈善资源

"时代·印记"社区营造社会工作服务项目在街道美丽社区正式落地实施以来，街道办事处及美丽社区居委会领导为项目社会工作者提供了办公环境及活动开展场地。同时在共青团市委、共青团区委、街道办和美丽

---

① 孙江涛．社会工作理论、方法与实务［M］．北京：中国人事出版社，2023．

② 杨贵华．社区共同体的资源整合及其能力建设：社区自组织能力建设路径研究［J］．社会科学，2010（1）：78-84+189．

③ 杨贵华，王瑞华．社会工作与社区自组织能力建设［J］．科学社会主义，2010（2）：114-117．

社区居委会的大力支持下，项目组充分整合社区的部分资源开展服务，协同美丽社区原有志愿服务队一起促进居民的社区参与。社会工作者运用已有的志愿服务力量，开展丰富多样的志愿服务，并动员更多社会组织、社区居民等群体参与志愿服务、社区建设，带动居民服务居民，进而促进志愿发展的良性循环，营造和谐友好文明社区的良好氛围。这体现了前述中国本土基于官方背书的慈善动员路径。

此外，该项目将辖区商户与社区服务相结合，发动其积极参与社区服务，在社区内实现联动发展，在社区内形成"专业性服务、联动式发展"氛围，达到了社区营造发展的目的。按照目前中央要求的社区治理共同体建设目标，辖区单位是社区治理的参与者。该项目注意到辖区商户，积极发挥他们的作用，使他们在参与社区服务中获得社区民众的认知、信任，帮助他们融入社区，促进自我商业发展。同时，在让利于民的服务中，社区民众也获得福利，实现了双方的共赢。

第三节　社会组织托管街道社区服务的实践与反思

一、社会组织托管街道社区服务项目的基本情况

（一）项目背景

在社工服务项目不断发展的过程中，服务群体、服务需求以及服务形式都在不断创新发展，这对社会工作服务提出了越来越多的要求，从开始的单一群体服务到后期多元群体融合服务发展，从"三社联动"到"五社联动"服务发展，从服务群体到服务社区，项目也是在服务过程中不断实现质的发展以及跨越。

以 L 市 S 区服务项目发展为例，项目在服务发展过程中，从一开始党建引领服务、社区青少年服务、新建城市社区服务，逐步转型到街道层面，开展面向街道社区的服务项目，服务群体从服务社区居民直接转型到

服务社区，服务需求也从直接面向居民发展需求转变到社区发展需求、社区服务职能完善需求、社区工作人员能力建设及社区资源整合全方位的多方面需求。下文以 S 区 JQ 街道、LQ 街道社工服务项目转型服务发展为例，探究在基层街道社工站活动调度中心的托管运营工作可行性以及实务工作开展下的专业性分析。

（二）LQ 街道活动调度中心服务发展背景

LQ 街道，隶属于 L 市 S 区，地处 S 区中部，与 JQ 街道相望，是 L 市委、市政府驻地街道，同时是顺应 L 市 B 新区开发建设而新设立的街道，面积 57.6 平方千米，共 178 个住宅小区，常住人口约 41 万；街道下辖 10 个村、28 个社区，其中合并村 4 个、村改居城市社区 5 个、纯城市社区 23 个。

LQ 街道活动调度中心前身为新建城市社区服务项目，项目落地于 LQ 街道新建城市社区 Y 社区，项目主要以社区共建、联动为服务目标，实现新建城市社区的联动共建服务发展，并联动周围商圈资源，依托"大党委"工作机制，撬动周边服务资源。

2021 年下半年，项目开始探索街道区域内项目服务内容以及项目服务形式的转型发展，社会工作者从驻扎社区转变到驻扎街道，服务对象从新建城市社区居民转变到街道辖区内新建社区、老社区、企事业单位以及商圈服务资源。

2022 年 3 月，LQ 街道活动调度中心正式成立，活动调度中心通过整合辖区内的各类社会组织、驻地企事业单位、公益慈善资源等多方力量，建立 LQ 街道活动资源库，按照"社区申请—社工统筹—多方执行"的运营模式，开展专业社会工作服务、社区社会组织培育、助力社区治理等服务，活动调度中心是集社工站、未保站、社会组织孵化站于一体的综合性服务平台。

（三）JQ 街道活动调度中心发展背景

JQ 街道位于 L 市中心城区，是 S 区委、区政府所在地，L 火车站、T

客运换乘中心位于街道辖区，辖区内有 17 个城市社区，总面积 18.46 平方千米，常住人口 22.6 万。

JQ 街道活动调度中心前身是 JQ 街道社区综合服务中心，曾探索在街道北部片区，结合街道地域发展优势以及社会资源统筹，搭建区域内综合服务平台，最终确定以 JZ 社区为中心，联合多个社区，成立社会工作服务阵营，按照社会工作统筹、社区社会工作服务运营的发展模式，凝聚多方社会服务力量，形成发展合力。

在实践过程中，通过对服务辖区内 5 个社区开展服务项目活动，探索区域内运作服务发展模式，并通过调动团委、关工委、民政等多部门服务力量，充实服务队伍，总结自身具有的服务经验。项目执行后，按照现有区域工作服务模式，整合辖区内各类社会组织、驻地企事业单位、公益慈善资源等多方社会力量，成立 JQ 街道活动调度中心，按照"社区申请—社工统筹—多方执行"的运营模式，开展专业社会工作服务、社区社会组织培育、助理社区治理等服务。

二、社会组织托管街道社区服务项目的实施情况

（一）社会组织托管街道社区服务的方式

街道活动调度中心是由服务项目落地街道出资购买服务，项目直接落地于服务街道，成立专门活动调度中心服务办公室，活动调度中心整合民政、工会、妇联、团委、司法等多部门服务资源，同时面向社会链接资源，包括社会志愿组织、社会企业等，带动更多服务资源和力量下沉基层。

活动调度中心面向辖区内社区开展服务，以社区为主要服务对象，社区工作者为服务抓手，回应居民个体需求，提供精准有效的专业服务，也开展社区内外的资源链接和综融服务，通过专业化手法培育基层治理多元主体，提高居民的参与能力、协商议事能力、自治动员能力。

（二）托管运营街道活动调度中心工作内容及运行方式

1. LQ 街道活动调度中心运营模式

LQ 街道活动调度中心紧密结合社区服务发展需求、街道资源服务优势、人才会聚优势资源，搭建街道服务平台，设立活动调度中心，整合辖区内的各类社会组织、驻地企事业单位、公益慈善资源等多方资源，根据所能提供的资源类型将其纳入相应的 LQ 街道活动资源库，由平台统一管理，同时按照"社区申请—社工统筹—多方执行"的平台服务模式，对接社区，使社区真正实现"不出社区，即可对接享受到多元化服务"，为社区、单位、社会工作机构三方提供更为有效直接的联系平台；此外，充分会聚优秀青年服务资源，配备专业的社会工作者进行统筹管理，做好资源链接者、执行者等多元角色；针对返乡大学生群体，通过青鸟计划、专业实践、小学堂等活动，招募高校大学生志愿者，打造大学生"第二课堂"为街道社区发展提供支持；广泛吸纳各行业、新兴领域优秀青年群体，凝聚青年社会组织，发挥优势特长，面向辖区内的社区提供优质服务。

调度中心服务运营过程中，按照三级干预、分类统筹的项目服务发展框架，从社区、社会资源、社会工作机构三个方面提供统筹服务。

（1）社区层面。包含普及宣传、需求调研、联络沟通、品牌打造。向街道内各社区进行宣传，了解活动调度中心服务流程、能够提供的服务类型。了解各社区概况，对接其服务需求，及时对接相应单位开展活动。与各社区党组织书记或负责人进行联络，了解其社区动态及近期需求，同时每两周更新活动资源一览表，下发到社区，由社区认领。结合街道、社区实际情况，选取 2~4 个社区设计特色项目，打造特色品牌。

（2）社会资源（单位）层面。盘点资源：充分盘点辖区内各类单位的数量、类型及其服务意愿。发现优势：调研了解各单位的能力、优势，对接其能提供开展的服务。联络沟通：与单位负责人及其骨干进行联络，充分调动其积极性，促进服务的开展。奖惩机制：制定宣传奖惩制度，激发各单位社会责任意识，规范各单位在服务活动中的行为，保障服务活动的开展。

（3）社会工作机构层面。主要负责供需对接，日常运作规范以及活动管理。在方案制订方面：与各资源单位对接，由各单位制订服务活动方案，调度中心进行审核。在服务预约方面：根据各单位提供的活动方案，制定、更新服务活动一览表，由各社区自行选择，根据要求提前预约，社会工作机构进行双方沟通，协助活动顺利开展。在更新检视方面：调度中心及时根据街道、社区的要求，更新服务内容及形式，并在服务过程中及时发现问题并解决问题，促进调度工作的持续开展。

2. LQ 街道活动调度中心运营模式

LQ 街道活动调度中心在运营过程中，按照"一个主体联动、三个力量参与、五个需求定制"的服务主题，"社会救助领域、养老服务领域、儿童服务领域、社区治理领域、社会事务领域"五个领域，结合自身服务发展方向，开展系列服务活动。社会工作者每月策划主题活动，由社区进行认领，同时社区根据自身需求向社工站单独提出服务申请，由社工统筹安排开展活动，形成"社会工作者发布—社区认领—社区需求申请—社会工作者统筹组织"的双向运营模式。通过项目化服务拓展基层社区服务力量，联动驻区内企业、双报到单位、社会组织、单位青年等服务力量，引导多方服务力量参与社区治理，形成服务合力。

社会救助领域：依托社工站，对辖区内各类困境群体进行排查，结合服务对象需求，结合辖区内各类志愿服务队伍以及各类社会支持资源，为服务对象提供资源链接、能力提升、心理疏导、照料护理、康复训练等服务内容。例如组织志愿者开展困境家庭入户走访、残疾家庭照料护理等服务活动。

养老服务领域：面向老年人服务群体，通过开展老年人文艺会演、政策宣讲、走访慰问等活动形式，调动老年群体的活动积极性与参与度。如依托社区服务挖掘社区居民带头人，在社区内成立社区艺术团，由社区退休干部、艺术家等牵头，在传承民族文化的同时，开展文化惠民活动，进行文艺创作等活动。

儿童福利领域：结合辖区内青少年群体，依托社会工作者及青年志愿者服务力量，利用假期及周末时间，开展安全自护、成长支持等服务活动，为社区青少年创造学习、阅读、交友的安全成长环境。

社区治理领域：坚持党建引领、社区共治、居民自治，通过项目化引进、自组织培育、成熟机构引进等形式，链接社会组织进社区，并通过社区内资源整合，充分激发青年活力，使社区治理主体由单一主体向多元主体转变，构建起"多元参与、协同共治"的社会治理新格局。

社会事务领域：依托各类公共开放宣传阵地，面向社区居民开展防诈宣传、移风易俗宣传等主题活动，在社区内倡文明树新风，营造良好社区区氛围。

（三）专业社会工作机构托管街镇活动调度中心工作服务成效

1. LQ 街道活动调度中心服务成效

平台协调作用凸显，资源优势显著。目前已有 128 家机构及单位加入活动调度中心，涉及教育、医疗、银行、商圈、心理、法律、家政、婚姻等多领域，可提供多元活动内容。

服务项目需求多变，服务活动多元化。自 2022 年 3 月成立至今，开展如剪纸、插花、美术、自然教育、健康检查等线下社区活动累计 31 场次，直接服务 2076 人次。2022 年，利用寒暑假时间开办两次 LQ 街道职工子女托管班，累计开展 8 周，共链接 24 家机构开展课程 78 节，直接服务 1016 人次。

同时，调度中心融合"线上+线下"渠道，新冠疫情期间，利用直播形式开展线上活动 25 场次，在线参与学习达到 5700 余人次，如在新冠疫情防控期间，开展系列线上活动，活动类型涉及志愿者赋能培训、家庭教育、手工、健身、心理等多方面。通过线上公众号形式推出 28 篇 LQ "逛吃"推荐、"花式居家指南"等专栏，居民浏览量达到 9800 多人次。

在新冠疫情防控期间，LQ 街道活动调度中心链接商家，对 LQ 街道核酸检测工作人员提供果茶、躺椅、鲜花和健身卡，为他们送去关心和帮助。同时，为协助社区更好完成核酸检测，LQ 街道活动调度中心还链接商家为 BD 社区等提供 24 万张核酸检测贴纸。

2. JQ 街道活动调度中心服务成效

JQ 街道活动调度中心自 2022 年 9 月开始运营，截至目前已经汇聚辖区内各类社会组织 20 余家，分别涉及艺术培训类、医疗类、志愿服务组织类、文化体育类四大服务领域。

自活动调度中心成立以来，通过对社区基础服务设施建设情况进行走访，并对社区党组织书记以及社区工作人员开展问卷调查，了解掌握社区往年活动开展情况、社区服务发展资源支持情况、社区需求情况等，对 JQ 街道 17 个城市社区进行全覆盖调研，了解社区服务现状以及需求情况，并将活动调度中心运营模式进行对接，保证每个社区有一个专职对接工作人员。

自 2022 年 9 月以来，活动调度中心开展中秋节、国庆节、重阳节等节日活动，面向少年群体开展航模科普、青少年普法、青少年科学实验等主题活动，面向社区居民开展健康义诊、社区运动会、宣传讲座、困境走访等主题活动，并在新冠疫情期间推出线上系列活动，如居家收纳、线上心理支持讲座、亲子关系主题宣讲等，两个月时间累计开展 45 场次，服务14 个城市社区，累计直接服务 3500 余人次。

三、社会组织托管街道社区服务项目的反思

（一）基层街镇的社区社会工作的整合性服务

基层街道社区社会工作服务起初主要是以社区为主要服务阵地，服务直接面向社区群众，后来在不断发展过程中，社工服务项目从单一服务主体面向多元服务主体，服务职能愈加凸显，在社区服务、社区自组织孵化、未成年人服务等方面职能逐步完善。迈向整合性社区社会工作是社区工作的核心议题①。街道依托社会工作服务项目，整合多方社会资源，搭建集社工站、未保站、社会组织孵化站于一体的综合性服务平台，探索建

---

① 张和清.中国社区社会工作的核心议题与实务模式探索：社区为本的整合社会工作实践［J］.东南学术，2016（6）：58-67+247.

立"街道—社区"两级社会工作服务体系，上到街道，下到村居社区，既强化服务统筹，又把服务触角延伸到社区"最后一米"。

（二）社会工作托管平台的新服务路向与优势

传统的社会工作服务集中于个案工作、小组工作、社区工作三大方法的使用，该项目则尝试了一种新的服务路向，即托管街道活动调度中心。从传统的服务方法走向社会行政，体现了社会工作更为多元的价值。街道活动调度中心由社会工作服务机构进行托管，在托管过程中以厘清多元主体权责为前提，以街道工作平台为主要服务阵地，以资源汇聚与联合输出为主要服务路径。拓宽社会工作行动的视野，发挥更大的专业作用。社会工作机构利用街道活动调度中心，整合政府、高校、企业以及社区多方资源，实现资源的共享，群体的互助。

街道活动调度中心以街道工作平台为主要服务阵地。在各级民政部门相继出台关于基层社工站建设服务运营机制的前提下，街道以街道工作平台为主要阵地，能够充分整合民政、团委、妇联、工会等多职能部门服务优势，并发掘联动街道内企业、商圈等社会资源，通过活动调度中心予以支持，社会资源服务发展职能与社区发展需求相协调，明确活动调度中心服务职能定位为服务社区发展需求、联动社区社会组织、发动志愿服务队伍、引进社会服务力量，满足社区多元发展需求，延伸到社区内居民服务的"最后一米"。

以资源汇聚与联合输出为主要服务路径。街道活动调度中心紧密结合社区服务发展需求、街道服务资源优势、人才汇聚资源优势，依托活动调度中心服务平台，建设活动调度中心资源库与信息平台，由平台统一汇总管理，同时对接社区，为社区、单位、社会工作机构三方提供更为有效直接的联系平台；汇聚优秀青年服务资源，配备专业的社会工作者进行统筹管理，吸纳各行业、新兴领域优秀青年群体；吸纳更多社会服务资源入驻平台，整合辖区内的各类社会组织、驻地企事业单位、公益慈善资源等多方资源，进一步将资源利用进行全面升级与完善，盘活多方资源。

（三）发挥社区社会工作作用促进共同富裕

该项目通过托管街道活动调度中心，跳出临床社会工作的局限，利用数字技术，延伸服务的范围，发挥了社区社会工作的作用。一方面，该项目基于新冠疫情变化的时代背景，面向普通民众，分析疫情给街道社区带来的影响，通过线上线下的方式，尤其是线上传播平台，为民众缓解疫情带来的生理、心理和社会压力；另一方面，该项目面向街道特殊困难群体开展专门服务，开展能力建设等活动。

第四节　社区组织培育的项目实践与反思

一、社区组织培育的项目基本情况

（一）社区的需求

Z村位于S省L市S区Z镇驻地北3千米，现有1112户，3296人。人均年收入5000元以上。1954年建立党支部，同时建立村政权，现有中共党员81人。

村"两委"为全村60岁及以上的老年人免费体检，每年发放补助金，对困难群众、困难党员每年均给予补助，其他福利待遇等所需资金由村集体负责。在重阳节、中秋节、春节走访看望贫困户，建党节走访看望老党员，以后将加大对特殊群体的救助，让村民老有所依、幼有所养、鳏寡孤独者有所靠，提升村民的安全感与幸福感，打造幸福强村。加强、完善郑家村网格化建设。形成党建引领入网格，网格建设促党建。网格内建成郑庄支部组织框架、网格组织框架及志愿服务组织框架全覆盖服务模式，为群众提供一个安全、办事高效、环境优美、卫生整洁的居住环境。

Z村文化底蕴深厚，有1949年之前（L市是沂蒙革命老区的重要组成部分）的老戏班子，出现了大批文艺创作者。2019年9月6日Z村与L市歌舞团同台演出，配合伴舞。2019 年 12 月 29 日村民自编自演的文艺演出把本村文艺活动推向高潮。村委会收藏图书 1500 余本，设有棋牌室。下一步打算增加文化、体育等社区设施，建立和睦、和谐的家庭，邻里关系和美的人居环境。积极举办文艺、书法等各类文化活动，丰富群众的精神文化生活，努力打造文化强村。

Z 村在发展过程中，不断完善社区服务以及社区基础设施，现依托村委建成新时代文明实践站。Z 村村委会在社区志愿服务、便民服务以及基础文化设施建设等方面都在不断发展，后期需要更加丰富多样的服务满足社区居民的不同发展需求，需要将社区现有资源进行整合发展，同时在服务过程中不断引导社区居民参与社区服务，实现居民从"服务享受者"到"服务提供者"的角色转变，并在社区内培养志愿者，孵化志愿者队伍，搭建起居民享受社区服务并反馈社区的综合平台，实现乡村赋能发展。在服务过程中需要对本村的文化有深一步的了解，并不断对其进行梳理和宣传展示，实现乡村文化的归纳提升发展。

（二）项目服务对象选择

"志愿助力·赋能乡村"农村社区志愿组织培育项目以辖区内青少年群体、退役老兵群体以及社区普通居民为主要服务对象。

（三）项目目标确定

一是社会工作者入驻社区，发挥社会工作专业职能，在社区开展资源链接与整合、项目管理提升等服务，统筹项目服务发展，及时调整项目服务形式。在服务过程中将社会志愿组织与社区需求发展相结合，并促进社会志愿组织与社区自有志愿团队的互动发展，在社区内实现"多元共治、孵化提升"的服务目标。

二是引导社会志愿团队、企事业单位志愿团体进社区，开展社区服务活动，并在服务过程中引导社区居民参与社区服务，实现与社区自有组织的结对发展，帮助社区自有组织能够向专业化、常态化方向发展。

三是结合社区网格化管理服务以及文化发展，在社区内孵化社区志愿组织，结合社区需求，培养定向专业性组织队伍。发掘本土文化资源，开展文化提升服务，梳理文化内容，凝结 Z 村文化品牌，开展传统节日、社区会演等社区服务活动。同时，依托 Z 村退役老兵数量较多的优势，对社区退役老兵进行走访，开展退役老兵口述史访谈，制作《退役老兵口述史宣传册》，将 Z 村文化以"看得见、摸得着"的形式呈现出来。打造社区青少年服务阵地，面向社区青少年开展"体验式"服务活动以及能力提升等服务活动。同时将社区假期返乡大学生等组织起来，参与社区志愿服务，补充社区青少年服务力量。

四是由社会工作者链接资源面向志愿者提供专业培训，提高志愿者的专业素质及志愿团队的专业服务能力，保证志愿服务的专业性与持续性。

二、社区组织培育的项目的实施情况

（一）需求评估展开

为进一步了解服务对象的需求，更好地为退役老兵群体、青少年群体以及社区普通居民开展服务，"志愿助力·赋能乡村"项目组以村"两委"提供一手资料和社区走访的形式，对辖区 1126 户社区居民进行需求评估调查，了解服务对象需求，制订具有地域特色的服务计划。社区需求评估走访拉近了社会工作者与居民之间的距离，同时，也为日后服务的开展打下了基础。

（二）支持关系构建

自服务项目落地开展以来，在共青团 L 区委、Z 镇党委政府、Z 村党总支和第一书记办公室的大力支持下，服务逐渐发展，同时需求也显现出来。项目组积极联系 L 大学社会工作专业、J 大学社会工作专业等为服务项目引入专业实习生工作。L 大学、J 大学的社会工作专业实习生进入社区进行专业实习，协助社会工作者提供退役老兵支持、青少年服务、社区服务、生活垃圾分类推广等专业服务。

（三）防疫抗疫行动

受新冠疫情影响，Z 村社工站在入驻后的一个月内，积极配合村委会开展防疫工作。社工站联系了 S 区检察院、D 教育青年志愿团队，开展"情暖心间"困境家庭入户送学活动、"五四青年志·志愿篇" Z 村送法入户送学上门活动、防疫助学普法活动等，前往困境儿童家中，为困境青少年家庭提供文具盒、笔记本等学习用品、安全自护法律宣传课程以及网络学习课程，共计服务社区困境青少年 27 余人次，帮助困境青少年解决上课难的问题，为其提升了学习能力。

（四）多元共治

1. 社会工作者入驻社区

社会工作者入驻社区，发挥社会工作专业职能，在社区内开展资源链接与整合、项目管理提升等服务，统筹项目服务发展，及时调整项目服务形式。在服务过程中将社会志愿组织与社区需求发展相结合，并促进社会志愿组织与社区自有志愿团队的互动发展，在社区内实现"多元共治、孵化提升"的服务目标。

2. 志愿团队入驻社区

（1）社区便民志愿服务。社会工作者发挥专业职能，通过链接 L 区法院、L 区检察院、L 大学朝阳社工协会实践队、Y 师范学院暑期社会实践队、S 大蒲公英支教队等社会志愿者队伍，为社区居民开展了 33 次防疫助学普法活动、普法进社区活动、眼科义诊活动、社区防集资诈骗宣传活动、寒暑假开展青少年冬夏令营活动、青少年防校园欺凌活动、"送万福·进万家"书法公益活动，共计服务社区居民、青少年 1258 余人次，将社会志愿者队伍引进社区，营造常态化志愿服务氛围。

（2）志愿团队结对服务。积极引导 Y 师范学院暑期社会实践队、L 大学朝阳社工协会等大学生志愿团队在 Z 村设立大学生社会实践基地，开展社区服务活动。并联系 L 市青年志愿者协会、L 区法院等团队与社区自有志愿者团队如荷花艺术团、党支部领导下的志愿服务队等结对发展，利用社区法治教育基地、党建文化长廊、农家书屋等设施，与社区自有志愿者队伍联合开展社区志愿服务活动，为社区志愿组织发展提供建议，帮助社区志愿组织能够向专业化、常态化方向发展。

（五）孵化提升

1. 志愿组织孵化

（1）网格志愿。结合社区网格化管理服务以及文化发展，项目在社区内孵化社区志愿组织，结合社区需求，培养定向专业性组织队伍。在社区中开展重大节日困难群众及困难退役老兵走访慰问、生活垃圾分类推广、生活垃圾分类回访、"情暖冬至，别样家味"包饺子活动、"喜迎元宵，爱在社区"包汤圆活动、阿尔茨海默病预防培训大讲堂活动、退役老兵一堂课活动、"关爱生命，预防溺水"主题教育活动等31次志愿服务活动，共计服务社区居民477余人次。并在活动中发掘志愿者，成功组建了2支拥有9名核心成员的"绿色家园"志愿服务队和拥有10名核心成员的"榜样"志愿服务队。

（2）文化提升。发掘本土文化资源，开展文化提升服务，梳理文化内容，打造Z村文化品牌，利用端午节、建党节等重大节日开展社区文艺演出、"情暖冬至，别样家味"包饺子活动、"喜迎元宵，爱在社区"包汤圆活动、"送万福·进万家"书法公益活动等7次服务活动，共计服务社区居民833余人次；同时，依托Z村优抚退役老兵丰富红色资源，对社区30名60岁及以上优抚退役老兵开展需求走访，为20名退役老兵开展退役老兵口述史访谈，制作了1000本《退役老兵口述史宣传册》，弘扬退役老兵精神，传承红色基因，将Z村文化以"看得见、摸得着"的形式呈现出来。

（3）青年志愿。积极打造社区青少年服务阵地。利用节假日，面向社区青少年开展"走，割麦子去"农事体验活动、"社区印象"社区地图绘制活动、"玩转太空泥"手工DIY活动、"话清明·绘彩蛋"清明节主题活动、"春意浓浓，童梦飞扬"手工绘制风筝DIY活动、退役老兵一堂课活动、科技馆之旅、"手工小能手"折纸活动、红色电影赏析、趣味运动会等23余次服务活动，共计服务社区青少年363余人次。

同时在寒暑假期间，组织社区假期返乡大学生、L大学朝阳社工协会实践队、Y师范学院暑期社会实践队、S大蒲公英支教队、S财经大学爱心公益协会等大学生社会实践团队为社区青少年开展冬令营、夏令营活动，带领青少年开展民族体育小课堂、人体历险记、上下五千年、数学兴趣课、神奇的化学世界、神奇的摩擦力等 41 余次青少年活动，共计服务社区青少年 720 余人次，促进了青少年全面发展，补充了社区青年服务力量。

2. 志愿团队支持培训

社会工作者链接资源面向志愿者提供专业培训，带领"绿色家园"志愿服务队和"榜样"志愿服务队开展"生活垃圾分类"外出观摩学习活动、生活垃圾分类先行小组·培训篇主题宣传活动、生活垃圾分类大讲堂活动、生活垃圾分类·培训篇社区教育活动、生活垃圾分类回访活动、重阳节退役老兵茶话会、"不忘初心共筑梦"参观活动、"不忘初心·牢记使命"参观学习活动等 15 次活动，共计服务社区 311 余人次，提高了志愿者的专业服务能力，使其成为稳定的志愿者服务团队，并在服务过程中逐步凝练总结适合乡村地区的志愿服务发展模式，并可以进行复制提升推广。

社会工作者对志愿服务定期进行服务成效评估，了解服务进展，协助志愿者团队修订服务计划，促进服务成效的不断提升。

三、社区组织培育的项目的反思

（一）社区组织培育

该项目结合社区网格化管理服务以及文化发展，在社区内孵化社区志愿组织，结合社区需求，培养定向专业性组织队伍。

通过社会工作者的专业服务，对乡村原有的自组织进行能力建设，同时孵化志愿服务组织多个，带动志愿服务组织开展乡村服务。在社会工作者撤离后，乡村自组织能够自主运作，从输血转向造血①，促进乡村内生

---

① 上海浦东新区民政局. 既要帮助排忧解难，也要推进增强"造血"功能：关于上海市浦东新区社区社会组织现状的调研报告 [J]. 中国社会组织，2019（12）：48-51.

力量的激活与良性循环。乡村振兴不仅在于物质的输入，更在于内在赋权，构建振兴的支持性力量。

（二）社区治理共同体塑造

社会工作者入驻社区，发挥社会工作专业职能，在社区内开展资源链接与整合、项目管理提升等服务，统筹项目服务发展，及时调整项目服务形式。结合社区网格化管理服务以及文化发展，在社区内孵化社区志愿组织，结合社区需求，培养定向专业性组织队伍。在服务过程中将社会志愿组织与社区需求发展相结合，并促进社会志愿组织与社区自有志愿团队的互动发展。

引导企事业单位进社区，开展社区服务活动，并在服务过程中鼓励社区居民参与社区服务，实现与社区自有组织的结对发展，帮助社区自有组织能够向专业化、常态化方向发展。

发掘本土文化资源，开展文化提升服务，梳理文化内容，打造Z村文化品牌，开展传统节日、社区会演等社区服务活动。同时，依托Z村退役老兵数量较多的优势，对社区退役老兵进行走访，开展退役老兵口述史访谈，制作《退役老兵口述史宣传册》，将Z村文化以"看得见、摸得着"的形式呈现出来。打造社区青少年服务阵地，面向社区青少年开展"体验式"服务活动以及能力提升等服务活动。同时将社区假期返乡大学生等组织起来，参与社区志愿服务，补充社区青少年服务力量。

该项目通过孵化社区组织、引导辖区单位、激活社区退役老兵和青少年资源等多元主体，在社区内实现多元共治的服务目标。多元主体之间的主体性、联动与协同取决于项目的实施。实际上，在地方社区治理实践中存在着社区关系网络松散、公共空间萎缩、公共精神匮乏、社区参与率低等一系列问题。这些问题本质是社区公共性缺失问题①。该项目中社会工作者通过多元主体参与活动，构建参与平台，在社区公共议题的参与中实

---

① 胡晓芳. 公共性再生产：社区共同体困境的消解策略研究［J］. 南京社会科学，2017（12）：96-103.

现公共性的再生产，从而消解了社区共同体的困境。

（三）工作人员专业性

通过该项目，首先，社会工作者理论与实务能力得到提升。通过项目的持续运作，不断充实社会工作者专业知识和能力，促进专业功能的发挥和专业地位的增强，使社会工作者的专业能力不断提升。在项目运作的具体操作中，经常与服务对象沟通，并从服务对象的真实需求出发，将专业的社会工作理念运用到工作实际中，不断内化和践行专业理念，做到理论和实务相结合。其次，社会工作者链接资源的能力得到强化。为使项目更加清晰明了，社会工作者不断凝练和提升项目重点、亮点，并根据项目运行的需要，积极链接各方资源，如人力、物力、财力，多方面相互配合、相互补充，为项目的运行提供必要的保障。

由社会工作者链接资源面向志愿者提供专业培训，提高志愿者的专业素质及志愿团队的专业服务能力，保证志愿服务的专业性与持续性，以社会工作专业方法实现志愿服务品质提升。社会工作作为一个"助人"的专业，在100年的专业发展过程中形成了个案工作、小组工作、社区工作、社会工作行政等多层次的专业工作方法，在开展需求评估、服务设计、服务实施、成效评估等方面具有独特的专业优势①。该服务项目将以社会工作在助人理论、方法、模式与技巧等方面的专业优势为志愿服务提供科学有效的需求评估建议、服务实施培训，促进志愿服务的精准化、实效化发展，并通过志愿服务成效评估为服务的可持续发展提供科学依据及建议，从而实现志愿服务的品质提升。

项目通过"社会工作者+志愿者"的项目服务模式，既能够以单个项目的个别化目标实现独立发展，更通过"社工+志愿者"服务模式实现专业合并，以专业社会工作服务促进志愿者服务的科学、专业、深入发展，以志愿者服务为专业社会工作服务提供有力的人力和跨专业支撑，促进需求与资源的有效对接，实现面向多样化服务需求的综融式服务发展。当然

---

① 王思斌. 社会工作专业优势刍议 [J]. 中国社会工作, 2020 (13)：46.

项目实施也存在一些问题。例如，由于志愿者工作、时间等原因，"绿色家园"志愿服务队和"榜样"志愿服务队开展培训较少，活动数量较少，知名度较低，常规性的志愿服务项目没有完全成熟，需要加大培训以及增加活动量，注重精品活动的策划与开展，加大宣传力度。未来，应以社会工作专业方法实现志愿团队内涵式发展。志愿服务团队往往在最初以较为纯粹的社会服务热情集合团队成员，伴随着服务的深入和团队的扩大，志愿服务团队也将面临如何有效整合团队成员的优势与能力，如何维持与提升服务品质等发展议题。为此要注重服务过程中社会工作者与各参与团队建立服务伙伴关系，通过专业方法引导志愿团队的能力提升，实现志愿服务团队的内涵式发展。

（四）社区民众需求及满足

该项目发掘本土文化资源，提供文化提升服务，梳理文化内容，开展传统节日、社区会演等社区服务活动，打造 Z 村文化品牌。面向群体主要是社区 60 岁及以上退役老兵，通过走访，开展退役老兵口述史访谈，制作了《退役老兵口述史宣传册》。同时，打造社区青少年服务阵地，面向社区青少年开展"体验式"服务活动以及能力提升等服务活动。同时将社区假期返乡大学生、大学生社会实践队等组织起来，参与社区志愿服务，补充社区青少年服务力量。

存在问题表现为：首先，服务受惠范围的限制。由于 Z 村辖区范围大、居民多，现有服务在地域上主要以 Z 村村内的青少年、退役老兵、垃圾分类示范户为主，由于普通居民工作忙等原因，接受服务较少，同时受到服务场地等限制，影响服务覆盖面的拓展。另外，在服务退役老兵时，由于时间冲突、居住地变换、身体情况等原因，对退役老兵登记走访和口述史访谈等也产生了一定影响。其次，活动阵地的限制。社会工作者在开展青少年活动、志愿服务队培训等服务时，同社区共用活动场地，由于青少年群体特征以及活动性质需要，对社工开展工作有一定的影响。最后，由于社会工作在农村发展不成熟，导致社会工作者的存在感不强，社区对其定位不清晰，村民及村委会工作人员对社会工作者这个职业认识有偏差，甚至不了解，这对活动的开展产生了一定影响，不利于服务的深入开展。

为此，针对该项目进行反思，未来需要注意以下内容。其一，在项目实施中，项目社会工作者应始终坚持需求为本，尊重服务对象的需求，根据服务对象的身心特点，运用社会工作专业知识和实务技巧，链接多方资源，引导青少年、退役老兵群体、志愿服务队以及社区普通居民积极参与，加强宣传，积极引导驻地志愿团体入驻社区开展多样服务，努力推动在 Z 村设立大学社会实践基地，引导大学生社团利用节假日开展志愿活动，鼓励大学生实践团队以及社会志愿团体等进入社区开展各类服务，能够较好地满足服务对象的需求。其二，巩固和提升常规性服务。对现有的青少年服务、志愿组织支持和培训服务、社区服务、退役老兵支持服务等服务内容做进一步提升。具体而言，主要包括以下几个方面：青少年服务。认真做好青少年需求分析，根据青少年实际需求，运用社会工作专业技巧，开展个案、小组、社区等服务，同时链接多方资源参与青少年服务，拓展青少年服务主题，实现服务"引进来"与"走出去"相结合，链接"学校-社区-家庭"多方资源共同助力青少年成长。其三，志愿组织支持和培训服务方面强化。在新冠疫情防控下，积极链接资源面向志愿者提供专业培训，提高志愿者的专业服务能力，使其成为稳定的志愿者服务团队。在服务过程中逐步凝练总结适合乡村地区的志愿服务发展模式，并可以进行复制提升推广。社会工作者对志愿服务定期进行服务成效评估，了解服务进展，协助志愿者团队修订服务计划，做精做强服务项目，加大宣传与推广，促进服务成效的不断提升。其四，社区服务方面。依托社会工作服务项目，发掘社区特色资源，发动更多社区居民参与社区服务，从家园环保、困境帮扶、文化传承、网格志愿、社区参与等不同主题活动中，满足社区居民的不同发展需求，将社区现有资源进行整合发展，同时在服务过程中不断引导社区居民参与社区服务，实现居民从"服务享受者"到

"服务提供者"的角色转变①。其五，退役老兵支持服务。根据退役老兵实际需求，形成体系不断推进项目服务，并在服务过程中延伸服务领域，从退役老兵服务领域进一步延伸到社区服务领域，通过以点带面，不断扩大项目服务领域。同时，积极与 L 区多个社区等进一步合作，实现退役老兵互动、项目互动，进一步提升项目服务成效，扩大项目影响力。其六，加强项目宣传，推进项目运行。在项目开展过程中，项目社会工作者可以通过外展以及相关的网站等进行宣传，提高项目的知名度。但是，还有些居民对项目了解不够，影响到服务的开展，在后续的社会工作服务开展中，将定期召开项目交流会，对项目服务过程中出现的问题及时进行沟通讨论，对项目服务进度进行把控，并提升服务专业性，增强服务对象对项目的认可度；同时，在保证项目服务成效的前提下，加大项目宣传力度，扩大项目影响力。

---

① 陈昭衡．协同治理视角下社工参与城市社区治理研究［D］．广州：华南理工大学，2021.

第九章
社区儿童服务实践与反思

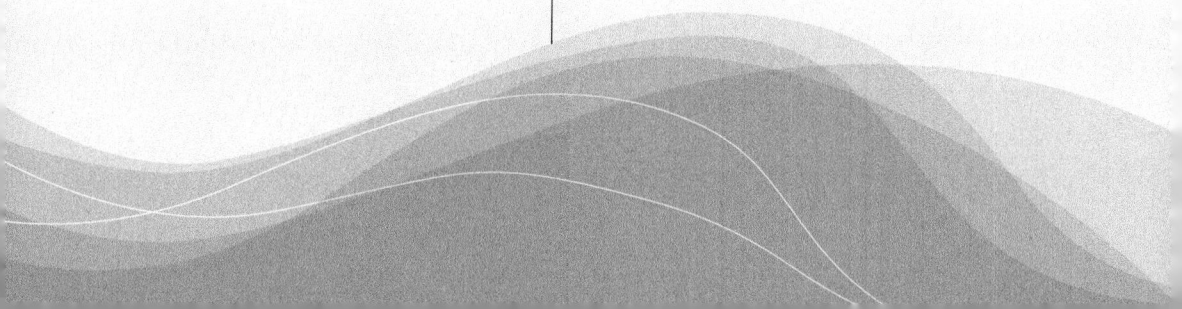

前述章节针对社区治理的整体性实践展开了讨论，并未区分特定服务群体。接下来，我们将围绕特定群体的社区服务展开论述。这需要聚焦特定群体的需求，使用适切的方法推进群体问题的解决及社区发展。

第一节　社区孤独症家庭项目实践反思

一、社区孤独症家庭项目基本情况

社会工作助力贫困孤独症儿童成长项目是由 Q 社会工作发展中心于 2018 年开始实施的专业扶贫项目，服务对象为患有孤独症的贫困儿童及其家庭。孤独症儿童，对于家庭和社会来说是一个沉重的负担，因其治疗康复费用高、周期长、见效慢，很多家庭因此陷入贫困，长期饱受物质匮乏和精神匮乏之苦，成为社会中急需救助的困难群体。

面对这一严峻的社会问题，Q 社会工作发展中心针对孤独症儿童及其家长开展了专业社工服务，倡导助人自助的社工理念，运用优势视角，发掘孤独症儿童的潜能，通过个案工作、小组工作等专业工作方法开展一系列服务项目。服务对象包括孤独症儿童及其家长，通过链接相关社会资源，帮助孤独症儿童通过专业训练能够逐渐实现生活自理，成年后通过社会融入和就业训练能够自食其力，改变其贫困状态；对其家长通过自我增能，提升对于贫困生活的抗逆力，重塑自我价值和效能感。

Q 社会工作发展中心倡导循证社会工作，而非基于权威选择社会工作方案。该项目通过有关文献的筛选和实践探索的总结，认为资产建设是适合回应当下贫苦孤独症家庭诸多问题的重要方向。自 20 世纪 90 年代美国学者谢若登提出资产为本的干预理念以来，资产建设得到国际广泛关注。

吴世友等①总结了资产建设的三代模型。这一资产建设框架经过了国内上海 G 机构的实践，证据显示其本土实践具有一定可行性。该项目以此为参考设计了针对贫苦孤独症家庭的社会工作干预项目。

二、社区孤独症家庭项目实施情况

（一）孤独症患者的资产建设

1. 孤独症儿童的资产建设

项目针对孤独症儿童的特点，设计了星儿驿站、星儿生活训练营，这些活动的设计是针对孤独症儿童人力资产建设的投入。① "星儿驿站"：针对 14 岁以下低龄孤独症儿童设计的儿童康复训练项目，根据低龄孤独症儿童的特点，社会工作者开展了绘画手工小组、音乐治疗小组及适合低龄儿童的趣味活动，依托训练器材，通过渐进式训练，帮助低龄孤独症儿童提升感知觉方面的能力。② "星儿生活训练营"：针对孤独症儿童家长最担心的孩子对环境的适应及安全问题，项目设计出一套针对孤独症孩子的生活实训课程，包括自我保护、乘坐公共交通工具、超市购物等常见生活场景，通过体验式训练，帮助孤独症儿童适应不同的生活环境。渐进式地从初级、中级再到高级活动的进阶，帮助孤独症儿童逐步掌握一些社会生活技能。

2. 孤独症青少年资产建设

孤独症青少年相对于孤独症儿童已经具备一定的生活能力，并可能具有工作技能。项目通过设计手工义卖活动、星儿充电站促进他们的金融资产、人力资产建设。①手工义卖活动：该活动是针对 14 岁及以上孤独症儿童而开展的工作技能训练。通过前期两个阶段的训练，孤独症儿童已掌握相关生活知识，面对他们的未来发展，社会工作者链接相关社会资源开展手工制作培训，指导他们制作拖把、串珠等手工艺品。利用周末时间，由

---

① 吴世友，朱眉华，苑玮烨. 资产为本的干预项目与社会工作实务研究设计：基于上海市 G 机构的一项扶贫项目的试验性研究 [J]. 社会建设，2016，3 (3)：48-57.

社会工作者带领他们在广场、社区等地开展义卖活动，由他们自己定价出售，帮助他们获得成就感和自我生存能力。②星儿充电站：该项目针对 16 岁及以上一些状态比较好的孤独症青少年，在征得家长同意后由社工进行综合评估，对接一些本地爱心企业进行学习实践，经考核合格后可以留在企业从事一些简单的工作。比如，在洗车店从事洗车工作，以提高孤独症青少年的可持续发展能力，减轻家庭经济负担。

（二）孤独症家庭家长的资产建设

开展"家长支持小组"：社会工作者通过调研了解家长的需求，组建家长支持小组。社会工作者作为召集人，运用赋能理论，让家长之间能够相互倾诉，运用小组工作方法缓解家长的焦虑感，提高家长的信心。开展"家长喘息计划"：孤独症儿童家长受经济贫困影响精神长期处于紧张状态，平时又因照看孩子比较忙碌而缺乏休息。社会工作者通过组织家长参加郊游、理疗、观看励志电影等活动，每月开展 1~2 次家长放松活动，帮助家长从焦虑中解脱出来，获得短暂的休息。定期的"喘息"，有效地减少了心理问题的发生。这两项小组工作专业活动以促进家庭的人力资产建设为目标。开展"家长就业脱贫"小组：孤独症儿童家长因需要投入更多精力照看孩子，多数无法正常工作，因而陷入贫困。社会工作者了解到家长这一同质性需求，开展了就业脱贫帮扶小组。根据家长的兴趣爱好，社会工作者链接社会资源，为家长培训金融知识，以及进行职业规划，培训家长开展十字绣、钻石画等手工制作，教授其电商运营和微商经营等知识，让家长在照看孩子的同时，能够有一份额外收入，逐步脱离贫困状态。通过搭建孤独症患者家庭的共同团体，促进贫困孤独症家庭的社会资产建设。

（三）贫困孤独症家庭的金融资产建设

项目通过协调政府、联系银行以及具有社会责任感的企业，对贫困孤独症家庭开展制度化储蓄和配对储蓄。以贫困孤独症家庭的家长为对象，开设家庭资产建设账户，每月进行储蓄，以及本机构协调配对储蓄的金额，激励贫困孤独症家庭做好资产的运用。

（四）贫困孤独症家庭的文化资产建设

项目实施地是革命老区，一直是国家和社会倾斜帮助的重要对象。利用这一特定的文化资产，本项目将通过宣传、游说相关企业、机构等，帮助处于这一特定文化下的贫困孤独症家庭。

三、社区孤独症家庭项目的反思

（一）项目如何管理

项目是在一定期限内围绕特定目标的系列活动。项目化运作是社区治理的重要路径，做好项目管理便成为一个重要问题。项目的实施受到家长的广泛好评，吸引了当地很多社会爱心人士参与，并得到了官方媒体的广泛报道，包括《临沂日报》、《沂蒙晚报》、《鲁南商报》、琅琊网、山东省社工协会、青翼社工网、中国公益网等。项目在当地引起了社会广泛好评，引领了良好社会风尚。

社区服务项目化运作面对有限资源，要求能够确保服务项目达到预期目的、向资助单位展示项目成效及改善项目的推进方向。如何推进项目管理从非专业走向专业化、资源利用最大化和投资多元化成为重要的现实关切[①]。在实施中，项目的核心团队是由专业社会工作团队运作的，所有社会工作人员均有社会工作师证书或者由社会工作专业的学生担任。督导由山东大学、济南大学、临沂大学等高校的专家学者担任。项目执行核心团队成员包括 1 名负责人，13 名社会工作者，20 余名实习生。团队成员内部分工明确，每月集中召开一次项目推进会，以月报形式向机构负责人汇报项目进展情况。

社会工作团队通过问卷调查、实地访谈，了解家长、孤独症儿童及学校老师的需求来设计方案，由 Q 社会工作发展中心督导进行评估，经督导

---

① 范泪. 社会组织的社会服务项目管理的本土经验研究［D］. 北京：中国青年政治学院，2011.

对方案的可行性进行综合评估后方可执行。项目执行实行档案化管理，由专人负责档案收集，前期进行调研评估，充分挖掘服务对象需求；项目执行中做好活动方案的设计和实施；活动后及时收集服务对象反馈，社会工作者对活动的执行进行总结。评估包括机构自评及外部评估，项目进展中进行阶段性评估，根据评估情况及时对项目运作进行调整。

（二）项目如何创新

项目具有一定的创新性，尤其是在理论视角上突出了社会发展理论。具体来说，其创新性表现在以下方面。其一，项目设计创新性。项目采用"社会工作者+扶贫"帮扶模式，以资产建设为框架，通过全方位建设资产，促进贫困孤独症家庭脱贫，避免返贫。其二，项目帮扶精准性。项目针对孤独症儿童这一特殊群体，做好群体的精准定位，运用社会工作的理念，保证服务手段精准，服务成效精确可测量。其三，项目内容系统性。项目内容包括孤独症儿童社会融入活动、孤独症儿童家长的情绪安抚计划、孤独症儿童康复和兴趣小组等。项目开展涵盖了儿童青少年等不同年龄段，针对不同年龄的主体开展多元化的社工服务；同时兼顾家长群体，面对家长照看孩子缺乏经济收入这一痛点进行回应，进行科学、有效分类，实现系统化、全方位帮扶。其四，项目运行长效性。该项目将个人、家庭、学校、社会等不同方面进行有机整合，社会工作者作为其中的纽带和桥梁，发挥重要的作用，将传统公益的"社会化缘"向"自我造血"运行模式转变，发挥助人自助的社会工作理念，真正实现"授人以渔"，达到项目的可持续性。

在社区治理的实践中，由于上级考核机制的设置，锦标赛的模式①导致社区治理不能仅仅停留于常态问题的解决，还要积极争优创新才能获得较好的"政绩"。实际上，采用社会工作本身就是一种创新。卫小将指出，社会问题的衍生逻辑遵循一种由外到内（外系统—社会系统—社区系统—家庭系统—个人系统）的逐级传导过程；作为治理术的社会工作可以由内

---

① 周飞舟．锦标赛体制［J］．社会学研究，2009（3）：54.

到外，防微杜渐，渐次通过人心治理、情感治理、关系治理、社区治理、社会治理预防与消解社会问题①。社会工作补充了一种从内而外或者自下而上的工作路径，并推进了社区治理的操作化、专业化和精细化。可见，社会工作的知识体系提供了可供创新的工具宝库，而在具体的实践中，如何将具体的社区实践问题与之结合则是地方实践者要思考的问题。该项目的创新并非原始创新，而是一种组合式，即将孤独症患者与资产建设关联，推进系列创新。

第二节　低收入家庭儿童服务项目的实践与反思

一、低收入家庭儿童服务项目基本情况

"播种幸福：低收入家庭亲子共读"社会工作服务项目是 S 省 2020 年省级社会工作脱贫示范项目。该项目从 2020 年 4—11 月在省级贫困村 F 村、S 村、B 村等地实施。

项目服务针对低收入（留守儿童、流动儿童）家庭受经济、文化层次的限制，教养方式滞后，重养轻教，家庭中代际差异及教养态度的冲突明显，亲子活动的时间、空间缺失严重等情况，以成熟课程为依托，帮助贫困家庭儿童开展阅读活动，指导家长（看护人）掌握早期教育的方法和技巧，明显改善受助儿童阅读和家庭教养状况，阻断贫困代际传递，使受助儿童为以后的学习、应对挑战、社会交往和情感发展奠定良好基础。通过项目推广，力图唤醒和帮助更多的贫困家庭对儿童早期发展干预的意识，重视早期教育。

关于儿童阅读的理论观点和父母教养方式的理论是主要的理论来源。

---

① 卫小将. 社会工作创新社会治理路径研究［J］. 中国特色社会主义研究，2018（6）：81-85.

后者包括精神分析理论、社会学习理论以及优势视角。这些理论对项目实施的启发在于父母的教养方式、行为方式对儿童的行为方式及价值观的形成具有重要的影响作用，它关系到儿童未来的人生发展方向。因此，帮助贫困家庭的父母树立正确的教养方式、提升儿童阅读能力、培养学习兴趣、认知能力是阻断代际贫困传递的有效途径之一。尤其是采用专业社会工作服务，在理念层面上更加注重从优势视角来看待服务对象，注重挖掘贫困家庭的优势资源，激发儿童的潜能。在直接服务中运用社会工作的个案、小组和社区等工作方法，强调多元化、平等、自由表达与相互倾听，改变贫困家庭非适应性的教养方式，培养贫困儿童的认知能力，构建贫困儿童的社会支持系统。

二、低收入家庭儿童服务项目实施情况

（一）项目准备阶段

机构积极准备项目申请，经市民政局推荐、省民政厅筛选论证，项目确定为"S省社会工作脱贫示范项目"。项目组成立后，通过积极联系，与各级妇联、S村和F村两个省级贫困村村委会、村妇联多次沟通、了解详细情况、查看现场，确定在S村和F村招募低收入家庭和困境家庭，开展服务活动。为做到精准扶贫，链接团市委、团区委、村委会，查找精准扶贫建档立卡户困境家庭儿童，入户开展阅读指导和家庭教育指导、心理辅导，将扶贫措施落实到户到人。

项目宣传推广主要通过开展公益讲座、社区家庭服务、借助自媒体、村镇微信平台等方式大力宣传儿童阅读及家庭教育的重要性和迫切性，引起更多对低收入等贫困家庭的关注和重视，并与社区（村）建立良好关系进行宣传招募。制作了宣传条幅、展板等，扩大宣传效果。区镇妇联、村委会办公室对开展的活动进行了报道；机构公众号对开展的活动进行了宣传。

（二）项目实施阶段

招募志愿者阶段。招募志愿者15人，聘请督导2人，参与活动150余

人次，加强培训和督导跟进。受新冠疫情的影响，培训采用线上线下的方式，开展志愿者培训 6 次，培训内容包括：儿童互动式阅读、儿童家庭亲子沟通、与儿童的游戏、入户家访的技巧、儿童科普阅读、家长如何为孩子选书、团体辅导等。项目组每次活动前都集体备课、制定活动策划书，每月举行一次项目会议，内容包括项目交流学习、整体项目推进和项目督导；加强项目研究，提高项目美誉度，打造项目品牌。

项目服务内容方面，按照项目计划书，项目在 F 村、S 村开展亲子共读活动。每周（周末）开展一次亲子共读故事会，根据儿童的生理发育特点和心理发展任务，选取合适绘本，带领孩子们阅读，示范、辅导家长（看护人）互动式阅读技巧。7—12 月，针对汪沟镇、枣园镇建档立卡贫困家庭的儿童 18 人，入户开展个案辅导和家庭教育指导 32 人次，帮助困境儿童改善家庭关系状况，全面重新认识自我，进行心理疏导和学习帮扶。

项目服务方式方面，主要有三类。儿童故事会：根据儿童的年龄及实际发育和成长情况，选取适宜的绘本课程内容，每周定期对儿童及家长（看护人）开展亲子共读故事会。绘本指导活动：项目组志愿者对家长进行"一对一"绘本讲授指导，帮助家长们掌握科学阅读的方法和技巧。社区公益活动：与社区（村）妇联共同开展以家长与儿童的"沟通技巧""亲子游戏""互动式阅读"为内容的讲座和团体辅导活动，加大社区宣传力度，提高社会、社区（村）和低收入家庭对儿童早期教育的意识和重视程度。

（三）项目总结阶段

在服务过程中，项目得到村委会和村妇联的大力支持，深感社会工作服务离不开基层部门的大力支持。正是有村妇联工作人员的一片爱孩子的心和对早期教育的认同，项目才得以顺利开展。镇妇联副主席亲自主持，两村妇联主席提前通知参加的家庭，周六 9 点前打开会议室的门，铺好地垫，做好准备等待上阅读课，一直陪伴到课程结束，即使在农忙时节依然如此。项目在总结服务经验、不足的基础上，完善档案材料。

项目产出上，项目共开展社区活动和讲座 3 场，儿童故事会和家长培训各 10 场，走访 11 个村的建档立卡贫困儿童家庭 18 家，为 20 名儿童开展绘本共读，个案工作服务和家庭教育指导 32 人次。项目共捐赠地垫 2 套、绘本 300 余册、彩色画笔 38 盒、"温暖包" 12 套，直接受益人达 329 人次。在项目实施过程中，先后完成研究性论文 3 篇，阶段性活动总结报告 5 份。

三、低收入家庭儿童服务项目的反思

（一）社区服务项目目标：能力建设

毋庸置疑，社会工作的目标在于助人自助，更为本质的说法是促进改变。社会工作相信服务对象有潜能，服务的目标在于提升服务对象潜能，促进能力建设。低收入家庭儿童服务也应致力于能力建设①。

项目的实践有一定的启发性。项目建立在贴近低收入家庭现实需要，帮助解决家庭教育问题的基础上，儿童及其家长（看护人）发生了可喜的变化。一是孩子们从开始总是贴着家长，逐渐能走上地垫和老师一起玩游戏、学儿歌，阅读中的互动也越来越多。孩子们经常会主动问："周六还来阅读吗？"由一开始的紧张、无措、逃避、抗拒，慢慢转为主动接受，开心互动玩耍，结束活动时留恋不舍；对书本的无感逐渐转为兴趣盎然，并且与老师约定下次共读。由一开始依偎在家长怀里看手机到自己拿着绘本与家长一起共读；从之前的不言不语，躲在家长背后，甚至哭闹不敢上前，转变为每个小朋友都遵守秩序地举手发言，与同伴相处少了些尴尬，多了些友爱。阅读活动见面时不再以游戏开场，而是互相讲述自己阅读到的故事。二是受助家长掌握阅读和家庭教育的方法和技巧，培养亲子阅读观念和科学育儿意识，老师示范、鼓励家长讲故事。家长们 2 个月以来全程参加亲子共读课，在老师的一再鼓励下，开始尝试给更多的孩子讲故

---

① 钱宁.农村发展中的新贫困与社区能力建设：社会工作的视角［J］.思想战线，2007（1）：20.

事。有些家长由一开始消极参与到态度改善，并配合一起阅读绘本，进行访谈。家长们多了更多的耐心，开始重视儿童阅读，并积极主动咨询教育问题，寻求建议以及推荐书目；部分家长甚至愿意带领阅读活动，整个活动氛围其乐融融。

由此可见，项目中注重的是改变，而且关注的是认知和方法技巧的改变。这种改变可以称为能力建设。如果过于重视服务对象，容易造成服务对象对社会工作者的依赖，从而弱化服务对象的能力。社会工作应当强调"助人自助"中的"自助"，推进能力建设从而达到社会工作服务目标①。这样，在社会工作服务结束后，服务对象才能够适应社会生活，甚至有的服务对象能够转变成助人者，推进社会互助的良性循环。

当然，能力建设不仅针对服务对象，社会工作团队的能力建设也是重要的。项目团队组织协调能力和执行能力有了进一步提升，开始形成一支稳定的家庭指导员队伍；形成了一套行之有效的服务规程、指导手册和项目管理流程以及资金使用管理办法，能保证项目管理规范、实现目标。社会工作者服务能力和服务水平得到有效提高，锻炼和培养了一支儿童（家庭）社会工作服务队伍。

（二）社区项目服务成效的呈现方式

社会工作服务的成效问题备受关注，然而成效如何展现是一个有争议的问题。总体来说，有数据呈现和故事呈现两种主要方式。项目在描述改变成效时使用了讲故事的方式。项目总结报告里有这样两段话。

2020 年 9 月 3 日，由 L 市文明办、共青团 L 市委主办，S 区文明办、共青团 S 区委、S 区教体局、X 街道办事处承办的市"彩虹伞·青少年公益课堂进社区"活动在某街道举行，邀请机构工作人员开展亲子关系专题讲座。来自 Z 社区、S 社区等 100 余名青少年及其家长参加了本次活动。本次活动采取融媒体直播的形式，全市 4 万余名青少年及其家长通过直播在线

---

① 张和清. 社会工作：通向能力建设的助人自助：以广州社工参与灾后恢复重建的行动为例［J］. 中山大学学报（社会科学版），2010，50（3）：141-148.

观看。活动面向主城区各社区进行了重点宣传，发放宣传海报 3 万余份。

W 镇妇联张主席说："在我们农村，有些家长（包括爷爷奶奶）连字都不识，更别说早教了。现在能有这么好的机会，再忙也要让孩子参加。"B 村党支部书记说："村里一定大力支持，在这里一起读书，比在家里大人小孩看手机好太多了。"项目在 B 村的社区讲座受到普遍好评，妇联再次邀请开展活动。Z 村村委会主任对项目开展的活动给予高度评价，并希望能长期开展。

第一段话是通过数据展现方式体现项目的效果。当然，第一段的方式是常见的，第二段话显然是通过个案的方式来论证整个项目的成效。但个案的方式会让人质疑个别人的说法能否代表整个项目，存在效度和信度的问题。事实上，正是这种质疑导致评估界推崇通过量化指标、数据展现方式来证明改变。常见的前测后测、对照实验等评估方式都是主流量化思维的体现。然而，我们还要关注到谁来看评估报告、谁关注项目成效的问题。从传播范围角度看，讲故事是一个更容易被大众接受的方式，也容易被广泛传播。故事具有可读性、趣味性，吸引力强。当前的社会工作项目评估主要关注者是政府，而政府则聚焦于民众的反应。因此，这个项目中家长、村委会的表达是政府迫切关注的内容。这种成效评估在一定程度上是合理的。当然，本书认为数据与非数据方式的结合更为全面。这里之所以强调讲故事的方式是回应学界过度重视量化评估的倾向。

（三）N 社联动模式建构

该项目的实践搭建了"政府—专业社会工作者—志愿者—服务对象"的多元互动平台，并实现了"三社互动（社会组织、社区和社会工作者）"和"两工联动（社会工作者和志愿服务者）"的新格局。"三社联动"模式在项目实施过程中起到很好的推动作用。项目组所在机构与（农村）社区、村妇联有持续、良好的合作，积极争取民政局的政策和资金方面的支持，招募志愿者，链接社会资源，是开展社会工作服务项目的有效途径。项目以专业社会工作服务导入为核心，构建贫困家庭教育、服务与社会支持的新型体系。通过该脱贫项目，实现高校、政府、专业社会工作服务机构、社区等多层次资源的整合。

我国的社区实践中探索了诸多联动模式。最早的"三社联动"指的是社区+社会工作者+社会组织；后来提出的"四社联动"，包括社区、社会组织、社会工作者、社区志愿者。当然，各地的联动主体有所差异，例如潍坊"四社联动"指的是社区党委统筹、社会工作者专业引领、社会组织助力和社区志愿者积极参与的社区"四社联动"。当前提及比较多的是"五社联动"。合肥市的"五社联动"主体包括社区、社会组织、社会工作者、社会资源及社区自治组织，广州市则是指社区、社会组织、专业社会工作人才、社区企业、社区基金会；湖南省通常指社区、社会组织、社会工作者、社会资本、社区居民。概括来说是 N 社联动，反映了我们对于社区资源主体越来越开阔的视野。尽管这些主体有所差异，但基本上属于本书分析的社区治理主体要素的范围。N 社联动的核心不在于有多少个主体，而在于如何实现联动。联动的背后是关系主义思维，反对实体性的思维，更加关注不同主体的内在联系，从而构建社区治理共同体①。基于联动侧重点的差异，这些联动也能够分为不同模式。例如，社会组织突出型、资源筹措突出型、志愿服务突出型②。这其中，社会工作者是 N 社联动的核心，基于其专业性优势，能够产生整体的力量，发挥改变的效应。

（四）项目的持续性问题

农村低收入家庭家长受经济条件和文化的限制，教育意识淡薄，尤其是对低龄儿童，对儿童的阅读和心理健康的关注不足，对早期教育认同度不高。想改变这种状况还需要很长时间，因此，项目还将持续开展。机构今后将积极争取政府购买、公益基金会及其他社会资源支持，解决项目经费问题。通过项目的深入开展和推广，突出项目品牌价值及重要性。

然而，项目开展也面临经费不足的重大挑战。首先是志愿者参与脱贫

---

① 原珂，赵建玲."五社"联动助力基层社会治理共同体建设［J］.河南社会科学，2022，30（4）：75-82.

② 任敏."五社联动"参与社区治理的三种模式及其共同特点［J］.中国社会工作，2021（10）：28-30.

攻坚的补助问题。为了保证服务的社会工作专业性，需对志愿者进行专业培训，今后还要加大培训力度。但因为项目时间较长，不能保证志愿者全程参加，也导致志愿者培训成本加大。为了留住志愿者，除了精神上的鼓励，还需要给予物质上的补助，如交通、通信、误餐等补助，该项目没有设置这部分经费。农村没有儿童活动室（城里社区有），没有与儿童相关的公共服务设施，缺少教育基础条件和氛围。镇、村妇联没有经费开展相关项目，项目结束后，项目成果的巩固难以预测。完善村镇级相关设施需要强化基础设施建设，当然这并非该项目所能解决的，而是涉及福利体系的问题。

　　这里值得反思的是目前的政府购买社区服务项目形式的可持续问题。研究表明，关系信任、项目成效和政府介入是服务购买可持续性的关键因素[1]。本项目的执行实际上是阶段性的，后续并没有持续的政府资金延续。由于政府购买服务本身是一种新管理主义的逻辑[2]，通过竞标政府资助最优的项目，而这本身就是要排斥固态无效率的资金管理模式。显然，这给社会福利服务带来了巨大的挑战。在此背景下，通过关系信任，尤其是社会服务机构主动与政府互动沟通，推进二者的协作成为社会服务机构的重要行动策略。当然，社会服务机构的项目成效，尤其是专业性彰显与创新性有助于获得政府再次购买服务的机会。社会服务机构以项目为支点，撬动更多的资金进入社区，推进项目延续也是重要策略。事实上，政府购买服务的目的也在于激活民间资金。然而，由于社会服务本身的非营利性，民众社会意识的薄弱，这一路径还有待于持续拓展。

————————

　　① 周俊. 公共服务购买中政府与社会组织合作的可持续性审视［J］. 理论探索，2019（6）：5–12.

　　② 何雪松，陈蓓丽. 当代西方社会工作的十大发展趋势［J］. 南京师大学报（社会科学版），2005（6）：19–25.

第三节　儿童助学的项目实践与反思

一、儿童助学项目的基本情况

（一）项目实施主体

P 社会工作服务中心自成立以来，秉持为民初心、利他为民的价值观，服务对象为 W 县家庭生活困难、低保户、精准扶贫户、文化教育缺失的留守儿童、困境儿童等群体，提供家庭、社区、儿童青少年等社会工作服务。

P 社会工作服务中心拥有志愿者近 600 人，主要由微爱护苗成长志愿者分队、退役军人志愿者分队、关爱音画志愿者分队、关爱美发志愿者分队、关爱妈妈志愿者分队、关爱讲师志愿者分队、关爱青春志愿者分队、关爱童行志愿者分队、关爱心声志愿者分队、关爱医疗志愿者分队 10 个志愿者分队组成，在 W 县 17 个乡镇均设有站点，每个站点均由 1 名站长、2 名副站长和志愿者组成。

（二）项目背景与起因

党的十八大以来，习近平总书记从党和国家事业发展后继有人的战略高度，对青少年工作作出一系列重要指示，亲切关怀下一代的健康成长。社会力量是扶贫开发的重要生力军，党中央提出支持慈善事业发挥扶贫济困积极作用；《国务院关于促进慈善事业健康发展的指导意见》（国发〔2014〕61 号）提出，慈善事业要突出扶贫济困重点，改善贫困群众民生，要与社会救助工作紧密衔接，与政府的社会救助形成合力，有效发挥重要补充作用。

W 县作为蔬菜生产大县，素有"山东南菜园"的称号，W 县拥有147.2 万人口，其中 30 多万人常年在浙、江、沪地区从事蔬菜生意，从而导致数百名孩子由老人在家看管，致使孩子缺失家庭教育、父母关爱。

该项目旨在通过"关爱 1 加 N 成长计划"逐步解决困境少年儿童在关爱需求、教育需求、心理辅导等方面的困难，改善孩子们的学习条件和成长环境，引导孩子们树立正确的人生观和价值观，更好地实现人生梦想。

二、儿童助学项目实施情况

"关爱 1 加 N 成长计划"是 W 县 P 社会工作服务中心的品牌项目。"关爱 1 加 N 成长计划"，1 代表一名受助孩子，N 代表为孩子提供的多项公益服务，字母 N 里包含着我们的"爱心助学""关爱小屋""关爱妈妈""爱心暖冬行动""壹乐园儿童服务站"等多个公益项目。

中心在 2020 年 3 月和支付宝公益平台建立了合作关系，在 W 县已经签约了 400 多家商家，通过"支付宝消费捐"的方式捐款、与腾讯公益平台建立了"日行一善"合作关系，每天都会有爱心人士进行捐赠，随着中心的工作不断被社会认可，被动捐赠也在不断增多，逐渐在"99 公益日"获得项目筹款。

该项目以爱心助学行动为中心，着重开展困境儿童救助、留守儿童成长关爱活动，并通过心理咨询、传统文化教育等社会性公益活动倡导社会文明与和谐新风尚，宣扬人道、博爱的公益理念。通过协会的综合服务改善孩子的生活空间和生活环境并引导孩子树立正确的世界观、价值观、人生观。在帮助孩子的同时，促使协会管理规范化、制度化，并逐渐形成自己的工作制度和工作模式。

（一）爱心助学

"爱心助学"项目主要为 W 县困难家庭孩子提供助学金，帮助孩子解决因家庭经济原因导致的"上学难"问题。2019 年以来，P 社会工作服务中心为 W 县 306 名困境儿童发放助学金 246500 元，发放标准见表 9-1，切实帮助孩子解决了因家庭经济原因导致的"上学难"问题。

表 9-1　儿童助学金标准

类别	金额	备注
初中及以下学生	1 学期 600 元 1 学年 1200 元	"爱心助学"项目资助金主要资助学生用于相关生活学习的支出费用
高中在校生	1 学期 1500 元 1 学年 3000 元	"爱心助学"项目资助金主要资助学生用于学费、学杂费的缴纳和相关生活学习的支出费用
刚升入大学一年级的新生	标准为 3000~5000 元	由于大学期间国家对于大学生的帮扶力度比较大，帮扶渠道多样，所以协会的资助金只针对刚升入大学一年级的新生

（二）关爱小屋

在走访的过程中，发现许多家庭条件有限，不能为孩子提供独立空间，特别是和父母睡在一起的青春期女孩家庭，她们身体已经开始发育，但是因为家庭条件所限需要和异性监护人同睡一张床，所以"关爱小屋"项目致力于为这些女孩提供一个独立的空间，为她们的成长保驾护航。

"关爱小屋"项目分两个部分，一是环境改造，通过空间改造，让孩子有一个全新的学习生活环境；二是习惯养成，招募青年志愿者，定期到关爱小屋进行走访，督促孩子自己打扫卫生，自己整理衣物，自己整理学习用品，养成讲卫生、懂礼貌的好习惯。

该项目已经累计投资 2.5 万元，建设关爱小屋 5 间，为 5 名困境女童提供了独立的空间，为她们的成长保驾护航。

（三）关爱妈妈

"关爱妈妈"项目是基于关爱小屋项目衍生而成的，前期通过其他项目，给予孩子们物资、学费和外部环境的改善及帮助。"关爱妈妈"陪伴成长项目则是专门填补孩子们心灵上的空缺。

在走访的过程中，观察到缺乏母爱的儿童对女性志愿者很亲近，在与孩子的深入访谈中，孩子的动作和言语都体现了对母爱的渴望。因此，机构决定成立关爱妈妈陪伴成长项目，针对失去母亲或者母亲由于精神问题等原因无法给予孩子母爱的女童进行结对帮扶，为孩子提供精神上的关爱。

关爱妈妈志愿者分队 152 名志愿者与 W 县 152 名失去母亲或者母亲由于精神问题等原因无法给予孩子母爱的女童进行结对帮扶，为孩子提供精神上的关爱，定期开展走访慰问工作，了解女童的生活状况，填补孩子们心灵上母爱的空缺。

（四）带你看世界

2019 年以帮助贫困儿童开阔视野、丰富阅历、增强独立自主能力为目的，组织 45 名贫困儿童到济南、日照、济宁研学。通过这样的活动，发现了孩子们身上许多的闪光点，也发现了孩子们身上很多需要纠正的生活习惯和由于家庭原因造成的教育方面的缺失。通过活动，让孩子拓宽眼界，树立正确的价值观、世界观、人生观。2020 年，在带领学生外出游学的同时，邀请社会教育机构参加，为孩子上了一堂习惯养成教育课；让学生在游玩的同时，提升个人的素质，重新认识自己。

（五）暖冬行动

从 2020 年开始，P 社会工作服务中心就开展"暖冬行动"，得到了社会各界爱心人士、爱心企业的广大关注和支持，"暖冬行动"为 36 名乡村小学困境少年儿童发放过冬的衣物、床上用品 36 套。2020 年 12 月开展的"寻找冻宝宝"公益项目，以定向精准发放"暖宝包"56 个（包含冻疮膏、手套、耳套、暖水袋）的方式，重点为 W 县不慎冻伤的留守、困境儿童提供应急康复药具和保暖物品，让孩子们感受到来自社会的温暖和关爱。

（六）"壹乐园儿童服务站"

"壹乐园儿童服务站"项目以儿童保护和发展为核心，通过支持公益组织在乡村社区、城乡结合社区及灾后地区建立安全友好的儿童活动空间，为乡村留守儿童和城乡流动儿童提供参与式课外游戏活动、安全卫生教育和社会心理支持等服务，缓解留守儿童和流动儿童因监护人照顾不周引发的安全意外、因陪伴缺失引起的心理问题突出及因教育环境落后引起的认知发展滞后等问题，搭建社区儿童服务平台，保障儿童基本权利，助力儿童身心发展。

（七）关爱童行

在普及儿童防性侵知识的同时，"女童保护"项目推动了相关制度和法律的完善，全面建立处理儿童性侵案件"一站式"询问机制等；每年还发布全国媒体公开曝光的儿童被性侵案例统计报告和儿童防性侵教育调查报告，为相关研究提供数据支持。

在普及儿童防性侵知识的同时，全面建立处理儿童性侵案件"一站式"询问机制等；2020年开展关爱女童行动，为W县14岁及以上女童发放"护理包"72个，并开展女童防性侵安全知识培训360人次。

为了更好地关注困境儿童、留守儿童，开设了"写好中国字"书法、剪纸、国学等课程，参与儿童400多人次。夏季蚊虫较多，项目联合济宁WA基金会为孩子们发放了清凉包，里面包含了花露水、肥皂、拖鞋、蚊香、毛巾、消毒液、口罩等20种物品。项目还开展微爱成长营活动，由W县民政局、W县未成年人保护中心、J市WA青少年发展慈善基金会主办，W县新闻志愿者协会、W县P社会工作服务中心承办，包括成长的故事、大学结伴行、与北大学长的来信等活动，带给了孩子们成长路上一次"特别"的经历。

三、儿童助学项目的实践反思：政府帮扶与慈善救助衔接

W县P社会工作服务中心自成立以来，秉持为民初心、利他为民的价值观，在扶贫济弱的实践中摸索经验、创新做法，形成了"一个中心，十微分队"的组织模式，实现全县志愿站点网格化全覆盖，与政府救助形成合力，创新服务方式，为W县家庭生活困难、低保户、精准扶贫户、文化教育缺失的留守儿童、困境儿童等群体提供家庭、社区、儿童青少年等社会工作服务。自2019年4月开始至2021年5月，志愿者们对W县35名困境儿童、119名孤儿、112名事实无人抚养儿童、590名留守儿童逐一入户

走访核实，建立个人档案，确保全面掌握孤困儿童家庭信息，及时协调解决生活、学习中存在的问题，并建立走访调查长效机制，推进孤困儿童生活工作规范化、动态化、信息化管理，确保孤困儿童健康成长。据统计，P社会工作服务中心共计募集善款344500元，发放爱心助学金196500元，建设关爱小屋5间，关爱妈妈结对帮扶152对，其中"关爱1加N成长计划"开展活动16次，共计1350人次参与志愿活动。

该项目的实践是政府帮扶与慈善救助共同参与的结果。在当前社会福利体系中，政府和慈善组织扮演着重要的角色，然而在实际工作中，二者之间的协作并不顺畅，有时甚至出现资源错配和服务重叠的现象，因此构建一个有效的衔接机制显得尤为重要。

我国政府对慈善事业的态度经历了一个从否定到模糊再逐步转向鼓励的变化过程，这在一定程度上影响了慈善事业参与社会救助的发展，这一观点在学界也基本达成共识。田凯以中华慈善总会为例，分析政府部门试图通过成立行政化的慈善组织来获得捐赠人对慈善组织的社会认同，所以行政化是政府控制和慈善组织依赖政府的结果①。沈芬认为，慈善组织的运行存在行政化倾向与其发展历史相关，慈善组织"去行政化"发展将是必然趋势②。

关于衔接影响因素的研究基本达成共识，认为主要存在信息平台缺少、合作机制欠缺、政策制定不完善等影响因素。孙远太指出救助主体分散在不同政府部门，合作地位不对等、功能定位不清晰、合作机制缺失等问题导致了二者衔接产生各种问题③。政府对慈善项目的监管、信息

---

① 田凯.非协调约束与组织运作[M].北京：商务印刷馆出版社，2004：64-75.
② 沈芬.中国慈善组织自主性发展研究：基于国家与社会关系视角[D].杭州：浙江大学，2008：17-20.
③ 孙远太.政府救助与慈善救助衔接机制构建研究：基于整体性治理视角[J].中国行政管理，2015（8）：52-56.

对接平台缺失、慈善组织的地位及税收优惠等因素影响二者的有效衔接①。李雪得出四个影响因素：组织政治关联、服务定位、组织的社会关联以及服务可持续性②。戴莹认为，对慈善事业与社会救助衔接的影响因素主要分为外部制约因素和内部制约因素，内部制约因素即各慈善组织之间缺乏衔接机制和管理经验；而外部制约因素是缺少政策支持和慈善意识未实现普及③。

　　总体来说，我们认为，有效衔接机制的方案应基于三个核心要素：信息共享、资源配置和制度保障。具体而言，信息共享部分，倡导建立一个统一的信息平台，确保双方能够实时获取和更新救助需求与资源供给数据；资源配置方面，建议政府、慈善组织以及社会各界共同努力，以确保救助工作在具有权威性和灵活性的同时广泛深入开展；制度保障方面，建议从政策和法律两个维度加强制度保障，促进慈善组织参与社会救助、优化资源配置、提高救助效率。最后我们对本章进行总结，以期提高政府和慈善组织在社会救助中的协同效应，减少资源浪费，提高服务质量，最终促进社会福利体系的整体效能。

---

　　①　江治强．慈善救助与社会救助的异同及衔接机制建设［J］．中国发展观察，2015（5）：39-44.

　　②　李雪．弱势群体发展视角下社会救助与慈善事业衔接体系的研究［D］．天津：天津大学，2018：45-46.

　　③　戴莹．慈善事业与社会救助的衔接研究［D］．芜湖：安徽师范大学，2018：39-42.

第十章
社区青少年服务实践与反思

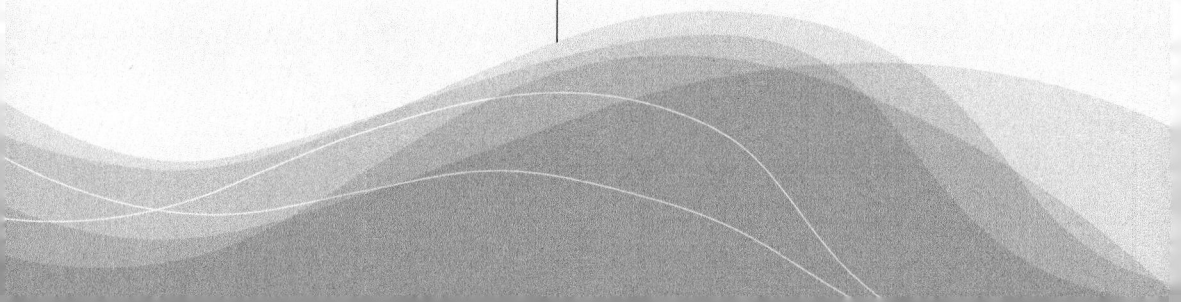

第一节　违法未成年人帮教矫治实践与反思

一、服务案例基本情况

（一）背景介绍

近年来，我国青少年犯罪案件数量增加较快，尤其是 14～18 岁的青少年违法犯罪增长率在持续增高，未成年人违法犯罪问题日益成为社会关注的热点。和成年人相比，未成年人在认知、行为、价值观等方面存在不成熟性与可塑性，因而对于社会危害较小、情节较轻的违法未成年人，通过帮扶教育等非监禁形式及时纠错具有现实意义。

一系列法律法规的修订实施，为社会工作介入未成年人司法保护提供了法律依据。2020 年，《中华人民共和国未成年人保护法》《中华人民共和国预防未成年人犯罪法》《未成年人司法社会工作服务国家标准》的修订颁布，明确国家鼓励、支持和指导社会工作服务机构等社会组织参与预防未成年人犯罪相关工作，2021 年 11 月，最高人民检察院、共青团中央联合下发《关于开展全国未成年人检察工作社会支持体系示范建设的通知》，也对未成年人司法保护、完善专业化与社会化相结合的保护体系提供了制度性保障。

社会工作的实践探索显示出专业优势和必要性。社会工作的"助人自助"价值观、关注人与社会和谐相处的独特视角与专业方法以及对于特殊群体的重视与关怀的理念，与违法未成年人矫治具有高度契合性，社会工作介入可以实现帮教工作专业化、社会化目标。社会工作积极探索介入附条件不起诉未成年人帮教工作。本着教育为主、惩罚为辅（附条件不起诉）的原则，社会工作积极营造开放式的帮教矫治环境，通过考察期内的监督、帮扶、教育工作的开展，促进涉罪未成年人改变失范行为，回归正常成长，取得了积极的社会效果。

社区矫正工作者是社区治理的重要主体，服务对象特殊。本案例中服务对象小金（化名），男，17 岁（案发时年龄）。家庭情况：父母无明显矛盾，服务对象与父母基本没有沟通。初二肄业，涉嫌盗窃罪，但决定对小金实施附条件不起诉，依法责令小金及其父母接受由司法社会工作者等帮教单位开展的帮教服务活动。

（二）分析预估

矫正社会工作者对服务对象家庭背景进行评估。小金与父母都存在着一定的矛盾，与父母沟通情况一般。父亲承担主要的监管义务，但服务对象小金与父亲基本没有沟通，父亲因为工作，在小金成长过程中存在着很大一段教育空白，而且小金母亲在家庭关系中的存在感较弱，小金父亲称她没有办法对小金进行管教。这种不健康的家庭模式，使家庭无法发挥其功能，影响家庭自身情感联结的发展。

通过交流分析发现，影响服务对象实施违法犯罪行为的关键在于家庭教育的缺失，小金本身也对自己的行为表示后悔，也提及与父亲的沟通交流存在问题，表达了改正的想法和与父母进行有效的沟通交流的渴望，希望能得到父母的关怀和教育。小金父亲也同样表示在教育中存在忽略服务对象小金的想法和感受，也希望在帮教期间能够不断地自我反省、自我批评，学习如何教育孩子，如何履行父母的教育义务。

预估阶段发现服务对象存在的问题有以下方面。其一，思想观念问题。服务对象法律意识淡薄，对法律没有敬畏之心，对自己的犯罪行为缺少准确的认知，而造成服务对象小金存在这样思想观念的原因离不开家庭教育的缺失。服务对象小金初二肄业，在"三观"尚未完全成熟的阶段中断了自己的学习，与家长缺乏基本的交流，父亲因为工作关系仅仅做到了父亲最基本的监护责任，而家庭教育方面缺失严重。其二，性格问题。服务对象小金性格急躁，是盗窃行为不可忽视的诱因，出现盗窃行为是报复心理在作祟。小金急躁性格的养成与家庭教育关系密切。小金与父母之间缺乏交流，心意的互相传达存在障碍，家庭氛围冷淡，这就导致了彼此之间遇到问题总会以争吵的方式解决。其三，人际关系障碍。小金性格外向，交友广泛，交友方面并不存在人际关系障碍，但与父母之间存在人际关系障碍。由于小金与父母缺少交流，父亲因为工作在家庭教育方面投入时间较少，导致小金与父母之间的交流存在障碍，不知道怎样与父母交流，所以选择沉默。其四，心理问题。小金自身描述犯罪心理过程是与受害者产生矛盾冲突，后因为报复心理实施犯罪。小金本人表示当时没钱，不懂法律，一时冲动才会发生本次涉案行为，并对此次违法犯罪行为表示后悔，并表示不会再出现类似的情况。

二、服务对象的服务计划与实施情况

（一）帮教服务目标

总体目标是通过个性化帮扶矫治使服务对象摆脱过去、重建自我、回归主流社会。短期目标包括修正价值认知，增加正向价值观念；帮助服务对象学习相关法律知识，提高法治意识；鼓励服务对象与家人沟通交流，改善家庭关系。长期目标包括使服务对象正确、客观地认识社会与自我，树立健康发展的自信心；建立有益于自身发展的良好的社会关系网络，形成良好的社会融入环境；使服务对象摆脱对过去的依赖，重塑自我，实现再社会化。

（二）服务计划实施过程

1. 初期帮教服务

与对象小金经过多次面谈，建立专业关系。在与小金的谈话中，社会工作者发现小金情绪偏激、说话粗鲁。对于自己违法行为的认知主要归结于自己性格冲动，没有认识到法律知识的缺失，无法准确判断出自己行为可能导致的法律后果。在与其反复交谈中，社会工作者让小金直面自己的行为习惯，启发其可选择和采取的其他行为方式及其后果，促使小金对自身的问题警觉与反思。小金慢慢地打开心扉，与社会工作者建立起了信任关系。社会工作者与小金一起明确了帮教服务目标任务，通过专业社会工作者的介入，帮助小金修正其错误认知，意识到自己行为的严重性，增强服务对象自身法律意识，改善自身存在的不良习惯，杜绝违法行为，引导服务对象遇事冷静，促进服务对象与父母之间的问题的解决。

针对家庭的服务，开展家庭访谈。社会工作者对小金及其父亲开展访谈评估，了解到他们的需求。在小金成长过程中，小金父亲有较长时间的教育缺失，导致小金对父亲产生了陌生感和抵触情绪，较为抵触父亲强制参与的教育方式。司法社会工作者在此次家访服务中发现了问题所在，双方在沟通中存在着很大的矛盾，可以说是影响家庭关系的根本性因素。为了进一步缓和父子之间的关系，帮助小金更好地作出改变，社会工作者对小金父子进行了沟通访谈。在沟通过程中小金出现对父亲发脾气的行为，为了避免矛盾深化，社工采用分别对谈的形式继续进行。社会工作者与小金交谈发现其行事任性、出现问题便推脱责任，并在多次教育后仍存在侥幸心理。小金父亲态度积极，但实际行动力一般，且在教育方式上缺乏耐心。社会工作者了解了问题所在，疏解了小金父亲的情绪，对小金进行了教育批评，对小金父亲的教育方式和内容提出适当建议。针对小金及其父亲的沟通障碍，为了帮助彼此能够更好地了解对方的想法，社会工作者以一种积极的方式和态度进行沟通，并邀请了专业老师以沟通小组工作坊进行专业训练。

开展法治教育，增强法律意识。社会工作者为了增强小金的法律意识，要求其深刻地反思自己的行为，预防犯罪再次发生，组织小金参加普法教育活动；引导小金回顾过去，进一步了解涉案动机和犯罪行为的影响。在社会工作者的引导下，小金从一开始的被动，开始变得主动参与活动。活动结束后，社会工作者引导小金结合自身经历和本次活动进行了分享。通过学习经典案例，小金的法律意识得到了提高，也意识到自己的行为存在哪些不妥，知道了什么该做什么不该做，对于之前抽烟喝酒的行为有所认识，对于之前打架斗殴等违法行为有所反思。

参加志愿活动。联合 B 镇法庭，带领青少年走进镇法庭，在参观法制教育基地活动中，依次带领青少年参观学习"公民的权利与义务""青少年不良行为类型及危害""青少年违法犯罪类型"，并了解了"青柠计划"

以及"女童保护"等志愿服务项目的意义。在活动过程中，服务对象小金整体表现一般。在活动开始时，小金能够积极跟随讲解人员学习，但在活动进行到中后段时，小金开始出现小动作较多、注意力不集中的情况。在提醒之后，情况有所改善，但从结束后的反馈情况来看，小金的学习及反思情况一般。

2. 中期帮教服务

多面谈发现问题，交流改正。在帮教服务的中期，对小金及其父亲个人思想的改变进行了评估，社会工作者围绕小金参加帮教活动以来的改变、收获以及下一步的计划，对小金及其父亲展开访谈。针对小金近期的表现及其生活状况与小金及其父亲进行交流，社会工作者了解小金前期的服务成效，作出中期评估，以便调整后期帮教方案。小金目前还存在对待工作不认真，不按时完成任务、撒谎的习性和缺点。小金父亲作为监护人，应慢慢进行沟通，多加引导。社会工作者针对小金近期在帮教期间的工作调整、法制节目观后感等材料递交不及时、日常迟到等情况重点展开沟通，进行重点强调，对小金工作情况要求他调整心态，及时整改；并针对其日常撒谎、交材料不及时的情况进行重点强调，要求小金必须调整心态，总结自身存在的不足，及时整改，并就小金后期帮教情况进行重点调整。在近期帮教期间，小金父亲存在沟通不及时、隐瞒小金不工作、夜不归宿等情况，通过沟通，重点强调小金父亲应对自己身上存在的问题反思总结，时刻反省自己的行为，结合小金的日常表现情况进行整改，并在日常帮教过程中及时与检察官、社会工作者进行沟通反馈，保证帮教成效。

组织思想政治教育活动。为提高小金的思想道德水平，增强法治意识，社会工作者组织了红色主题的主题教育活动。社会工作者组织小金等人到和谐广场参加 Y 街道组织开展的主题教育活动，参观了关于党的发展历程主题展板，听取老党员讲红色故事，观看电影《悬崖之上》。活动过程中，社会工作者通过观察与交流，发现小金受触动较大，多次表示先辈们真不容易，对自己的行为流露出悔意。

后期的成效巩固阶段。首先是评估成效。社会工作者根据小金及其父亲近期状态来反馈帮教服务成果，进行后期评估。社会工作者通过现场访谈的形式对小金、小金父亲以及观护单位负责人展开访谈，访谈结束后，通过让小金做普法测试题检测其学习效果。社会工作者引导小金讲述其自参与帮教活动以来的收获以及改变，之后小金讲述了自己对于未来的规划，就帮教期间社会工作者的服务进行评价并提出建议。小金在分享中表示相较之前，他做事不再冲动，遇事也会冷静思考，不再参与打架斗殴，通过8个月的学习，识字量有所增加，法律意识也有所提高。今后会努力工作，不再惹是生非。其次是规划未来。社会工作者通过小金自参与帮教活动以来的改变，对小金的未来教育规划以及对社会工作者的服务评价这几方面与小金的父亲访谈。小金父亲表示，小金的法律意识较之前有所增强，更深刻地认识到了自己违法犯罪行为的错误，仍存在做事拖沓、撒谎的行为，整体进步并不明显。

三、涉罪未成年人帮教矫治实践的反思

（一）服务对象改变何以波折

通过认知行为治疗技巧的理论指导，运用访谈、主题教育、亲职教育、参加志愿活动等方式帮助服务对象改正自身存在的问题，帮教过程前期进展良好，后期由于服务对象迟到、拖沓等原因开展并不顺利。

帮教服务初期，社会工作者以真诚与接纳的态度，链接小金的社会关系，充分了解服务对象各种信息，在面谈过程中，倾听小金的诉求，并提出指导意见和专业建议，逐步建立起相互信任的专业关系。帮教服务中期，社会工作者根据服务计划，采取了一系列行之有效的积极介入方法，给予小金多方面的帮助和支持，逐步引导小金理性地看待自己的犯罪行为并意识到犯罪行为的严重性，提高小金的法律意识。帮教服务后期，小金态度消极，在帮教考察期间，在帮教服务单位工作和参加活动时多次无故迟到，多次出现材料提交不及时、撒谎、无故脱离帮教单位监管、夜不归宿等情况，多次沟通，监管情况仍没有改善。小金父亲也不配合工作，帮助小金隐瞒迟到等不良行为。

本案中的小金及其父亲在后期对于帮教服务的漠视，使工作仅能完成最基本的任务。社会工作者反思这其中的态度转变，不仅是小金及其父亲本身在后期对于帮教服务的轻视，也可能是在帮教服务期间社会工作者过于强烈地想要改变其尖锐的家庭矛盾关系，使小金及其父亲认为是社会工作者强迫其参加活动，这种情况下的社会工作者与帮教对象之间的关系是不平等甚至是对立的。在这种关系下，社会工作者受到挑战，使诸如平等互信基础上的自我坦露等方法无法正常使用；帮教对象参与活动的态度消极、敷衍，甚至会产生抵触心理，降低帮教效果。

社会工作者本身是改变的媒介，然而这种改变并非朝发夕至。尤其是面对司法社会工作服务对象，其问题已经触及法律，说明服务对象问题的严重性。司法社会工作者的角色因此是特殊的，它一方面要承担矫正、监管的责任，另一方面也要做好服务的角色。前者恰恰是不平等的，而后者作为"专业辅助者"①，需要强调平等、接纳、同理等原则。在该案例中，社会工作者没有较好地平衡二者，导致行政性的监管角色凸显，面向服务对象内心的改变缺乏深度触及，没有从深层次改变服务对象及其父亲应付的心态。在介入后期，小金与其父亲对帮教工作产生轻视心理，认为"已经没事""没有影响"，而消极对待帮教工作。面对小金父亲的教育问题，社会工作者只是单纯地建议劝导，缺少对小金父亲问题的分析，忽略了对他的法律意识和教育能力的培养，从而导致他在帮教后期配合度较低。

（二）社会环境支持

社会工作的核心理念之一是"人在环境中"。这一理念认为个体的改变与环境密切关联。

在本案例中，家庭及家庭成员是服务对象在帮扶活动中最有效的社会支持。实际上，家庭是社会工作服务对象关系网络的核心，扮演着基础性

---

① 王雨磊，陈柏成．专业辅助：社会工作在司法社会治理中的定位［J］．中国行政管理，2019（7）：67.

角色①。家庭教育是未成年人健康成长的基础，家长的引导行为、文化水平、沟通能力等都会对未成年人造成影响。社会工作的帮教服务不仅是对涉罪未成年人的帮助教育，也是对其父母对于家庭教育出现的问题进行指导帮助教育。针对家庭，应该注意从两方面进行帮扶：一是要打破壁垒，了解动态。帮教过程中会发现孩子与家长的沟通存在问题，所以父母教育中也要让家长了解孩子的心声，解决对未成年人成长不利的家庭因素。父母对孩子的教育和行为观念达成一致，避免因为父母矛盾导致孩子教育问题，理性处理家庭与教育的关系。二是不仅是生活上的照料，在出现问题时也要进行教育。对未成年人出现的问题及时纠正，这不仅是教育也是保护。未成年人的监护人作为家庭教育的主导者、未成年人直接的接触者，起到非常重要的作用。作为与这个社会共同进步的人群，未成年人的监护人应该将未成年人在成长过程中遇到的问题融入家庭教育中，家庭教育的完善，质量的提高，主导者个体认知和教育理念的与时俱进需要第三方和法律的介入。家庭教育法让人们意识到家庭教育的重要性，同时需要多个部门联合协作。因此，在对涉罪未成年人的教育中，增强对家庭教育的指导，提高家长的教育素养和家庭教育的水平，需要家庭、法律、社会工作者等多个部门形成合力，共同促进涉罪未成年人的健康发展。

此案中，从服务对象自身的角度，小金表示通过帮教反思了自身存在的问题，认识到自己存在的错误，在监管结束以后要安稳工作，不做违法犯罪的事情。服务对象能够正确认识到自己所犯罪行的严重性，对自己的犯罪行为有悔改之心，同时开始为今后生活进行规划并愿意为之努力。但小金仍存在撒谎、夜不归宿等不良行为，与父亲之间的沟通也存在一定的问题。从小金父亲的角度，在日常监管中，前期对帮教工作配合度较好，后期在帮教中对服务对象监管力度降低。这表示服务对象现在仍存在时间观念差、撒谎、不听劝等问题。在帮教期间小金父亲对于服务对象的日常行为不能履行监管职责，在生活中不能发挥正向引导作用，在日常监管中

---

① 杨超.社会工作技术的理论建构［J］.学习与实践，2022（4）：30-35.

因沟通方式多次与服务对象发生矛盾冲突。小金前期刚到帮教单位期间表现良好，但是到后期表现逐渐退步。社会工作者在服务中需要有动态的思维，具有超越本阶段工作的意识。实际上，服务对象的改变是螺旋式的，有时候在退步中进步，而非线性的成长过程。这反映了社会工作实施的弹性特征，而这根源于社区治理的实践性。本案例中社会工作者的失败在于实践自觉[1][2]的弱化。实践是变动不居、不断往复的过程，而高校专业的训练偏重于理论自觉，忽视了实践的特殊性。

总之，附条件不起诉未成年人的精准帮教工作是社会工作者致力拓展及深耕的领域。社会工作介入附条件不起诉未成年人帮教矫治，是以社会工作专业的理念、方法、全面的知识去改变其认知。通过系统化的帮教服务，引导各方的参与，重点倾斜，尽最大可能地提升服务对象及其家庭的自我矫正能力，实现自我构建。

社会工作以其积极、接纳、不批判的专业态度介入涉罪未成年人的精准帮教领域有专业上的独特优势。社会工作者在进行帮扶教育时要根据未成年社区矫正对象的年龄、心理特点、发育需要、成长经历、犯罪原因、家庭监护、教育条件等情况，采取针对性的矫正措施，对于有着明显尖锐的家庭矛盾的，要同样重视对父母的教育。强化家庭监护责任，规定未成年社区矫正对象的监护人应当履行监护责任，承担抚养、管教义务。社会工作对于涉罪未成年人的帮教服务的重点是多方面的，不是单一因素的导向，同时重视对家庭的教育和观念的正确引导，这需要司法社会工作者不断提高专业能力，并联合有关部门继续对相关法律法规和具体措施作出完善改进，为涉罪未成年人健康积极的家庭教育环境提供条件，为未成年人司法社会工作提供参考和保障。

---

① 王海洋. 社会工作的实践自觉：理论蕴涵与实现路径 [J]. 学海，2023（5）：146-155.

② 刘振. 走向实践自觉：社工站的实践困境与优化路径：基于 W 镇社工站实践的思考 [J]. 内蒙古社会科学，2024，45（1）：198-205.

第二节　涉罪未成年人的嵌入式矫治

一、"ACC"动态监管模式的背景

随着未成年人保护的强化，未成年人检察工作的不断改革，多方社会支持越发凸显，这要求在未成年人检察工作中，从原先"检察官一肩挑"的工作模式转化到"多方社会支持力量介入"的发展模式。S区人民检察院自2018年开始探索未检工作的发展新思路，启动"蔚蓝"未成年人帮教矫治服务项目，加强与团委、民政等部门联动，引入青少年社工、心理咨询师等专业支持力量嵌入未检工作中，构建"ACC"动态监管模式，推动未成年人检察工作完善发展。

二、突破：项目服务嵌入的探索

社会支持体系下，未检工作的"服务嵌入"。进一步将以青少年社工、心理咨询师为代表的社会支持力量介入未成年人司法领域开展服务，并实现与共青团、民政等多部门联动，构建涉罪未成年人的社会支持体系。未检工作通过青少年社工等支持力量介入犯罪预防、被害人救助、涉罪未成年人帮教矫治等相关工作，实现服务嵌入，不断完善未检工作职能，促进未成年人检察工作的发展。

"服务嵌入"模式下，未检工作的"制度性建构"。通过对日常工作开展的总结，梳理未检工作流程，提出涉罪未成年人服务实施意见、帮教服务细则、合适成年人服务细则以及社会调查服务细则等操作规范，明确社会工作者、心理咨询师等职责，细化各环节工作要求、工作方式，形成从案件委托、受理到回访、考核、归档等一整套工作体系，确保工作开展有章可循，进一步完善组织体系、制度体系、专业化人才队伍建设、服务资源的配置。

三、探索："蔚蓝"涉罪未成年人社会支持服务体系的尝试

在"蔚蓝"项目开展过程中，依托青少年事务社会工作者，首先针对附条件不起诉未成年人开展帮教矫治服务，建立检察官-青少年事务社会工作者-相关行政部门、社区（村）的多元化工作格局，并结合未成年人社会调查结果及需求，制订个性化帮教方案。项目依托青少年事务社会工作者、心理咨询师的专业优势和力量开展被害人救助工作，并联动民政、团委等多部门，建立未成年人社会支持框架。并充分发动干警、律师等相关力量，开展未成年人普法讲座和犯罪预防工作。项目开发"蔚蓝同行"手机 App，将线下工作转移到线上，保障工作有迹可循、资源共享、信息联动，在整合社会支持力量的同时实现未成年人服务从单向"嵌入"到互动性发展。

在"蔚蓝"项目服务中，借助"蔚蓝同行"手机 App 平台，确定项目服务框架，并通过整合社会支持资源，不断完善项目服务细节，挖掘项目深层次发展需求实现项目服务效益最大化。"蔚蓝"项目分为帮教矫治、被害人救助、犯罪预防三大板块。在帮教矫治板块中，实现"评估分析、帮教矫治、跟踪回访"的动态监管；在被害人救助板块中，实现心理咨询与社会支持力量的互动发展，将团委、妇联、教育、学校、卫生部门等通过资源共享、信息联动等方式，开展未成年人强制报告、救助信息共享、在线帮扶、公益诉讼线索发现等服务。在犯罪预防板块，项目通过对未成年人开展"普法宣传、临界预防"等工作，增强未成年人法治观念，矫治不良行为，引导未成年人积极正向发展。

四、完善："ACC"动态监管模式下未检工作的嵌入式发展

依托"蔚蓝"项目开展实际情况，S 区人民检察院进一步梳理工作方法与工作思路，总结提炼"蔚蓝"未成年人项目服务品牌，包含帮教矫治服务、被害人救助服务及犯罪预防服务，并在工作过程中归纳出以"评估（Assess）、分类（Classification）、矫治（Correct）"为核心的"ACC"动

态监管模式，通过对涉罪未成年人需求评估、日常监管工作机制分类、帮教矫治工作模式制定，探索社会支持体系下对未检工作的嵌入式发展，实现"社会支持力量嵌入'蔚蓝'项目、App线上平台嵌入蔚蓝项目、蔚蓝项目嵌入未成年人检察保护工作"的阶段嵌入式发展。

"ACC"动态监管模式下，项目首先依托社会调查、需求访谈等形式对涉罪未成年人开展评估，从涉罪未成年人日常表现、再犯风险及社会支持等方面开展评估工作，归纳为"533"评估工作法。依据"533"评估工作法，项目综合评估涉罪未成年人帮教监管等级，按照"红橙黄蓝"日常监管工作机制将涉罪未成年人帮教监管分为"红、橙、黄、蓝"四个等级，按照帮教监管等级分别制定不同日常监管措施，并结合日常监管反馈，每月进行总结评估，及时调整帮教等级与帮教方案。

在帮教过程中，项目动态化制订帮教方案，结合前期社会调查及评估结果，针对涉罪未成年人自身成长、家庭支持、朋辈影响、发展规划四个方面制订帮教方案，并在帮教过程中联合民政、团委等多部门，结合涉罪未成年人发展需求为其开展"红色教育、志愿服务、亲职沟通、团队建设、职业体验、困境走访"等多种志愿服务活动，并在帮教过程中每月评估涉罪未成年人日常表现情况，及时调整帮教方案，统筹社会资源，搭建涉罪未成年人社会支持体系。

五、反思：分与合的变动

S区人民检察院通过"蔚蓝"未成年人项目，依托社会工作服务队伍，链接心理咨询师团队，加强与民政、团委等相关部门联动，将未成年人犯罪预防、被害人救助、帮教矫治三方面内容完善到项目服务中，并进一步总结工作思路与工作方法，明确涉罪未成年人工作模式，加强社会工作者、心理咨询师等专业团队在未成年人服务过程中的服务嵌入，进一步融合各方面支持力量，构建起以涉罪未成年人帮教矫治为主的"蔚蓝"项目服务体系。

　　嵌入性发展是王思斌描述中国式社会工作发展思路的一个关键概念①。嵌入性是指专业社会工作进入我国现有的社会服务系统。这里的假设是专业社会工作是舶来品，我国本土缺乏专业的社会服务，而专业社会工作的嵌入是必要的、可行的。专业社会工作与行政性社会工作是中国语境下并存的两种社会工作形态，一般认为它们都是社会工作。实际上我国本土并非没有社会工作，而是呈现以行政社会工作为主，专业性社会工作匮乏的局面。嵌入性发展就是要推进二者的整合，或者弥补专业性社会工作的空白。本项目的实践就是专业性社会工作从无到有，实现增量发展的过程。当然未成年人保护的现实需求一直存在，只是过往由检察官"一肩挑"，表现出行政性、非专业性的特点。引入专业社会工作嵌入未成年保护项目就是将原来总体性的检察官职责分化出来，让检察事务归于检察官，让社会服务事务归于社会工作者。

　　如果说上述过程是从合到分的过程，那么接下来要做的就是从分到合，这种"合"是王思斌所谓的"嵌合"②。嵌入只是第一步，更重要的是接下来实现融合。该项目中，检察院依托社会工作实现资源的整合，而社会工作的实践也是以社区为本的，推进社区资源的多元聚合共同服务于未成年人。然而，更加重要的是检察官与社会工作者之间的合作关系。总体上，中国社会工作的实践表现出政府主导下专业弱自主嵌入状态③，社会工作者的专业自主性差，表现出依附状态。本项目中并没有展现检察官与社会工作者的权力关系，但这可能是反思的关键点。

---

　　①　王思斌. 中国社会工作的嵌入性发展 [J]. 社会科学战线，2011 (2)：206-222.

　　②　王思斌. 社会工作参与公共危机事件治理中专业功能的嵌合性实现：以新冠肺炎疫情防控治理为基础 [J]. 社会工作与管理，2020，20 (6)：5.

　　③　同①.

第三节　未成年犯罪个案介入实践与反思

一、未成年犯罪个案介入基本情况

（一）基本案情

2021 年 1—2 月，未成年犯罪嫌疑人徐某某先后在 Z 市 T 区、L 市 S 区等地，利用停放车辆的车主未锁车门之机，多次进入车内窃取车内现金共计 2900 余元。

（二）深入分析犯罪原因，对接帮教基地，教育、挽救涉罪未成年人

审查案件时，为了全面客观了解徐某某情况，承办检察官及时与公安机关沟通并委托 L 市 SQ 社会工作服务中心组织对徐某某开展社会调查。经调查发现，徐某某，出生于 2004 年 11 月，老家在江苏省×市，作案时刚刚年满 16 周岁，此前曾因盗窃多次被行政处罚；经向户籍地相关人员进行调查走访，发现徐某某自幼随养父生活，目前仍未落户，2017 年左右养父去世后跟随叔叔婶婶生活，后因家庭关系不和睦离家出走，流浪在外。徐某某犯罪原因主要有以下几点：一是缺乏有效监护，家庭教育严重不足；二是年龄较小，受教育时间短，法律意识比较淡薄；三是因户口问题未解决，导致徐某某没有有效身份证件，难以通过正常渠道工作赚钱。审查逮捕阶段，承办检察官及时与观护帮教基地联系后，帮助徐某某安排固定的工作及住所，解决基本生活问题。同时与观护帮教基地、公安机关、L 市 SQ 社会工作服务中心一起，签订针对徐某某的观护帮教协议，保证取保候审期间徐某某能够得到有效监管。

（三）制发检察建议，督促、落实困境未成年人临时监护制度，会同相关部门参与未成年人帮教

在审查案件过程中，了解到徐某某自养父去世后便离开学校，未再继

续接受义务教育，在与叔叔婶婶生活一段时间后便离家出走，一个人无依无靠流浪在外。案件办理过程中，承办检察官多次联系徐某某叔叔，但对方始终未能回复，到其户籍所在地也未能找到他。虽然徐某某目前在帮教基地生活学习，但其事实监护缺失的状况仍未得到改善。根据最新修订的《中华人民共和国未成年人保护法》第九十二条的规定，对于未成年人流浪乞讨或者身份不明，暂时查找不到父母或者其他监护人的，民政部门应当依法对未成年人进行临时监护。考虑到徐某某的实际情况，S 区人民检察院向民政部门发出检察建议书，要求民政部门按照法律规定对徐某某实行"临时监护"。目前民政部门已经采纳该检察建议并指定 S 区民政局作为临时监护人，加强对徐某某的日常生活照料。审查起诉阶段，综合考虑案件事实、徐某某的表现、帮教条件等，检察院依法对其作出附条件不起诉决定，并会同民政部门、帮教基地、L 市 SQ 社会工作服务中心签订附条件不起诉观护帮教协议，共同参与对徐某某的监管和帮助。

（四）"社工妈妈"全程参与，因地制宜开展帮教，救赎误入歧途的少年

徐某某自幼生活在一个不完整的家庭中，家庭教育空白，更加缺少母爱的关照。在多次接触中，当提到"妈妈"这个词时，他总是以长久的沉默回应，但迷茫的眼神中又透露出对母爱的渴望。考虑到徐某某情况的特殊性，为了确保在后续的帮教过程中能够走进其内心，弥补其年少的遗憾，有效实现不良行为习惯的矫治，也为了确保帮教活动的针对性和深入性，吸纳社会力量参与对未成年人保护，承办检察官及时与 L 市 SQ 社会工作服务中心负责人联系，就徐某某的情况沟通交流，针对其存在的问题、需求等方面因地制宜制订帮教方案。社工组织指派"社工妈妈"范老师全程参与对徐某某的帮教，范老师在分享中这样说道："因为小豪（徐某某）和我的女儿年纪差不多，所以也格外有感触，孩子从小缺少关爱，每次的小错误其实更像是为了引起他人的关注，小豪内心对爱的渴望让我总能想到自己的孩子，帮助他重返社会或许是作为一名司法社会工作者的责任，弥补他缺失的母爱却是作为一个母亲的本能。"在帮教过程中，范

223

老师事无巨细关注着徐某某的生活和工作状态，从换洗衣物的购买到心得体会的指导，在一次次被探望、一次次被治愈中，徐某某的精神面貌有了很大的变化，"社工妈妈"范老师用爱和温暖，书写了爱与救赎的故事。

（五）协同解决户口问题，巩固帮教效果，助力未成年人回归社会

因未落户导致有效身份证件缺失，无法通过正规渠道工作赚钱是徐某某违法犯罪的重要原因之一。虽然在帮教中，徐某某的精神状态有了很大的改变，但倘若不解决户口问题，徐某某犯罪的诱因始终不能解除。仅仅关注眼前的帮教矫治并非长远之计，如何让徐某某在帮教结束后顺利找到正当工作，顺利回归社会才是重中之重，而想要巩固帮教效果，注重帮教的长远性，首要解决的便是户口问题。为了妥善解决这一难题，承办检察官积极与徐某某自述的户籍地检察机关、辖区派出所联系，就徐某某的实际情况进行沟通交流，协同解决徐某某落户难的问题。经过一系列工作后，徐某某终于落户在 J 省 X 市 Z 区，也拥有了属于自己的身份证件。

二、未成年犯罪个案介入实践的反思：国家力量与社会力量

未成年人不仅是家庭的，也是国家的。"国家兜底监护"的理念已经得到了世界各国的公认，也成为保护未成年人合法权益的坚强后盾[①]，检察机关作为国家法律监督机关，对于案件办理过程中发现未成年人存在无人监护的情形，应依法督促落实临时监护制度。本案中，检察机关通过制发检察建议的方式督促民政部门落实对徐某某的临时监护制度，防止相关主体对被监护人权益保持消极态度，通过督促落实临时监护制度，避免被监护人权益陷入无人保护的状态，实现对监护困境的未成年人保护的最大化。

对于未成年人的考察帮教，应尽可能引入社区力量参与，与成形的社

---

① 谢芳. 完善我国未成年人监护监督制度的原则及路径 ［J］. 中国青年社会科学，2021，40（1）：126-132.

会帮教机构对接，因地制宜制订帮教方案，吸纳专业的社会工作者参与帮教，通过发挥专业力量，教育、挽救未成年人。本案中，针对性的帮教方案、"社工妈妈"的全程参与，都为犯罪未成年人的回归奠定了良好的基础。涉罪未成年人回归社会主要是回归社区，社区是未成年人主要的生活场所。本案例中"社工妈妈"是重要的支持力量，但是社区的帮扶力量凸显不足，也是未来工作待完善之处。

未成年人的成长环境是一个大的社会生态系统，保护未成年人是全社会的责任，但对于未成年人的保护不能仅限于案件处理本身。在处理案件本身之余，应当从未成年人成长的长远性出发，本案中针对徐某某的特殊情况，及时对接相关部门协同解决落户问题，真正实现了帮教的长远性和实效性。

国家力量与社会力量的共同参与呼应了国家政策要求。办理涉罪未成年人案件，需要本着"教育、挽救、感化"的方针，坚持刚柔并济的理念，对于符合法律规定的附条件不起诉条件的，应当尽量适用，转向社会力量的帮助。对于缺少帮教条件的涉罪未成年人，应当积极寻求考察帮教的条件，助力涉罪未成年人重返社会。

第十一章
社区老年服务实践与反思

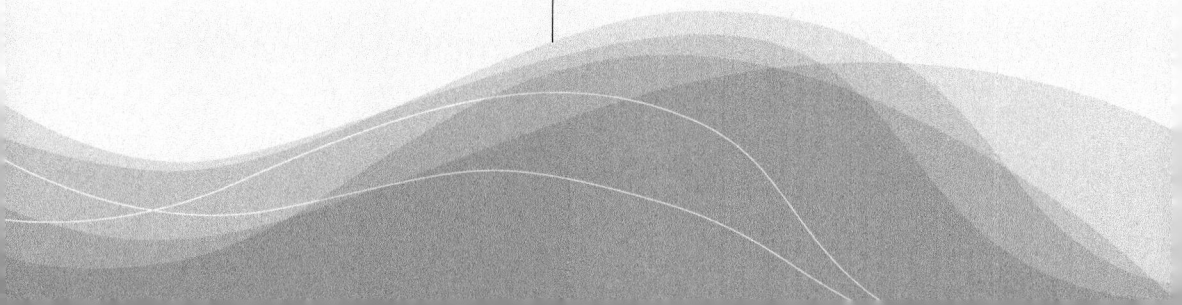

第一节　社区退役老兵服务的项目实践与反思

一、社区退役老兵服务的项目基本情况

项目落地于 Z 村，现有 1112 户，3296 人，党员 81 人。Z 村现有优抚对象 34 人，其中 33 名优抚对象均为 60 周岁及以上老人，伤残退役军人 3人，带病回乡退役老兵 1 人，家庭困难退役老兵 9 人。

对服务对象问题与需求评估后发现，首先，退役老兵日常生活单调，需要丰富生活。大部分退役老兵住在农村，社区基础设施不完善，社区开展服务主要停留在以物质帮扶为主，缺乏针对性与娱乐性，无法满足退役老兵群体的多样化需求。其次，老兵身体状况差，需要健康管理。随着年龄的增长，退役老兵的身体状况越来越差。根据前期调查了解，部分困难老兵或其家属患有脑血栓等重大疾病，导致生活困难。再次，退役老兵情绪长期低落，需要心理支持和精神慰藉。优抚退役老兵随着年龄的增长，子女成家或离家创业的情况普遍，很少有时间顾及退役老兵的精神世界；同时与亲属朋友的沟通减少，退役军人服务人员疏于照料，有效的情感照拂逐渐弱化，使大多数退役老兵无法接受这种情感上的淡漠，情绪长期低落。退役老兵人际交往参与度低，需要增强社会支持网络。退役老兵长期接触的多为和自己有相同情况的退役老兵或者亲属和邻居，即使会有来自乡里、村上的工作人员与退役老兵交流，但是这种交流时间过短，过程的异质性也不强，往往都是高度类似的程序化、表层化的询问，无法真正满足退役老兵的实际需求。最后，退役老兵社会存在感、价值感低，需要社会尊重和归属感。随着时间推移，退役老兵在生活中的影响度、关注度减弱，需要外界增强对其的肯定，增强退役老兵社区归属感与荣誉感。退役老兵们为了国家安全作出重大贡献，而目前的优抚宣传程度还不够，退役老兵缺乏一定的社会存在感，所以他们需要更多的社会尊重，提升自身

价值。

项目的服务目标包括以下内容。其一，通过专业社会工作者介入，对退役老兵群体进行走访慰问，了解退役老兵群体的实际需求，并针对需求开展服务。其二，结合前期需求开展的服务，针对困境退役老兵进行精准化帮扶，解决其实际生活需求，提升他们的生活质量，满足其低级需求，实现生命的自我完善。其三，对退役老兵群体提供心理支持服务，为退役老兵提供社区参与的机会和平台，同时丰富退役老兵的精神文化生活，满足他们心理慰藉的需要。其四，通过追忆往事、传记宣传等形式，继承和发扬退役老兵精神，满足他们社会尊重的需要，帮助退役老兵找回军人荣誉感，重拾往日的生活信心，实现退役老兵的高级需求。其五，进一步向社会宣传沂蒙红色精神，以积极的舆论导向提高社会对这一群体的关注度，促进良好社会风气的形成。其六，开展延伸服务，依托优势视角理论，通过退役老兵与青少年的互动向青少年传播沂蒙精神，让青少年在研学中感悟沂蒙精神内涵，促使青少年能够始终以优秀沂蒙精神与高尚品格要求自身言行，做到内化于心、外化于行。在项目服务程序上，首先初步了解退役老兵基本状况。通过入户探访、与退役老兵邻里交谈等方式，了解退役老兵的生活现状，进行初步的需求分析。通过查阅相关资料，与社区负责人或者当地政府相关人员沟通，了解现下针对退役老兵的相关政策。其次，预估问题与需求，据初步了解的退役老兵基本情况，评估退役老兵的社会支持网络，对退役老兵的主要问题与需求进行界定与预估，并制定整个服务过程预期实现的目标。进而，开展准备工作，包括安排社会工作者并招募志愿者、选取并引入合适的社会工作理论和方法、调查分析可以加以利用的资源（正式资源和非正式资源）。再次是社会工作者介入。这包括需求再分析，在前期入户访谈的基础上，进一步走访慰问，进行需求调查，与退役老兵建立联系，完善服务计划。项目开展精细化服务，如进行困境退役老兵精准帮扶服务。通过结合前期需求调研，为困境退役老兵建立档案，开展如健康查体等服务，提供精准化、多样性服务。通过设立退役老兵心理支持小组，对退役老兵群体提供心理支持服务，带领退役老兵前往革命纪念馆等场地，重温光辉岁月，同时为退役老兵提供社区参与的机会和平台；链接退役老兵周围的社会资源，帮助退役老兵完善社会支持网络，与其家人和朋友进行沟通与交流，共同参与社区活动，帮助退役老兵更好地融入家庭和社会。项目开展延伸服务，包括开展"我的爷爷是沂蒙老兵"口述史活动，社会工作者带领青少年探访社区退役老兵、记录退役老兵故事，并整理成册进行宣传展览。项目开展"我的爷爷是沂蒙老兵"一堂课活动，邀请退役老兵为青少年以及社区居民讲述其光辉事迹、红色历史。组建"榜样"志愿服务队，组织有条件的退役老兵参与公益行动，建立志愿服务队，为社会作出力所能及的贡献，满足自我实现的需要。最后是项目评估。项目考察社会工作者的介入效果以及退役老兵个人需求的实现情况，分析青少年通过此次活动的收获与感悟，调查社区居民以及 Z 村干部对活动的反馈，通过评估过程汇聚资料，进行研究和分析，积累实践经验。在结案前与退役老兵一起回顾活动过程，提前告知退役老兵，稳定并进一步增强获得的成就。同时社会工作者后续逐步跟进，给予对他们有帮助的资源网络后续对接，提供心理支持。

二、社区退役老兵服务的项目实施情况

（一）走访慰问服务

了解退役老兵群体身体状况、家庭基本情况和生活需求，进行需求分析并有针对性地制订服务计划；同时利用节假日等契机，链接志愿服务资源，与退役老兵建立联系。2020 年 4—6 月，项目人员通过对退役老兵群体进行走访慰问，倾听退役老兵回忆过往的经历，了解他们的入伍情况和军旅生涯，体会退役老兵高尚的爱国情怀和英勇无畏的精神；对退役老兵日常生活情况及实际需求进行了沟通和详细记录，根据退役老兵的情况为他们建立优抚军人档案，制订后期服务计划。

（二）困境退役老兵社区服务

结合前期需求调研，通过对退役老兵提供精准化、多样性服务，解决

其实际生活需求，改善物质生活条件，提升他们的生活质量。开展"情暖社区"端午节慰问活动，在端午节来临之际开展退役老兵慰问走访活动，累计走访慰问困难退役老兵 5 户，为退役老兵送上粽子、大米等慰问物资，带去节日的祝福，同时关切慰问退役老兵的生活状况和身体情况，营造和谐的社区环境氛围。开展"庆祝八一建军节·致敬最可爱的人"慰问活动。建军节来临之际，社会工作者前往 Z 村走访慰问，了解 25 户困难退役老兵生活近况，送去大米、面粉以及真挚的节日祝福，与老人聊起家长里短，感谢革命军人的奉献和付出。项目开展"双节同庆，关爱老兵"慰问活动，为使退役老兵欢度双节，社会工作者与志愿者为 Z 村 5 户退役老兵送上月饼、大米、花生油等慰问物资，社会工作者进入退役老兵家中，帮助老人做了简单的卫生清理，与退役老兵及其家人和睦沟通、了解近况，为老人们送上了亲切的祝福与关怀。项目开展眼科医院义诊活动，为保护退役老兵眼部健康、预防突发性眼病，社会工作者主动链接资源，邀请光明眼科医院医疗队为退役老兵开展义诊活动。本次义诊活动为退役老兵进行视力检测、白内障筛查以及眼疾患者免费手术预约，并向他们宣传眼科保健知识，老兵在活动中享受到高水平的诊疗服务，同时又学到了有用的知识。项目开展"冬日送温暖，关怀在行动"困难退役老兵慰问活动。新春佳节来临之际，社会工作者与志愿者提前为 Z 村 17 户困难退役老兵送上节日祝福和大米、面粉、花生油、棉被等物资，并向退役老兵宣传新冠疫情防控工作要求，叮嘱退役老兵们按时换口罩、注意消毒，在送来温暖的同时提高了退役老兵们的疫情防控意识，退役老兵们对社会工作者真挚的关怀和问候表示感谢，社会工作者与村民的感情更近了一步。项目开展"不忘初心共筑梦"参观活动。社会工作者与志愿者组织带领退役老兵及家属走进孟良崮战役纪念馆，重温了沂蒙人民无私奉献的感人事迹；走进樱之崮田园综合体，了解现代化乡村公园式农业田园旅游综合体，感受现代农业的大发展与大变化，退役老兵们对新农村建设取得的成就赞叹不已。此外，项目还开展"呵护老兵，关注记忆"预防阿尔茨海默病知识大讲堂活动、"纪念抗美援朝 70 周年"学习参观活动等。

（三）"我的爷爷是沂蒙老兵"口述史

依托优势视角理论，社会工作者带领青少年探访退役老兵、记录退役老兵的故事，并整理成册进行宣传展览，将退役老兵光辉的事迹进行传承和弘扬。同时让退役老兵回忆当年英勇事迹，增强自信心与自我价值感，让青少年体会退役老兵的精神与当下生活的来之不易。

社会工作者通过入户探访，带领青少年为多名退役老兵收集了入伍信息以及光辉事迹，记录了退役老兵们从参军到部队印象最深的事件再到退役后的生活转变，最后退役老兵送上了对青年人的寄语。社会工作者通过入户探访，带领青少年对退役老兵进行了采访与调研，倾听退役老兵诉说自己往昔的峥嵘岁月与艰苦历程，收集了退役老兵的参军信息并进行了笔录，为退役老兵整理口述资料。社会工作者组织社区青少年开展"追寻红色记忆，做时代好少年"教育活动，为社区青少年发放了"我的爷爷是沂蒙老兵"口述史宣传册，并前往部分退役老兵爷爷家中，与青少年们一起学习退役老兵们的爱国精神，向退役老兵爷爷致敬。

（四）"我的爷爷是沂蒙老兵"一堂课

依托优势视角理论，邀请退役老兵为社区青少年以及社区居民讲述其光辉事迹、红色历史，让退役老兵回顾光辉历程、提高自我认同感的同时，为青少年宣传红色文化，使青少年了解过去的艰辛历史，加强青少年爱国主义教育，将红色文化精神进一步弘扬与发展。社会工作者邀请 Z 村三位退役老兵作为主讲嘉宾，为社区青少年们讲述其参军的种种经历。回顾往昔的峥嵘岁月，退役老兵们慷慨激昂，青少年听后也是受益匪浅，感受到了退役老兵们不畏艰险、攻坚克难以及水乳交融、生死与共的精神。青少年们围绕退役老兵的军旅生涯提问了很多有趣的问题，退役老兵也对青少年提出的问题一一进行了回答。活动接近尾声时，退役老兵爷爷为青少年们送上临别寄语，叮嘱青少年们要知道现在美好生活的来之不易，要好好学习，要积极参军，努力成为一名光荣的解放军战士，保卫祖国。

（五）榜样志愿服务队

根据退役老兵群体的个人意愿和身体状况，项目组建退役老兵"榜样"志愿服务队,成为社区服务的一支重要力量,参与构建和谐社区,丰富优抚退役老兵的精神文化生活,增强退役老兵的社区归属感和荣誉感。社会工作者在Y镇Z村召开"榜样"志愿服务队成立大会,社会工作者与参会退役老兵就成立"榜样"志愿服务队进行了介绍,退役老兵们也纷纷表示愿意加入志愿服务队,继续发挥余热,为Z村的发展贡献自己的一份力量。

三、社区退役老兵服务项目实践的反思:社区民众代际沟通

该项目依托社会支持理论与优势视角理论,以中国共产党"双拥"思想为出发点,构建完善了退役老兵的社会支持网络,通过发掘退役老兵自身的红色文化底蕴,创新性地搭建起退役老兵爷爷与青少年、退役老兵英雄与广大人民群众共同发展的桥梁,不仅实现了积极老龄化视角下退役老兵的优抚,也实现了青少年群体的赋能和广大人民群众拥军、爱国情感的共同提高。

其中,在退役老兵爷爷与青少年互动的视角下,退役老兵不仅是和蔼亲切的爷爷,更是承担起青少年思想教育和红色精神传递责任的教师。青少年在退役老兵爷爷的言传身教中积极内化了红色文化精神的内涵,也在互动中帮助退役老兵爷爷找回曾经的荣誉感,满足了退役老兵爷爷社会尊重的需要。

同时,在退役老兵英雄与广大人民群众互动的视角下,退役老兵不再是遥远刻板的英雄人物,而是与人民同在、贴近人民生活的模仿榜样,人民群众在活动中切身体会到了退役老兵英雄身上的优秀品质,退役老兵也在群众中感受到浓浓的关怀与支持,更加满足了退役老兵的精神需要。

由此,在社会工作者有机的结合与组织下,祖孙两代在传递红色精神的主线下实现动态成长,军民在民拥军、军爱民的良好社会风尚中实现了密切联系。退役老兵、青少年以及广大人民群众在充分互动的良性系统中达到动态平衡发展,共同实现了增能提升,为社会工作介入退役老兵群体提供了可借鉴的现实依据。

值得注意的是，在服务活动中，本项目也发现了退役老兵和青少年在沟通时存在着代际差异。在问答环节中，退役老兵对青少年口中的网络用语等时代新词较为陌生，同时青少年对退役老兵讲述的一些年代话语存在困惑与迷茫。两代人不同的理解与表达方式，有时很难产生共鸣。基于此，我们需要在促进青少年向退役老兵学习革命精神的基础上，更加关注祖孙关系中的代际问题，推进代际反哺[1]，在开展活动前告知退役老兵与青少年在相处时要相互理解、彼此尊重，让青少年明确作为孙辈应该更加包容理解退役老兵，同时鼓励退役老兵在日常生活中可以相应地学习新时代的文化，适当跟随时代潮流，从而缩小双方的代沟。

第二节　退休老人寻找自我价值的项目实践与反思

一、退休老人寻找自我价值的项目基本情况

（一）基本背景

近年来，我国老龄化持续加重，对于中老年人的研究持续加深。其中，即将退休的中年人为研究重点之一。据悉，1962—1963 年是人口出生最多的年份，2023—2024 年迎来退休高潮，从 2023 年开始，我国将迎来有史以来最大规模的"退休潮"，这对全社会养老事业、养老保险基金收支都提出了巨大挑战，且"困难"远不止于此。即将退休的老人的心理生理状况也应受到极大关注。由于退休年龄与更年期时间接近，再加上经济、社交等方面的压力，很多即将退休的人可能会患上退休综合征。所谓退休综合征是指老年人由于退休后不能适应新的社会角色、生活环境和生活方式的变化而出现的焦虑、抑郁、悲哀、恐惧等消极情绪，或因此产生

---

① 曾蕙芝，包甜甜. "数字化移民"和"数字化土著"代际鸿沟研究［J］. 新闻传播，2021（2）：7-9.

偏离常态的行为的一种适应性的心理障碍，这种心理障碍往往还会引发其他生理疾病，影响身体健康。但由于社会家庭等方面对退休综合征不够熟悉，不能引起足够重视，因此即将退休的中老年人遭受生理心理等压力的折磨。因此研究此类案例，缓解退休综合征对中老年人的影响是迫切需要解决的问题。

服务对象老张（化名），56 岁，山东省青岛市黄岛区人，早年被分配在一家国营企业从事一线工人工作，收入较稳定，年轻时经人介绍与老刘（化名）结婚，婚后育有一子，儿子目前已婚且有一子。老张早年与老伴生活较为稳定，其老伴无固定工作，依靠做零工赚取微薄收入，全家主要依靠老张的固定工资生活，儿子成年后经老张资助开了一家小店铺，2015 年结婚后与儿媳共同经营。老张儿子性格懦弱，家中事务主要由儿媳管理。原本家人住在一起，但房屋较破旧，周围环境一般。2016 年经儿媳强烈要求，老张用全部积蓄给儿子买了一套新房，但老张儿子每月仍需缴纳房贷。2019 年其孙子出生。自 2020 年起其老伴身体一直不好，常年用药，故家庭经济较为拮据。老张性格内敛，不善与人打交道，曾有一个姐姐，但年少时因意外去世；其老伴有一弟弟，但来往较少。老张的交往对象多为工厂同事，且老张不善使用智能手机，生活较为封闭。由于即将退休，老张的心理压力及生理压力较大且无法纾解，变得更加沉默寡言，脾气暴躁，经常与老伴吵架，不时产生轻生念头。

（二）服务对象存在的问题

通过前期对服务对象的深入了解、资料研究，以及多次沟通，对服务对象的生活状态、家庭状态、心理状态等多个方面进行研究，归纳总结出服务对象存在的问题，总的来说，包含以下几个方面。

生理健康问题。第一，由于服务对象目前年龄为 56 岁，正处在身体机能严重下降期，年龄增长伴随身体自然老化，身体素质下降，受这些客观因素影响，服务对象在工作过程中会出现工作状态不佳、力不从心等现象。第二，由于男性 50~60 岁为更年期高发期。男性更年期是指男性由中年期过渡到老年期的一个特定时期，随着体内性激素水平的下降，身体和心理出现相应的变化，中医体质学认为更年期是人生过程中的一个特殊体质的状态，是体质状态由盛转衰的转折点。据了解，更年期主要作用于肌肤、心血管、神经系统等方面，常有压抑感，记忆力、思考力和集中力减退，失眠，有孤独恐怖感，缺乏自信等。服务对象更年期产生的生理性情绪调节困难。第三，服务对象及家人存在基础性疾病，需经常看病买药等。

心理健康问题。第一，由于服务对象担心退休后家庭经济收入锐减，难以负担生活重任，害怕影响儿子，导致心理压力较大，经常自我内耗、感到焦虑。第二，服务对象对退休后无法预测的生活及发展感到恐惧不安。第三，服务对象对于即将退休存在抵制情绪，但无法与家人进行沟通排解，服务对象感到非常苦闷且其本身性格内敛，内心防御机制较强，各种因素叠加使服务对象对外排解的需求得不到满足，长久积压的焦虑和对未来的迷茫使服务对象产生轻生的负面想法。

社会支撑网络系统问题。通过社会工作者对服务对象的系统调查，总结分析得出：第一，家庭支持网络空缺。据了解，服务对象老伴无固定工作，以打零工补贴家用，无法及时感知老张即将退休的苦闷及焦躁。同时，其儿子生活压力较大，儿媳工作较忙，陪伴老张的时间较少，且经济方面需要老张帮助，给老张带来了严重心理负担。第二，邻里亲朋交往的匮乏。服务对象性格内向，不善与人沟通，且工作较忙，尽管其与周围邻里有一定的社交活动，但根据社会工作者的调查，服务对象参与社交活动的频率仍长期处在一个较低的水平，且老张不善使用智能化社交工具，亲朋与老张相隔较远，联系甚少。

（三）理论支撑

人生回顾理论是布特勒在 1963 年提出的。从中老年人爱回忆的特点出发，社会工作者运用专业的方法和技术，协助服务对象从较正向的角度去重新诠释过去的生命体验，消除令其懊恼、不满意甚至否定性的人生感悟，帮助服务对象以积极的心理和健康的情绪重新面对当下，协助服务对象在即将退休阶段回顾和总结他的人生，促进情感的满足和内心的平静。

服务对象通过回忆和分享人生经历，从中寻找到意义和满足感，减轻当下的挫败感与失落感。在本次服务中，生命回顾可以作为一种有效的心理支持方式，帮助老张减轻挫败感与失落感，建立与关怀者的情感连接。生命回顾理论提供了一个平台，使服务对象有机会探索和接受他人生中的得失和经历。社会工作者通过倾听和理解他的故事，可以帮助他更好地理解和接受自己曾经经历的一切，从而满足其所需的成就感，让其感到人生是有价值的。由于服务对象即将退休，对未知的生活充满恐惧及茫然，同时会对自我价值质疑，出现焦虑、抑郁等情绪。另外，服务对象的家庭成员对服务对象所处的境遇缺乏理解，无法对其进行有效的安慰及沟通。社会工作者通过与服务对象共同回顾其人生的经历，可以帮助服务对象提高成就感，认识到生命的意义和自我的价值，同时与服务对象沟通，并恰当地提供一些信息，给予一些建议，缓解其内心的苦闷，使其积极面对生活。社会工作者不仅要关注服务对象的身体情况，还强调对其心理和情感层面的支持。生命回顾可以作为一种心理疏导的方式，帮助服务对象释放情感，减轻焦虑和恐惧，并促进其内心的平静与安稳。

活动理论是 20 世纪 50 年代在西方最为流行的和老年及老化现象有关的理论，这个理论认为活动水平高的人比活动水平低的人更容易感到生活满意和更能够适应社会；老年人应该尽可能长久地保持中年人的生活方式以否定老年的存在，用新的角色来取代因丧偶或退休而失去的角色，从而把自身与社会的距离减少到最低限度。活动理论对老年社会工作的意义在于，无论从医学和生物学的角度，还是从日常生活观察表明，"用进废退"是生物界的一个基本规律，因此，社会工作者不仅要在态度和价值取向上鼓励退休人员积极参与他们力所能及的一切社会活动，还需要为退休人员的社会参与提供更多的机会和条件。但同时我们也要考虑服务对象的个人因素，如经济收入、生活方式、家庭关系、身体健康等[1]。服务对象目前身体较好，根据其家庭经济情况，首先可以推荐服务对象在退休后重新找

---

① 范明林，张钟汝 . 老年社会工作［M］. 上海：上海大学出版社，2005.

一份轻松的工作，在实现自身价值的同时增加经济收入。另外，根据服务对象目前的现状，可以推荐服务对象多参与即将退休人员或已退休人员举办的活动，可以与他们沟通，寻求帮助，获得经验，同时拓宽社交圈。服务对象还可以尝试培养种花、养鸟等休闲养生的爱好，排解内心苦闷，提高内心满足感。

二、退休老人寻找自我价值的项目实施情况

总目标是帮助服务对象减轻经济压力，缓解内心苦闷，建立比较完善的社会支持网络，进而发掘服务对象潜能，消除服务对象不合理的想法，从而促进个体发展。具体目标包括减轻服务对象苦闷焦虑的情绪，促进与家人更好的沟通，找到自身价值；帮助服务对象建立起比较完善的社会支持网络，让其参与社会活动，培养兴趣爱好，丰富生活；运用合适途径减轻服务对象经济压力。

服务对象问题产生的主要原因是心理与生理压力双重作用。首先，服务对象由于个人原因，经济压力较大。其次，服务对象即将退休，对于退休生活充满迷茫且无人沟通。要帮助服务对象解决问题、摆脱困境，不仅需要帮助其链接相关资源，满足其物质生活需要，还要从其内心根本需求出发，耐心地引导服务对象寻找自我价值，获得自我成就感，并促进其建立社会支持网络。在服务形式的选择上，受服务对象个人因素及目前社会背景影响，本次服务将采用个案工作与小组工作结合的方法，为服务对象提供合理有效的辅导。服务时间预计约 4 个月。在服务方法的选择上，采用直接治疗和间接治疗相结合的方法。直接治疗是社会工作者直接为服务对象提供个案辅导，间接治疗是社会工作者通过链接各方资源帮助服务对象改变外部环境，更好地满足服务对象的相关需求。

（一）第一阶段：了解服务对象现状，进行初次评估

社工团队基本了解了服务对象的目前生活状况：老张由于即将退休，对未知的生活充满恐惧及茫然，同时对自我价值质疑，出现焦虑、抑郁等情绪。另外，服务对象的家庭成员对服务对象所处的境遇缺乏理解，无法

进行有效的安慰及沟通。主要采用的工作方法是个案会谈。社会工作者最开始进行家访，服务对象抵触情绪明显，因此社会工作者并没有立即开展工作，而是选择通过与服务对象、服务对象的工友、服务对象的妻子和儿子一起吃饭等休闲方式增加彼此的熟悉程度，最后告诉服务对象，只要有需要，随时都可以联系。一段时间后，服务对象主动找到社会工作者请求帮助。服务对象在沟通交流中慢慢提高了对专业社会工作团队的信任，慢慢地愿意披露内心真实的想法和当下存在的问题。社会工作者通过与服务对象共同讨论当前面临的困境和问题，发现服务对象对于自己即将退休的现实情况感到无法接受，对于自己退休后的枯燥生活感到担忧和无奈，担心退休后会遭到社会淘汰，没有社会价值。最终，社会工作者完成了对服务对象现状的了解，进行初步评估，制订解决问题的方案。

（二）第二阶段：缓解服务对象心理问题，建立社会支持网络

开始前，服务对象开始完善社会支持网络，了解各类社交活动，发挥社区作用，愿意与社会工作者交流分享。主要的工作方法是仔细聆听服务对象诉说、生命回顾。服务对象与社会工作者沟通一段时间后，开始尝试与家人倾诉，心情逐渐放松，焦虑情绪降低，轻生念头彻底消退，但有时仍会产生一定的生活无力感，仍然对即将退休的生活感到迷茫和恐惧，不知所措。服务对象向社会工作者倾诉："你说我真是没有用啊，马上就退休了，连最后一点价值都没有了，也不知道人家会不会看不起我……"。社会工作者针对服务对象这些消极情绪，及时对服务对象进行宽慰和疏导，运用澄清、接纳等专业方法对服务对象进行引导，耐心帮助服务对象学会向家人倾诉内心的想法与苦闷，服务对象慢慢敞开心扉，重燃生活的希望，感觉生活并不像之前自己所想的那样无望，并愿意主动向社会工作者分享生活中的趣事。此外，社会工作者积极了解服务对象居住地所举办的各类社交活动，并积极给服务对象介绍适合其参加的活动，希望帮助服务对象增加与外界的社交机会，树立积极信念，培养兴趣爱好，强健身体，重新体验人生的温暖与生活的美好。渐渐地，服务对象固化的消极信念有所改变，家庭关系缓和，社交频率提高，社会支持网络逐步完善。

（三）第三阶段：链接资源，减轻经济负担

该阶段开始前，服务对象愿意与社会工作者共同面对生活中出现的困难，减轻有关经济负担的心理压力。主要的工作方法是建议、访谈。经过前两个阶段对服务对象的个案辅导和心理纾解，服务对象的社交欲望增加，但仍存在有关经济负担的心理压力，社会工作者首先通过网络、书籍等渠道带领服务对象学习研究有关退休人员的社会保障政策，并运用提供信息、建议等个案工作方法帮助服务对象了解相关政策。另外，社会工作者对服务对象进行了个人兴趣与特点的评估，帮助服务对象更全面地了解自身特点，服务对象在做完测评后对社会工作者说："原来我也有这么多的优点啊，看来我退休后，也能找到很多适合我的工作。"通过此次评估，服务对象增加了自我认同感，并对退休后的生活不再感到恐惧与不安，有关经济负担的心理压力减轻。从效果上看，成功矫正了服务对象的自我挫败感，服务对象对生活的态度发生了明显的积极改变，同时对自身有了更全面的认识，心理负担减轻。

（四）第四阶段：进入收尾阶段，逐渐结束服务关系

服务对象的心理压力成功得到缓解，开始以积极乐观的态度面对一切问题，积极配合社会工作者的相关工作。主要的工作方法是观察法。在此阶段，社会工作者开始逐渐减少与服务对象沟通交流的次数，但仍与服务对象保持定期联系，帮助服务对象解决新出现的小问题，继续坚持发挥服务对象的主观能动性，鼓励其继续积极参与社区活动和人际交往。社会工作者最后前往服务对象家中与其正式结束服务关系，并鼓励服务对象继续保持向好的心态，快乐生活，服务计划的实施画上了圆满的句号。从效果上看，介入及服务计划的实施达到预期目标，服务对象对服务质量感到满意，服务对象自身社会支持网络运行顺利。

三、退休老人寻找自我价值的项目的反思

（一）坚持理论与实践紧密结合

价值观是个人内在的偏好和喜爱，当个人对某项活动或某个目标进行

抉择时，价值观就会影响个人的选择或决定。坚持服务过程中原则与实践相结合才能将原则的指导作用落到实处，而不是纸上谈兵，空有其表。

老张作为即将退休老人群体的代表，在为其服务过程中，除了解决具体问题时需要面对的问题，更应看到背后蕴藏的问题。比如，社会工作者首要的责任是对服务对象负责。在解决服务对象老张与家人之间的沟通问题时，面对多年来难以解决的顽固性问题，专业的社会工作者不能因为怕麻烦、怕失败而轻易作出分析，应该在谨慎观察、多方了解之后，剖析服务对象与其家人之间问题的核心解决办法。

又如，社会工作者有责任让服务对象知悉本身的权利及协助他们获得适切的服务，且尽量使服务对象明白接受服务所要承担的责任及可能产生的后果，这不仅是表面工程，更是应当落实到实处的，在工作方法的使用中，很多方法的使用在恰当的条件中才会发挥最好的治疗效果，社会工作者必须在服务进行过程中反复告知服务对象，接受服务的同时也面临着责任以及好的或者不良的后果，只有这样足够完整且强力的前期心理建设，才能作为服务过程一切突发状况的强力支撑。

（二）加强对基础性问题的关怀与介入

通过研究发现，在退休之后角色转化中出现的不适应问题，在近几年越来越普遍，社会工作有必要深入关注，运用社会工作方法加以解决。一方面，让这些老人能轻松愉快地度过退休之后的生活；另一方面，也让闲不下来的老人找到适合自己的另一个舞台，能发挥余热，为国家作出应有的贡献。这对国家发展，对社会安定都是有益的。

社会工作是围绕个体与社会问题服务的专业，可以说只要服务对象有需求，社会工作就可以介入。然而，问题或需求本身也有先后、轻重缓急之分。由于现实中资源有限，社会工作不可能回应所有的问题，而必须将有限资源投到最为迫切的问题解决或需求满足中。而这一点则涉及价值选择。尤其是资源掌控者对于不同问题的价值判断，直接关系到资源的分配。当前，我国已进入中度老龄化阶段，积极应对人口老龄化、银发经济①的事项已经上升到国家战略。这些问题成为国家的关注焦点，或者成为社会的基础性问题，社会工作的实践应当强化对这些问题的关注。尤其是在银发经济浪潮下，老年人不仅是被供养者，也是需要发挥余热、有价值的群体。在此背景下如何发挥老年人价值是全社会共同关注的问题。在此背景下，该项目有着特别的意义。

第三节　社区养老的项目实践与反思

一、养老服务项目的主要形式

笔者根据对上海、北京等城市有关老年的服务项目进行调查，梳理的主要的养老服务项目可以通过以下形式展开。

日间照料服务项目。这类项目以某街道老年人日间服务机构为平台，向周边外出困难的 60 岁及以上患有老年性失智症、帕金森症老人提供上门康复、上门护理服务，通过加强老人自身的锻炼及对家人的疾病知识普及，降低老人在家中生活的风险，为家人的长期照料提供了知识与技能的支持平台。项目形式包括为患病老人建立个人健康档案；为患病老人提供上门康复、护理服务；为患病老人及其家属提供培训课程、俱乐部活动。

老年人日间服务中心委托管理项目。这类项目形式包括为机构提供管理服务及建立各项管理档案；为老人建立个人健康档案并定期进行生命体征测量；为工作人员提供各项服务培训，强化居家养老服务风险防范意识。

社区为老综合服务项目。这类项目包括开展老年人需求基线调查、退休生活适应服务、义工结对、社区参与活动，专业社工个案服务、义工的

---

① 彭希哲，陈倩. 中国银发经济刍议［J］. 社会保障评论，2022，6（4）：49-66.

工作坊、大型节庆活动、便民服务。项目还可以与医院合作，由后者提供专家开展健康讲座；与社区卫生服务中心建立联系，由其提供片医参与健康沙龙；邀请心理工作室、专业心理咨询师参与服务；整合社区资源，提供专业志愿者服务。

老年人自我保健能力提升项目。这类项目活动的目的在于整合和动员社区各类资源，支持老年人在社区、家中实现自我保健，实现"积极老龄化"。具体来说，通过与街道办事处商议，项目在该街道的一个社区生活服务中心内设"健康生活馆"，并确定与合作机构的具体合作方式；与街道合作，在社区志愿者网络的基础上，招募和更新志愿者作为健康大使；与老年协会以联合主办的名义，按计划开展健康教育活动。将众多居委会分为若干个片区开展活动，分别组建自己的工作站；在本社区招募和聘用健康顾问，筹建多个健康俱乐部，培训俱乐部的负责人，策划和开展俱乐部活动；与街道社区卫生中心合作，对重点服务的个案提供上门的诊疗和康复指导。

老年志愿者队伍孵化项目。这类项目聚焦低龄老人人力资源开发，发挥社会工作者建设社会自组织。活动内容如能力建设工作坊；资源链接与整合；社区领袖或者老年骨干培养。

社区老人活力激发项目。如养老社区与幼儿园协作，养老社区的选址尽量靠近幼儿园，或者将幼儿园直接建在养老社区中，方便老人和孩子之间的交流互动。两个机构之间可以定期举办一些交流活动。养老社区与志愿服务相融合，养老社区可向社会招募当地的大学本科毕业生及以上学历的无住房单身青年。前提是要在养老社区每月完成一定时间的志愿服务，并且获得老年人的满意，然后方可取得准租资格，每月只需交管理费即可；养老社区与（老年）大学相结合，养老社区最好建在邻近高等院校或者老年大学的地方，与大学建立合作关系，为老人提供一些课程，利用大学体育设施等。

老年友好社区建设项目。这类项目设计的活动由老年友好社区的特征确定，包括作为城市物理环境的户外空间和建筑、交通和住房，反映社会文化环境的尊重和社会包容、社会参与、市民参与和就业，以及信息交流和社区支持与健康服务，如轮椅一日行、适老化环境改造、老年产品研发与运用。互联网时代，为防止老年人被边缘化或者上当受骗，开展网络扫盲项目等。

二、社区养老服务的整合性实践

社区养老吸收了家庭养老和社会养老方式的优点和可操作性，把家庭养老和机构养老的最佳结合点集中在社区，是针对中国社会转型期面临的巨大老龄化问题所提出的一种新型养老方式。"社区养老服务"就是通过政府扶持、社会参与、市场运作，逐步建立以家庭养老为核心，社区服务为依托，专业化服务为依靠，向居家老人提供生活照料、医疗保健、精神慰藉、文化娱乐等为主要内容的服务。构建社区养老服务体系，关键在于体系化，既要建构不同要素，又要实现不同要素的内在联结、整合、融合，形成体系，发挥整体的功能优势。

（一）构建优质社区养老服务要素

K集团已建设16家日间照料中心、50家居家养老服务工作站，其中XY社区、YQ街道YH社区两家日间照料中心按三星级标准进行了改造提升，为老年人提供全方位的日间生活照护。安排具有护理知识的专职人员全方位照护老人的日间生活；根据老人的膳食需求和饮食习惯，合理制定每日中餐食谱；链接社会资源，组织老人成立合唱团、舞蹈队，丰富老年人的精神生活；以日间照料中心为依托，组织开展"六助"居家上门服务及紧急呼叫、家政预约、健康咨询、物品代购等服务。XY、YH两个日间照料中心为全国第五批居家和社区养老服务改革试点验收提供了观摩学习现场，老年服务中心代表临沂市参加了全国第五批居家养老试点总评，获得山东第一、全国第五的成绩。

（二）智能技术联结社区养老服务要素

K智慧养老中心打造了基于医养结合的智慧康养系统——云护理院，

实现了"线上一片云，线下一张网"，16 家日间照料中心、50 家居家服务工作站、200 多家居家老人家庭全部加入了居家网格体系。依靠全民健康管理系统和智能体检、康复养生设备，自动且连续监测居家老人信息，了解他们的身体健康及安全状况，建立长期个人专属医疗健康云档案，提供健康监护、生活习惯监护、心脑血管疾病风险评估与社区医疗康复保健等服务。

居家养老智慧化从信息连续的角度实现不同机构之间资源与信息共享，将医疗资源延伸至社区日间照料中心，不断优化服务的整合性效果，推进了居家养老服务医养融合，实现了居家养老服务与医疗服务的无缝对接，改善了社区老年人的医疗服务条件；医养重视老年人心理健康，运用多种手段为老年人提供精神慰藉等服务，有效提高了老年人的身心健康水平。

（三）依托集团实现服务人员一体化与服务体系化建构

K 集团下设 K 医院、K 老年养护院、K 职业技术培训学校、T 社会服务评估中心、K 老年服务中心，LG、BC 等街道 5 个护理院、10 个社区日间照料中心和 50 个居家养老服务站。这意味着集团内医疗资源、护理人员、日间照料中心、社区食堂等服务人员共享，资源一体化。通过成立医养结合居家服务工作专班，协调 K 医院向老年服务中心派出居家医疗工作队，为居家老人开展医疗保健及慢性病管理等服务；直接将卫生室建在日间照料中心、设在居家养老服务工作站，为老年人建立健康档案，开展针灸推拿、康复理疗等服务。

三、社区养老服务项目的反思

迈向整合是社区养老服务项目的最大特色[1][2]。上述案例在实现养老服

---

① 丁华. 整合与综合化：香港养老服务体系改革的新趋势及其借鉴 [J]. 西北人口，2007（1）：1.
② 黄耀明. 整合取向：社区居家养老服务模式可持续发展研究 [J]. 福建医科大学学报（社会科学版），2011，12（4）：13–16.

务要素的整合上具有特殊性，值得反思。

　　传统的养老服务要素整合是政府的整合，但上述案例中 K 集团的模式是依托集团的组织架构实现了社区养老服务要素的集合及流通。这种集团化的方式通过企业管理模式运行，体现了市场的整合路径。它有助于突破组织的边界，跨越组织合作的区隔。这里有一个前提，就是集团内部的要素有多少。如果该集团有养老医院、养老机构、老年食堂等多元要素，那么这个社区养老服务的整合就容易实现全方位的整合。换言之，如果这个集团的内部养老要素较少，整合就缺乏意义。而这一点有着很大的差异性，因此复制推广 K 集团需要依赖于大的集团。当然，企业整合还有一点需要关注，就是利润与公益的平衡。对于 K 集团来说，通过医院、养老地产等来赚钱贴补社区养老从而实现收支平衡或者盈余，未来则通过规模化效应实现利益的扩大化。从整体思维与长线思维来看，集团化社区养老不失为社区养老的一种整合模式。

　　智慧技术也是社区养老服务的重要整合方式。传统社会，人们的预期寿命并不长，总体上处于"短寿"时代。随着现代医疗、科技等发展，人们的预期寿命大幅度提升而进入长寿时代[①]。国务院办公厅印发的《"十四五"国民健康规划》提出，到 2025 年，我国的人均预期寿命在 2020 年基础上继续提高 1 岁左右，展望 2035 年，人均预期寿命达到 80 岁以上。随着我国"婴儿潮"出生人口逐渐步入老年，老年人口规模会在未来二三十年达到顶峰。从目前来看，居家养老或社区养老是老年人的主流选择。这就要求做好社区养老服务的基础建设。科技是支撑这一建设的关键要素。特别是大数据、人工智能技术应用于养老服务将带来革新。然而，技术革新还需要体系化的支撑才能实现。为此，政府需要做好顶层的制度设计，包括平台设计规范、信息数据共享规范等[②]；社区管理制度要适应变革；社会工作者要提升数字能力，促进老年人跨越数字鸿沟；市场还需要推进

　　[①]　陈东升. 长寿时代的理论与对策［J］. 管理世界，2020，36（4）：66.
　　[②]　陈莉，卢芹，乔菁菁. 智慧社区养老服务体系构建研究［J］. 人口学刊，2016，38（3）：67-73.

技术的成熟与产品的规模化生产。调查发现，该项目所开发的智慧养老服务产品也面临窘境。一方面高端功能产品具有重要价值，能够为养老服务带来巨大的便利；另一方面这些加载高端功能的产品本身成本高、市场需求量小，影响了产品的生产，最后可能导致智慧产品的研发缺乏动力。因此，政府需要主导养老服务智慧产品的研发，通过公共投入引领市场的投资。

第十二章
迈向社区治理共同体的构建

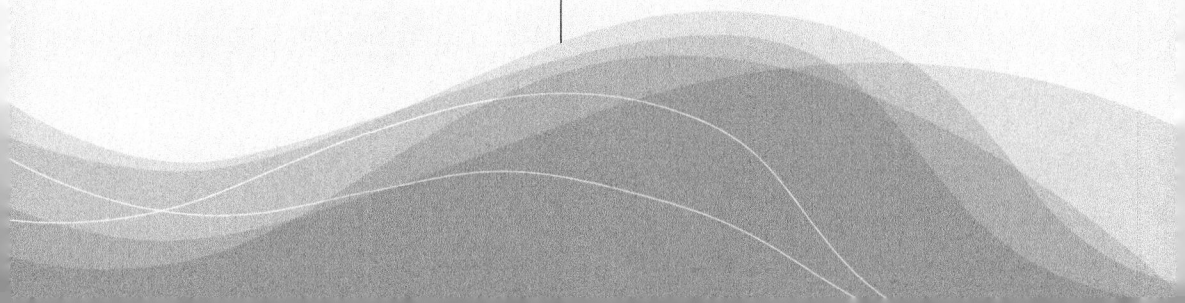

社区治理共同体的构建是一个复杂而多维的过程，需要多个主体的协同合作、利益协调以及公共价值的培育和治理能力的提升。本书讨论了社区治理共同体中的主体要素，包括党组织、社区工作者、民众、社会组织、志愿者，从而在理论上分析了多元主体参与社区治理的逻辑、路径。同时，本书从不同的群体或领域研究了社区治理的案例，回到本土实践场域，理论与案例的研究在于探索治理共同体的构建。

第一节　共建共治共享的治理理念

一、治理理念

社区治理共同体强调共建共治共享的治理理念，通过多元主体参与形成有机合作的社区治理体系。多元主体的协同合作，整合各方力量，为社区治理共同体构建起稳定、有序的发展格局。

首先，共建共治共享的理念不仅体现在制度上，还体现在社区实践中。通过建立多元主体参与的机制，有效打破参与中的纵向和横向壁垒，可以形成社区治理的协同化、多元化联动机制。这样的机制不仅可以让政府、社会组织、社区组织和居民等多元主体实现有机合作，还能够进一步促进社区治理的团结和谐，为社区治理的创新发展提供良好的土壤。

在共建方面，政府作为领导者和协调者，在社区治理中发挥着关键作用。通过政策制定、资源调配和监管监督等手段，政府可以引导和支持社区治理的发展。同时，政府还可以通过政策激励和制度保障，鼓励社会组织、社区组织和居民等多方共同参与社区建设。这种共同建设的模式，不仅可以充分发挥各方优势，也有助于提升社区治理的效率和效果。

在共治方面，多元主体间的合作是实现共建共治共享理念的关键。政府、社会组织、社区组织、居民等主体可以通过合作通道，共同解决社区治理中的实际问题。例如，社区居委会与社会组织合作，为居民提供教育、健康、文化等方面的服务；居民委员会与社区志愿者合作，开展环保、文体等活动，提升居民的参与度。这种合作不仅有助于提升社区治理的效率，也能为社区带来更多的创新和发展。

在共享方面，共建共治共享的理念强调了社区治理的普惠性和均等性。通过多元主体的共同努力，可以实现人人有责、人人尽责、人人享有的格局，为社区居民提供更多优质、均等的服务。例如，政府可以通过社区服务中心，为居民提供便捷、高效的公共服务；社会组织可以开展公益活动，为社区居民提供多样化的支持。这种共享的机制，不仅可以满足居民的需求，也有助于提高社区的凝聚力，营造出更加和谐的社区环境。

其次，共建共治共享的理念还要求社区治理体系的现代化。这包括组织体系、规则机制等方面的现代化转化，通过构建更加合理的治理结构，确保各主体的职责明确，并结合数字治理技术，为社区治理提供技术支撑。例如，社区建立数字化信息平台，及时收集和反馈居民需求，提高治理效率；社区组织还可以利用社交媒体和网络平台，加强与居民的互动与沟通，提高居民的参与度。

共建共治共享的理念为社区治理共同体提供了科学的指导，为多元主体参与、协同合作提供了理论基础。在实际操作中，通过打破主体参与的壁垒，建立合作通道，可以实现社区治理的协同化、多元化联动机制，为社区治理的创新发展提供保障。此外，共建共治共享的理念还要求社区治理体系的现代化，通过现代化的治理结构、法治保障和数字治理技术，为社区居民提供优质、均等的服务，实现社区治理的现代化与有效性。

二、社区治理体系现代化

构建社区治理共同体需要推进社区治理体系现代化，包括组织体系、规则机制等方面的现代化转化。现代化的治理体系要求治理结构合理、职责分明，并结合数字治理技术，为社区治理共同体提供技术支撑。

首先，社区治理体系现代化的组织体系建设至关重要。在现代化进程中，社区治理的组织体系需要明确各主体的职能、权限和职责分工，以提高治理效率。政府在社区治理中承担政策制定、资源调配和监督管理等职责；社会组织通过提供专业服务和资源对接，满足社区居民的多样化需求；社区组织则在具体的服务实施和居民自治中发挥重要作用。通过明确各主体间的角色和职责，可以有效提升社区治理的有序性和协调性。

其次，社区治理体系的现代化还需要在规则机制上进行创新与完善。传统的社区治理模式往往存在条块分割、重复建设等问题，导致社区治理效率低下。而现代化的社区治理体系通过完善规则机制，建立健全制度体系，可以有效解决这些问题。例如，建立社区会议制度，定期组织居民、政府代表、社会组织等参与者共同商讨社区事务，为社区治理提供民主协商的平台。此外，可以建立社区议事规则、监督机制等，确保社区治理的规范化运行。

再次，在社区治理体系现代化中，数字治理技术的应用也不可或缺。通过数字技术，可以提高社区治理的效率和透明度。数字化信息平台可以及时收集和反馈居民需求，为社区治理决策提供依据。例如，通过建立社区服务信息系统，整合社区服务资源，为居民提供便捷、高效的服务；利用社交媒体、社区网站等平台，加强社区组织与居民之间的沟通，提升居民参与度。通过数字技术的应用，可以有效提高社区治理的现代化水平。

最后，社区治理体系现代化是社区治理共同体构建的重要一环，需要在组织体系、规则机制、数字技术应用等方面改进和完善。通过这些措施，可以有效提升社区治理体系的现代化水平，为社区治理共同体的建设提供坚实的基础。

第二节　社区自治能力的提升

社区自治能力的提升是社区治理共同体构建的重要一环。通过建立社区自组织与政府协作的结构，社区治理共同体能够更好地应对居民的需求。为了提高社区自治能力，可以采取一系列措施，包括完善社区治理结构、赋予居民更多自治权、强化居民参与意识等。这些措施有助于构建社区自治与政府合作的有效结构，提高社区治理的灵活性和响应能力。

首先，完善社区治理结构是提升社区自治能力的重要基础。在现代社区治理中，政府、社会组织、社区组织和居民等多方参与，构成了多元治理的结构。在这个结构中，各方角色的明确和职责的分工是确保社区自治能力的关键。政府通过政策制定和资源调配，为社区治理提供支持；社区组织通过开展服务和活动，为居民提供多样化的服务；社会组织则通过专业服务和资源对接，推动社区自治的发展。通过完善社区治理结构，可以确保各方在自治过程中发挥各自的作用，为社区治理共同体的有效运转提供保障。

其次，赋予居民更多自治权是提升社区自治能力的关键举措之一。居民作为社区治理的重要主体，其自治能力的提升关系到社区治理的整体水平。通过赋予居民更多自治权，可以增强居民的参与意识和主动性。例如，可以通过设立社区居民委员会、业主委员会等组织，让居民能够参与社区事务的决策；可以通过社区会议、意见箱等渠道，让居民表达自己的意见和建议。通过这些措施，可以有效提升居民在社区治理中的参与度，提高社区自治能力。

再次，强化居民参与意识也是提升社区自治能力的重要环节。居民的参与意识直接影响到他们在社区治理中的角色和作用。为了强化居民参与意识，可以通过多种方式提高居民对社区事务的关注。例如，通过社区教育、宣传活动，让居民了解社区治理的重要性；通过组织社区活动、志愿服务等方式，让居民直接参与社区事务。通过提高居民的参与意识，可以激发他们的自治热情，为社区自治能力的提升提供动力。

最后，社区自治能力的提升是社区治理共同体构建的重要一环。通过完善社区治理结构、赋予居民更多自治权、强化居民参与意识等措施，可以提高社区自治能力，建立社区自治与政府合作的有效结构，为社区治理共同体的有效运转提供保障，并提升社区治理的灵活性和响应能力。

第三节　文化、情感与利益联结

社区治理共同体通过联结文化、情感与利益，满足居民的多样化需求，为社区内部的团结与和谐奠定基础。通过建立共同的价值观和利益体系，社区治理共同体可以增强居民的凝聚力，形成社区内部的情感共同体。此外，通过数字技术的应用，如数字空间平台、社区议事网络等，可以进一步强化社区内部的情感和利益联系，提高居民的参与度和归属感。

首先，文化联结是社区治理共同体的基础之一。社区治理共同体的文化建设可以通过多种途径实现，例如，组织社区文化活动、开展文化宣传等，通过这些方式可以营造积极的社区文化氛围。社区文化活动不仅能够丰富居民的精神生活，还可以加强居民之间的互动，促进文化认同，进而形成社区内部的文化共同体。

其次，情感联结是社区治理共同体中不可或缺的要素。情感联结可以通过社区内部的人际互动、互助关系以及邻里互助等方式来实现。例如，社区组织邻里之间的互动活动，让居民之间相互了解，增进感情。社区还可以通过志愿服务、互助互济等形式，建立居民之间的互助关系，增强社区内部的情感联结。情感联结不仅可以提高居民对社区的认同感，还能提高社区凝聚力，为社区治理共同体的和谐发展奠定基础。

再次，利益联结也是社区治理共同体的重要组成部分。利益联结可以通过建立社区内部的利益体系来实现，社区通过提供多样化的服务和福利，如教育、医疗、就业等，以满足居民的不同需求。这些服务和福利不仅可以满足居民的利益需求，还能增强居民对社区的归属感，形成社区内部的利益共同体。此外，社区还可以通过建立利益协调机制，确保社区内部利益的公平分配，减少矛盾，促进和谐。

又次，数字技术的应用为社区治理共同体提供了新的联结方式。数字空间平台和社区议事网络等技术手段可以进一步强化社区内部的文化、情感和利益联系。通过数字空间平台，居民可以在线上互动交流，分享社区生活中的点滴，增强文化认同和情感联结。社区议事网络则可以让居民参与社区事务的决策，通过线上讨论、投票等方式，表达自己的意见和建议。这不仅提高了居民对社区事务的参与度，还能通过利益协调，确保社区内部利益的合理分配。

最后，文化、情感与利益联结是社区治理共同体的重要组成部分。通过文化联结、情感联结和利益联结，可以提高居民的凝聚力，为社区内部的团结与和谐奠定基础。此外，通过数字技术的应用，如数字空间平台、社区议事网络等，可以进一步强化社区内部的文化、情感与利益联系，提高居民的参与度和归属感。通过丰富社区文化活动、增强社区互助关系、建立利益协调机制以及推广数字技术应用，可以进一步加强社区治理共同体的文化、情感与利益联结，为社区的和谐发展提供保障。

第四节　实践创新与持续改进

社区治理共同体的构建是一个持续的过程，需要通过实践探索和创新来不断完善，以适应社会变化和居民需求的调整。实践中的创新，包括治理模式的创新、参与机制的优化等。社区治理共同体的建设也需要持续改进。通过实践案例的分析、政策的调整以及居民需求的跟进，可以不断完善社区治理共同体的结构和功能。

首先，社区治理共同体的构建需要创新治理模式。随着社会的发展和居民需求的变化，社区治理的模式需要不断调整，以适应新形势下的社会治理要求。在过去的几十年中，社区治理从单一行政管控向多元主体参与的合作共治模式转变，这一过程充分展示了治理模式创新的重要性。未来，社区治理模式还将继续发展，如引入更加精细化的治理体系、数字治理技术等，以满足现代社区的多样化需求。其次，社区治理共同体需要优化参与机制。社区治理的有效性依赖于多元主体的积极参与，包括政府、社会组织、社区组织、居民等。为了提升参与机制的质量，需要建立完善的沟通协商机制，加强各主体之间的联系与合作。例如，通过社区会议、居民代表大会等形式，让居民直接参与社区事务的决策；也可以通过与社会组织的合作，引入专业化服务，满足居民的多样化需求。再次，推广数字化参与渠道，如社区议事网络，可以让居民在线上参与社区事务，进一步提高参与的便捷性。最后，社区治理共同体的构建需要通过实践案例的分析、政策的调整以及居民需求的跟进来持续改进。通过实践案例的分析，可以发现社区治理中的问题与不足，为后续政策的制定与调整提供参考。例如，社区治理共同体定期对不同社区的治理案例进行总结与分析，发现其中的经验与教训，以指导其他社区的治理工作。

政策的调整也是持续改进的关键。随着社会发展和居民需求的变化，社区治理的政策需要不断更新，以确保政策的有效性。例如，社区治理政策可以根据不同地区的具体情况，制定相应的政策措施，以满足不同社区的需求。此外，通过居民需求的跟进，可以及时了解居民对社区治理的期待，并根据居民反馈，调整社区治理的策略与方向。

社区治理共同体的构建是一个持续的过程，需要通过实践探索和创新来不断完善，以适应社会变化和居民需求的调整。实践中的创新，包括治理模式的创新、参与机制的优化等。社区治理共同体的建设也需要持续改进。通过实践案例的分析、政策的调整以及居民需求的跟进，可以不断完善社区治理共同体的结构和功能。